為孩子做正確的決定

Making Decisions about Children

H. Rudolph Schaffer 著

陳夢怡 譯

李茂興 校閱

弘智文化事業有限公司

H. Rudolph Schaffer

Making Decisions About Children

Chinese edition copyright © 2003
By Hurng-Chih Book Co., Ltd..
For sales in Worldwide.

ISBN 957-0453-87-7（平裝）

Printed in Taiwan, Republic of China

目次

第一版序：

　　我是在法庭裡爲一個十個月大的女嬰撫養歸屬案出任專家證人時，得到了這本書的靈感。訴訟雙方分別是女嬰的生母－－一個未婚媽媽，以及孩子的寄養父母－－一對膝下猶虛的夫妻。原本寄養家庭已經決定正式領養這個孩子，但是女嬰的生母改變了心意，要求女嬰回到她身邊。

　　我們看到這個案例，可以問出一連串的問題：世上真有血緣這回事嗎？孩子對非親生父母的關係，會像對親生父母一樣「自然」嗎？孩子什麼時候開始會認人？剛出生的孩子是不是有段「安全期」，能夠轉移照護對象，而不影響孩子呢？對幼童來說，切斷一個已建立的關係會有什麼影響？這些影響會不會是長期的？雖然目前已有爲數可觀的文獻探討這些問題，但是，律師在嫻熟這個領域的文獻上要耗費的力氣，實在令人吃驚，他們必須在多如牛毛的學術期刊、教科書、抽印本、案例…中，限時得到一個清晰明白的答案。我在這裡，看到了專業人士在處理與兒童相關決策時，所面對的另一個困難：某些早期的研究非但已經過時，更因爲研究方法落伍，而與最新的研究結果相互牴觸，律師們可能還來不及看到最新的結論，但是最新的研究卻很可能與手上正在進行的案例息息相關。顯然地，我們需要一本書，簡而有力的描述兒福相關決策的研究現況。

　　雖然過去短短一、二十年間，與兒童福利相關的研究資訊，一方面正不斷地累積中，但是另一方面，也要有人來串連不同研究領域的成果，以便專業人士應用於實務之上。這正是本書的企圖：彌補研究與實務間的鴻溝。常涉及兒童福利相關決策的社會工作者、律師、兒科醫師、護理人員、精神病理學者、臨床心理師等專業人士，都可以運用這本書摘錄的研究結果，作為工作上的決策指南，並在不同的兒福方案間權衡輕重。

　　本書希望能為負責兒福決策的人士，呈現重要議題的最新知識，特別是兒童早年的社會發展：父母親的角色、原始鍵結的本質、家庭的功能、母親出外工作的影響、離婚的效應、孩子面對壓力時的脆弱性、早期行為問題的長期影響…等等，這也正是心理研究能為社會實務工作者提供新知的唯一領域。如果換個領域，例如探討兒童的智力發展，也許能夠吸引某些讀者（主要是教育傾向濃厚的），但是我們仍把重心放在幼兒，特別是在家庭情境中的幼兒，以及其他在決定監護權、寄養、收養、離家、共同照護、團體照護、早期干預等事務時要考慮的因子，最後，再加上家庭失和、父母離異等經驗的影響。

　　因此，我們希望將早期心理發展的研究結果，應用到幼兒與其家庭的問題和實務之上。這麼做的同時，我們首先要考慮研究與實務工作的關係，很遺憾的，這往往正是研究工作者和實務工作者雙方誤解最深的地方。如果希望說服實務工作者採用研究結果時，其實，必須先能讓實務工作者了解研究工作的優點與侷限。我們將在本書中，介紹許多特別的議題，並且以研究證據作為進一步探討的出發點。我們將提供相關研究的摘要，以及對該領域研究工作的大致評論，最後再介紹研究結果對實務的啟示。最後，我們將從今日累積的知識，提取出重要的結論和準則，並好生思量其中透露的人類發展本質。

第二版序：

　　本書第一版上架八年後的今日，這個領域又增加了許多相關的研究與發表。在新的研究中，有些更鞏固了我們已建立的想法，有些則取代或改變了過去的結論，還有些探討了過去未曾被重視的問題。總的來說，我們應該正視這些研究工作的貢獻，並更新我們的想法。

　　大致上，第二版的大部份議題仍然維持不變，增修的部份則反映了最新研究所觸動的新思惟。舉例來說，父母離異對孩子的影響，吸引了許多研究者的努力，所得的結果使得我們過去對離婚長期效應的樂觀結論，到今日必須稍作修正。同樣的，母親出外工作對孩子的影響，也一直是非常活躍的研究領域；這類經驗在整個家庭的影響，我們現在也有了更深遠的了解。至於其他的議題，過去的結論則大致不變，但是得到了更新穎，而且方法上也更精密的研究結果支持，例如孩子是否需要兩性共同擔任父母的角色，這個問題已經由男同性戀和女同性戀家庭子女的研究，得到了很多全新的見解。

　　此外，某些議題雖然在理論及實務上都有明顯的重要性，卻是直到最近才受到研究工作者的重視，因此也納入我們的新版中。新生殖技術，如試管受精、人工受孕而誕生的子女發展，正是其一；另一則是親子心理疾病的關聯。在這些議題上，由於研究為數有限的緣故，因此對現有的結論必須格外的謹慎以

對。即使像體罰對兒童的影響，這種已經探討許久的議題，也是直到最近才能走出抒發己見的局面，成為客觀研究的題材。由於這些議題還在進行系統性研究，我們必須提醒實務工作者留意，我們還需要更多最新的努力，來獲取兒童及家庭相關的知識，才能確保這些議題在本書中的結論能站得住腳。

第一篇

善用科學研究成果

　　由各領域的專業人士，分頭扛起制定與兒童福利相關的決策，這種情形越來越常見了。對兒童來說，父母親及家門外責任之間的那條分界線也正在不斷移動。過去在家庭內部制定的決策，現在許多都由外人代勞：包括兒童福利方面的決策、兒童教育、兒童健康、兒童的道德訓練、（有時候）甚至包括兒童的住所、兒童的監護人…。以引發眾多討論的虐兒議題爲例，這個現象由來已久，或許我們應該這麼說，只要家庭制度存在，就可能已經有虐待兒童的案例，幾百年前的情況，應該也和現在相差無幾（也許不如今日爲烈吧！）（de Mause, 1974）。但是，古今之異正在於，現在，家庭之外的社會隨時準備要進場干預，並負起過去認爲純屬家內事的家庭責任。古羅馬時代，兒童被視爲是父親的財產，一切按照父親的意願來處理，要殺要剮都是父親的權利，外人不得置喙。現在，情況當然不同了。兒童的命運，不再是父母親理所當然的權利；我們的社會自認必須負起保護兒童福利的責任，一旦兒童福利嚴重受損，社會將走進家庭干預這一切。

　　由過去視一切爲父母親的責任，到現在強調社區責任，這個過程應該如何過渡，引發了不少爭議，但這不是我們在此爲文的重點。我們真正關心的是現實，而不是理論應該如何如何。因此，我們必須認清的是：律師、醫師、社工…等專業人士，在兒童福祉相關的決策上，扮演的角色愈來愈吃重，包括是否該讓兒童離開原生家庭、該如何分配離婚後的監護權、該如何安置領養或認養兒童、該如何撫養兒童、如何安排兒童的成長環境…等。對所牽涉到的兒童與家庭，這些決策正是決定命運的雙手；但是，對決策者來說，要承擔的責任實在超過負荷。

議題 1

決策的資訊來源

　　如果我們要討論每個人的決策傾向，並試著釐清決策過程中的每個因素，這樣的論題顯然是太過龐大了些，遠超過你我的理性思考能力。也許，換個方式來思考會好過些：我們可以把決策視為一種經過深思熟慮、並由智慧引導的思考活動，在其中，將自身對人性的認識，系統化的運用在每個個案中。但是，事實上，構成決策的影響力絕非全然理性，也並不總是在有意識的思考範圍內。這些影響力可能包括，社會當下的道德氣氛，以及這種氣氛所倡導的價值觀、刻板印象、教條，還包括決策者本身的心理特質、個人過去的經歷、不同的政治及意識型態的考量、行政與財政上的壓力…等。這些影響力，建構出一系列的假設，並決定了實質的決策。儘管我們不見得能察覺這些因素真正的影響力，但是這些因素絕對不容小覷。

　　實務上，我們以最艱難的離婚後子女撫養權的歸屬為例：一直到不久之前，人們還認為出軌的那一方，並不適合擔負養育子女的重責大任，因為出軌一事可能對子女造成不良的榜樣，從兒童福祉的角度來看，讓這種人撫養孩子，是期期不可的。因此，過去撫養權的歸屬，向來繫於大人們是否遵守婚姻道德，而非他們與子女的實質關係。在「道德至上」的大帽子下，環境的「正確」與否才重要。但是現在遠非如此，社會對婚姻出軌的態度已有所轉變，我們不再以能否對婚姻忠誠，來

斷定某人是否能當個好爸爸或好媽媽。然而，其他舊日的信念，無論多麼不理性、缺乏實證，仍然像鬼魅一樣不斷地散發影響力。例如，一般人的「常識」中，總認為母性是與生俱來的，而「父性」並不是，於是以下的推論就非常順理成章：比起父親，母親更適合照顧孩子。這使得關於母性及父性的實證知識，在撫養權相關的決策中根本派不上用場，反而是眾多揣想凌駕了個案的真實需求。

　　有時候，與兒童福祉相關的決策，其合理性是由「常理」來捍衛的。然而，我們必須以嚴謹的態度來面對所謂的「常理」。常見的是，所謂常理其實不過是個人意見或教條而已，這種擋箭牌非常不堪一擊，卻又因其「不理自明」，所以很難用理性或情感的工具去分析。撫育兒童這回事，就是常被這種「常理」所宰制，無論什麼教養實務和教育理念，在這種「常理」前都毫無用武之地。舉例來說，教養兒童的觀念非但因人而異，也會因時代而大有不同（Hardyment, 1995; Kessen , 1965）。教養兒童的方式，因著時代有著不同的流行：或寬容，或嚴厲；婦女該在家相夫教子，還是該出外工作；該在必要時讓孩子離開原生家庭，還是不計一切也要讓孩子有個完整的家；父親是否和母親一樣擁有相同的教養能力…諸多問題不一而足。每種立場都有其擁護者，然而，不同立場的爭論往往流於口水之戰，缺乏實證（特別是科學研究）的輔佐。

　　在獲知人類發展的本質與條件前，我們必須先在「想法」與「研究」之間，畫出一條明確的分界。得自主觀因子（個人經驗、信念、假設、預設）的結論，我們稱之為「想法」；經由客觀的程序、系統性的執行後，能公開得到的結論，我們稱之為「研究」。由於專家的形象對父母親與專業工作者，具有極大的影響力，因此在評估所謂「專家」的建言時，這樣的分野特

別有意義。當然，我們並不是要貶低專家的形象，事實上，我們都有仰賴專家的傾向，專家的角色崇高自然不在話下。重要的是，在還未驗明其知識來源前，我們不該理所當然的將他們的智慧照單全收。更何況，專家的意見也常常只是個人想法、猜測、奇談軼事、臨床工作經驗、養育自家小孩經驗的什錦大鍋炒，雖然有時會產生頗具實用性的洞見，但有時也不免流於偏鋒、甚至流於空談。舉例來說，是否應該立法禁止父母親體罰兒童，在毫無實證的情況下，把體罰與虐待兒童混為一談（Freeman, 1988），對這個議題毫無幫助。捍衛兒童的一切行為，都需要更堅實的立論基礎。

光是振聲疾呼人們一切行動「要為了孩子好」，也是沒用的，事實上，「為了孩子好」已是遭到濫用的陳腔濫調（Goldstein, Freud and Solnit, 1973）。每個人都同意這句話，但這句話實在十分含糊，而且「為了孩子好」的「好」究竟在那裡？是讓父母親無論衝突多嚴重，也要拚死相守呢？還是索性分手比較好？母親應該留在家中相夫教子？還是也能出外工作？兒童在充滿溫馨的非傳統居所成長比較好？還是留在已經冰冷的傳統式家庭好呢？每種選擇，都有其死忠派的捍衛者，然而，所依據的是什麼呢？不過是教條和個人想法而已。

其實，這些案例需要的正是，屏除預設與偏見，以實證的方式檢驗，並進行嚴謹的分析。無論我們個人對離婚、職業婦女、體罰兒童的想法觀感為何，秉持專業的心態，我們必須謹慎，不要只憑個人觀感，就驟下決策。唯有藉由對兒童與家庭更深入的研究，我們才能得到更多的專業知識，建立更具信服力、更可靠的行為指南。

議題 2

科學研究的本質

對實務工作者來說，以客觀立場檢驗兒童發展與家庭生活所得的結論，到今日才被正式的視為資訊來源。然而，實務工作者除了留心研究的結論之外，更該注意的是研究結果的產生方式。也就是說，除了欣賞研究的優點之外，更要留心研究本身的限制。

讓我們先看看好的那一面：實證、系統化、對照控制、定量化、公開，這都是科學研究的優點，以下我們分別論述：

1. 實證：科學研究的結論，係來自對相關現象的直接觀察，而非大師在躺椅上發想的預感、也非「不證自明」的假設，研究的結論必須來自人人都可驗證的經驗。

2. 系統化：科學家必須根據明確的計畫（研究設計）來蒐集資料，以此構成研究的所有骨肉。所有參與研究的人，都必須深入了解研究計畫，並確保資訊的蒐集方法，不受某人突發奇想或傾向的影響。

3. 對照控制：研究的設計方式，必須能有效排除結論以外的解釋，也就是確立結論的正確性，常用的設計方法包括了：減少受試者與實驗者雙方期待之影響力的雙盲程序；運用對照組，使所要研究的條件（如父母離異、住院經驗、日間托育），除了該條件的有無之外，其他條件都盡可能相

似，使結果能有一清晰的對照。

4. 定量化：儘管描述性的資料，在許多情況下也非常有用，但定量仍然是許多研究中的重心。雖然在社會科學的領域中，定量方法的使用仍有其極限，但是經過定量的資料，能讓我們進行組間或不同條件間的統計比較，讓我們知道差異是否存在，對「某條件較佳」的陳述，也能更具信心。

5. 公開：研究的方法與成果，都必須禁得起旁人的審核，特別是要讓其他的研究者能夠評估、並且重複其結果。如果某項研究的結果無法重現，我們必須找出問題所在。

上述這些特質，足以讓我們評定某項研究過程是否「客觀」（想進一步了解更多的人，可以參見 Pettigrew, 1996; Robson, 1993 的著作），也就是說，在同一個課題上，不同的研究者，只要引用相同的研究程序，就應該能得到相同的結果，而不會受到個人價值觀、信念、假設的干預。與奇想、猜測、直覺等主觀程序相較，能否在實驗計畫中適當引用客觀程序，就成為主觀、客觀研究的分野。此外，主觀的結論也往往欠缺研究人員用以達到結論所需的明晰與細節。當然，我們也不應該忽略發想、猜測、直覺在進行研究上的重要性，「嗅出端倪」、「抓到感覺」在研究初期的嘗試階段，常常是不可或缺的。然而，這些手段應被視為研究的啟發物，最終仍必須以上述的五項特質進行正式的研究，方能追索結論的源頭，並在必要時剖析這些結論是否禁得起挑戰。

然而，我們在此仍然必須承認，上面的描述，僅是科學研究的理想境界，我們也該列出科學研究的限制。首先，科學研究的確有好有壞，期刊上的文字並非完全可信，這就是為什麼科學文章要求列出研究方法，讀者可以藉之檢視樣本群的代表

性、資料蒐集方法、分析方法的適用性、研究結果是否與結論相符。科學研究不可能完美無缺，也許，宣稱無法成功再現的研究不足爲信，這麼做是誇張了些。但要注意的是，以這類無法再現的研究做爲行動的基礎，所冒的風險更大。

　　對總是在面對問題、希望能快速得到解決方法的實務工作者來說，發現研究是這麼慢不隆冬的一回事，真是令人喪氣，但這是無可避免的。研究是一項慢慢來的過程，至少在社會科學領域是如此，因爲每個研究只提供了整個問題的部份答案。舉例來說，要研究職業婦女的影響，涉及的所有變數，絕對超過個別研究的負荷：兒童年齡、母親日間缺席時間的長短、兒童之前在家庭外的照護經驗、替代性照護的性質…等。事實上，在研究問題時更常發現的是，影響問題的因素，超乎原本的預期（以前述的職業婦女爲例，我們還漏列了母親對自身角色的滿意程度、以及她決定工作的動機），這些因素已經來不及納入既有的實驗設計，只能留待後續研究繼續努力。我們還必須銘記於心，無論如何，科學研究也同樣受所選擇的研究方法的限制，研究結論除了與事實真象有關之外，同樣也受挖掘真象的工具特質所影響。研究同一課題的兩項科學研究，一個運用自我陳述的問卷，另一個則使用其他的觀察工具，這兩項科學研究所採用工具的差異，就足以解釋爲什麼會得到相互矛盾的結果。難怪科學研究史總是充斥無法再現的研究！

　　時空的限制，則是另一個值得注意的限制因子，能充分解釋某一情況的研究結論，不見得能夠完美的解釋另一時地的情況。加州的研究結果，在蘇格蘭不見得行的通。1930 年代的研究，引用的變數可能與六十年後完全不同。每個研究都爲後人提供了建議與指南，但是，他們的結論還是要針對今日的需要來調整，我們要知道，每個研究進行的當時，都有其特殊的意

識型態、道德、政治的背景，這對研究結論會造成相當微細卻
又深遠的影響。以「離婚對兒童影響」的議題為例，早期進行
的相關研究，當時的社會對離異仍採取不贊許的態度，也因為
如此，當時人們對此的預設是，離異對子女會帶來負面的後果。
在這種情況下，我們不難想像研究人員致力探討離異所帶來的
「病態」，他們設計的方法和問卷，討論的都是焦慮、侵略性、
性別角色發展的中斷、行為退化，離異可能導致的正面影響，
在這些研究中完全被忽略了。一直到現在，一個多數國家都容
許並正視離異的時代，研究人員才開始進行容許正反並陳的研
究設計。

　　此外，科學研究也無法免疫於價值判斷，我們也要接受一
件事：科學研究的客觀性是相對的。光是選擇研究課題本身，
就完全不是「客觀的拼湊人性之謎」那麼回事，科學研究的圈
子是這樣的：一但那個課題熱門起來，就會攫取多數研究人員
的眼光或心力，其他課題就被冷落在旁。特別是在社會科學界，
所謂的研究主流，往往反映了當時人們對人性、對社會應該如
何因應的主觀信念（有人說過，若弗洛依德生在此時此地，他
的研究課題將不是性，而是金錢）。甚至在資料蒐集方法的選擇
上，也往往基於「流行」，而非基於理性考量：該選擇高度控制、
如實驗室般精密控制變數的「紮實科學方法」？還是選用其他
工具，產出「軟性」的定性資料？這個問題，到最後通常不是
討論這兩個方法的優劣，而是繫於當代人們對人性的了解，以
及研究人員自身對人性的看法。

研究本身的限制

　　若是能在此打住，只頌揚科學研究之美而不揚其惡，那真是太好了。但是，對實務工作者，及其他可能必須引用科學研究成果的人來說，這樣只會讓他們對科學研究產生不切實際的虛幻期望。我們已經知道，科學研究並不像理想上那麼的客觀，另外，我們也還要知道，研究本身會帶來那些限制。

　　總有些問題是科學研究所無法回答的，例如「壞媽跟沒媽那一個比較好？」即使我們能對「壞媽」下定義，也能找到兩組樣本群分別代表這兩種情況，研究人員能做的，也只是將得自這兩組的事實蒐集起來，他們無法決定的是「何者為佳」，因為這是一個該由整個社會決定的價值判斷。我們再舉一個例子：「被領養的孩子該知道生父母是誰嗎？」針對這個問題，即使考慮了兒童、生父母、養父母的意願，科學研究能提供的不過是「知」與「不知」的個別效應，至於兒童是否「有權」得知生父母的身份，則是社會而非科學界該解決的道德問題。

　　還有一些問題在理論上可以由科學研究解答，但是適當的研究方法卻尚未出現。對社會科學的研究人員來說，找到一項有效、能為大眾接受的人性評估方法，簡直是項超級任務。例如，我們對行為的情感面向認識尚淺，遑論將這些面向定量，因此，這方面的研究長久以來停滯不前。又例如，在智力研究的領域，經過數十年來運用 IQ 測驗的風潮，我們對這些測驗的限制也有了更清楚的認知。因此，多數研究人員仍採用量表或問卷，這些工具能呈現的結果雖然不夠精細，但至少能讓研究者繼續描述、分析他們有興趣的種種現象。當然了，在人性

行為的評估上，存在著各種不同的技術，勢必也導致一個問題：對同一課題，由於不同的研究者採用不同的方法工具，因此也得到不同的結論。這種情況非常常見：以備受爭議的鉛污染對兒童智力的影響為例，光是效應的測量，就已五花八門：該驗血液、頭髮、還是牙齒裡的鉛濃度？不同的檢驗方式，可能帶來截然不同的結論（Smith et al., 1989）。我們再舉一個例子：在研究日間託育對兒童社交能力（同儕關係）的影響時，研究人員該採用直接觀察法？還是設計問卷，交由孩子的老師（或父母）來填寫？不同的方法可能導致不同的結論，於是採用多重方法設計的研究，會比單一方法的研究來得吃香。

　　我們還可以再看看另一個常見的方法學問題（Robson, 1993; Tizard, 1990; Wald, 1976 等人的著作會討論更多實務相關的研究）：如何取得大量並具代表性的樣本？要追蹤兒童的長期發展，時間與花費都非常驚人；可能因為遷居或不願再配合等種種因素，而使研究對象數目減少；另外，在現實生活中，沒有人有權力決定將人們隨機分配到「實驗組」或「對照組」。以最後一點為例，在比較家庭主婦和職業婦女的差異時，研究人員也許發現這兩組的親子關係果然有明顯差異，但他能就此推論職業婦女該為此負責嗎？但是，也許在職業婦女決定出外工作前，親子關係就已有變化，所以母親日間的缺席與此無關。如果研究人員能隨機分配某位母親加入「工作組」或「非工作組」，就不會產生前述的問題，但這種作法是不可能的。我們必須謹記，由於這些既有差異的存在，若研究設計本身並未容許這類因素的存在，我們必須更謹慎判讀其研究結論。

　　當然，我們不應該讓這些考量將我們拉離正軌，畢竟科學研究在知識的獲得上，仍有其不可抹滅的價值。比起物質科學的研究標準，社會科學的研究方法的確常顯得雜亂無章，但這

些限制並不代表對研究工作的否定。相對來說，我們還需要更多研究來提昇技術水平，使研究成果對人類發展的影響性，更有堅實的立論基礎。科學研究絕非一無是處，只是不像我們想像的那麼「純科學」而已。客觀與主觀間只是程度上的不同，並沒有一條涇渭分明的界線，這是我們在個人、社會、實務層面上，評估科學研究貢獻時，應該銘記於心的。

科學研究是不斷持續累積的過程

我們會發現，世界上並沒有「完美的研究」，也就是說，科學研究的結果不可能歷久不衰，也不可能永遠不用修正。科學研究是一個不斷更新的過程，不只是新進知識的累積，還包括對既有知識的精煉再精煉。兒童與父母的分離是否會帶來不良的心理後果，我們也許都期得科學研究能提供一個黑白分明的回答，告訴我們「會」或「不會」。然而，我們會愈來愈清楚，這類黑白分明的答案，會讓我們對問題的視野過度簡化。這類問題，通常受到諸多變數的影響，每個個案所面臨的變數也可能完全不同，因此結果也應該截然不同。更進一步的研究應該鎖定的因子包括：兒童的年齡、兒童離家的原因、兒童與雙親關係的品質、離家期間所受到的照護品質…等。我們會發現，同樣的經驗，對每個孩子的影響深淺竟然有這麼大的差異。有些孩子就是比別的孩子脆弱些，每個孩子顯露出的症狀本質也非常不同，所以未來的研究還得能設法去除這類變異因素的干擾。此外，我們也許還會發現，某些心理功能才會受到影響（例如，這類變故總是影響到孩子的社會情緒行為，而非智力行

為），所以，未來的研究所採用的評估工具，對這類差異的鑑別度必須足夠敏銳才行。最後要注意的是，我們不能預設這些效應會永久持續下去：事件的立即後果，會融入孩子後續的生命事件並得到轉化，也許會消弭，也可能不斷擴大。更進一步的研究，還要能夠解釋這些後段的發展。因此，科學研究要耗費冗長時間，才能拼湊出一個合理的完整知識體，這應該不再令人驚訝了吧！

　　不可免俗的，任何領域的初期研究一定比較粗糙些，不如後續繼承傳統的研究工作那麼精細。我們可以從「臨床研究」如何轉進「系統化研究」的理路中，探出些端倪。我們稍後將介紹的主題許多都孕育自臨床情境：遭受不良影響的兒童被轉診至醫師處，而醫師在接觸過幾個同類病例後，提出了舊日經驗與今日病癥的因果關係。在提出特定經驗之潛在傷痕的假說上，臨床工作是非常有用的來源，但是，這個資料來源也有它的缺點，因臨床工作者所觸及的通常是受重大傷害者，所以我們無從得知曾受相同經驗，卻不受影響或僅有短期效應之兒童的狀態。所以我們需要進一步的研究，以所有曾蒙受同樣經驗的兒童為對象的研究，以經驗而非病癥為基礎，才能幫助我們建立不偏不倚的因果關係。一開始，研究人員通常採用回溯法，來進行更進一步的系統化研究，例如，從早期曾經歷相關經驗的對象中，選取具代表性之樣本對象，進行追蹤並評估其心理狀態，以建立結果的論述。當然，結果一定會出現變異，有些孩子受的影響比別的孩子深，有些孩子則絲毫不受影響。如果有人想以更明確的方式（經歷時間的長短、嚴重程度、兒童對此的立即反應等等）來解釋這些變異，他需要的是比這些個人回顧更確實可靠的資料。所以，在因果關係的建立與確認之上，具有前瞻性質的縱貫研究（觀察經歷某種經驗的兒童，並追蹤

其後的發展），的確勝於回溯研究，更別說是臨床研究了。可惜的是，由於曠日費時，縱貫研究的數量並不多。但是，這些研究在提供可靠的資料上，仍然非常具有價值。

推廣與實踐

　　研究成果是一回事，要看到研究成果在實務工作上開花結果，更是另一回事。這是一個非常普遍的問題：人類花費很多心血，使科學與技術方面的研究能夠為產業界立即所用，更設計了許多機制，讓實驗室的發現能夠盡快在產業環境裡落實；但是，在社會科學領域裡，研究與實務間的鴻溝，距離也許比我們想像的還要遠得多，我們常常見到，與殘障人士、老年人士、犯人、兒童…等族群相關的決策，完全無視於（也許更恰當的說法是無知於）許多目前已有的有用資訊。為什麼鴻溝會存在？如何消彌？這是非常值得關心的問題。

　　問題之一是推廣，也就是如何將研究結果傳遞給研究結果的消費族群。問題所在很明顯：執行研究工作的人士，所受的訓練是與學術同儕溝通（也因此而得到酬償），而非與實務工作者交流。純粹學術或純理論的研究，其目標聽眾原本就是這一學門裡的成員，這種訓練是適當的。但是，不幸的是，連有實務應用價值的學門也如法炮製，認為研究結果只要印成白紙黑字，任務就算完成，要是實務工作者還不知道這些研究結果，這完全是他們不博覽群籍的失誤。如何在研究工作者與實務工作者間，建立溝通管道，讓研究成果能即時發揮其效用，這是個無法馬上回答的複雜議題，需要我們再三的反思。

　　要是你認為推廣是唯一或比較重要的困難，那你就錯了。由於各種因素，使得從事研究工作者與實務工作者這兩派人馬間的專業生涯有著極大的差異，包括運作模式、專業上的要求、面對的主要壓力都非常不同，這更加深加寬了研究工作者與實務工作者的鴻溝。為了在這溝上架橋，達成雙方的互相了解，我們必須熟悉這些因素，我們先從重要的說起。

　　第一點：雙方人馬的目標大相逕庭：研究工作者關心知識的進展，而實務工作者的出發點則是提供協助、解決日常生活的問題。前者處理通則與抽象，而後者則面對特例與個案。更甚的是，截然不同的工作環境：一在大學院校等學術單位，另一則在各種田野環境中。在這種情況下，雙方會誤解、對彼此茫然，實在不足為奇。在產業界，大公司可以這樣解決問題：聘用自己的研究人員與科學家，他們一方面研擬員工們需要的解決方案，另一方面又可確保專業上的進展能豐富自己的研究工作成果。社會科學家可沒這種好運道，因此更有理由沉溺於對實務工作者似乎毫無用處的研究工作裡。換個架構，讓研究策略在成形與規劃、成果執行與評估時，融入實務工作者的努力，讓學術與田野攜手，實務工作者與研究工作者並進，也許會解決這個問題。

　　第二點，在學術環境工作的人士往往無法了解，專業工作者在作決策時，即使擁有最新的研究知識，也還有其他的考量。某個發現提到，作法 A 比作法 B 更能夠促成我們想要的結果，在統計上的顯著性也足以為人接受。對學術工作者來說，這太明顯了，每個人都該趕緊從事 A，把 B 遠遠地拋到腦後。但是，真實生活並非如此。經濟、政治、意識型態、組織因素都會在決策時參上一腳。當資源稀少時，常見的假設是「便宜就是美」，無論政客、官員、社會大眾都很容易就能接受這種優先順序的

正當性。意識型態的影響甚至更強勁，以家庭的本質與角色這個議題為例，到底應該讓兒童冒著與父母同住的風險？還是讓社會來照顧他們？對這兩種立場的個別支持者來說，無論知不知道兩種作法的效能如何，這方面的知識一點都起不了作用，其他的考量才佔上風，而這些考量很可能是挑戰其理性信念的瘋狂虛幻學術。這正反映了一項事實：智性上的知識不過是人們秉持以引導行為的眾多指南之一，不見得最具影響力。研究成果的接受程度，也因此賴於當時的政治與意識時潮：一項發現可能一時為人掩耳不聞，卻在另一個時代得到熱情的接納。

　　當然了，這一切都不能為研究工作者辯解，解除他們用研究改變時潮的責任。然而，當他們著手實踐時，還會有另外一種挫折等著迎接他們，我們姑且稱之為系統的絕對惰性，也就是對變革的厭惡。舉例來說，就分離經驗會讓兒童的情緒受到傷害（至少在短期內會）這個議題上，我們看過 1950 和 1960 年代的小兒科醫師與護理人員如何地排斥這個看法，也排拒敦請醫院改變作風允許父母與新生兒無限制接觸的呼籲。對研究工作者而言，這麼具說服力的證據已足以改變作法；但是，對醫護人員來說，新的作法包括了工作實務上的改變（對護理人員尤其如此），也引起了醫病關係的急劇變化。因此，我們並不會驚訝，研究工作者對父母開放兒童醫院的建言，耗費許多時間才得以落實。任何對醫護人員階級、角色、工作實務的威脅，幾乎都難免遭遇反對，研究所得的證據不是遭到否定，就是被竄改。

　　阻撓研究工作者與實務工作者互相理解的其他因素，則源於研究的本質。實務工作者需要的是直截有力的答案：要或不要？好還是壞？很少研究能提供這樣的回答，多數研究的結論充滿了條件與限制，而且滿腔不願意提出未經確認的通則。從

研究的觀點來看，這種作法是正確且合宜的：正如我們之前曾強調的，研究成果受到時空的侷限，也是研究方法與對象樣本的函數。此外，幾乎一成不變的，研究結果總是提及，特定經驗（如離家、母親外出工作、父母離異）對兒童的影響，繫於與經驗同時存在的多重因素，這使得提出通則幾乎不可能。這樣的結果是，結論能說的就是「看……的情況」而非「好壞對錯」。對實務工作者來說（對一般人來說更是如此），這就像是有求於人時，聽到的卻是令人惱怒不已的拒絕；但對研究工作者來說，這種小心謹慎的作法才對得起生活事件所特有的高度複雜。

我們還必須考慮到，這兩組人馬運作的時間尺度不同。實務工作者通常「馬上」、「現在」就要得到答案，他們面對的個案通常非常急迫，馬上就得作決策，因此我們不難理解，為何他們對曠日費時才能得到答案的作法，那麼地不耐。但是，對研究工作者來說，研究本身的複雜性、縱貫研究本身耗費的時間、以及再現性的需求，長程規畫是必需的。與人類有關的研究，幾乎不能很快得到答案；經驗告訴我們，簡單速成的答案通常容易失之過簡，而且有誤導之嫌。

另一個必須討論的要點是：研究工作者談的是或然率以及組間的比較，而實務工作者必須面對的是與個體相關的決策。一個以受虐兒童對施虐母親的依附本質為主題的典型研究會是這樣的：受虐組與未受虐組間，在依附型態上會有顯著的差異，我們會觀察到多數（大約三分之二）的受虐兒童，在與母親的關係上，會有不安全感；在控制組裡，只有少數（大約四分之一）會如此。在統計上，這樣的差異相當顯著，幾乎可以用受虐與否來解釋依附型態的差異了。但是，不是還有三分之一左右的受虐兒，仍然抱持正常的依附關係嗎？對依附關係不正常

的百分之二十五未受虐兒，我們又該如何解釋？在研究領域中，即使這些特例已構成可觀的少數，仍然無人理睬。但是，對實務工作者來說，特例非常重要，「受虐兒較可能有殘缺的關係」這類或然率的敘述無法滿足他們。從事面對個人的工作，實務工作者需要的是能幫助他們面對獨一無二的個人來作決策的資訊；與團體傾向相關的敘述，並不足以預測個人的發展。幸運的是，現在的研究工作者愈來愈了解雙方面的需求，知道人們需要團體的差異，也需要知道個體的變異。舉例來說，研究工作者現在知道，並非所有遭受剝奪或凌虐等壓力的兒童都會成爲犧牲者，有些孩子在面臨厄運驟變後，仍然出奇的健全，新研究就可以把重點放在生命力的彈性之上。一旦我們能掌握生命力彈性來自何處，要預測任何一個人的結果，就變得容易許多。這麼下來，研究結果對實務工作者也會更有意義。

對實務工作的貢獻

　　到目前爲止，我們已經介給過以研究成果作爲行動指南的利益與限制，也分別介紹了研究工作者與實務工作者的不同取向。正反並陳是必需的，因爲你我都太容易落入對研究成果的過度樂觀遐想之中，從全然不願採納研究成果作爲行動指南，擺盪到研究萬歲的天真信仰裡。這種天真信仰非但無理可循，帶來的也只是一場空。因此，爲了不揚起錯誤的希望，我們必須維繫適當的平衡。現在我們就總結一下，那些貢獻是我們可以實際期待的。

　　第一，研究可以提供我們特定的事實與資訊，也就是與人類行為發展某個層面相關的資訊，這類答案是某些精確問題所需的。我們可以用本書第二篇的第一個議題為例：兒童何時開始形成對另一人的依附？我們需要指出特定的年齡。因此，研究工作人員必須累積足夠的研究，以提供這個答案。也許對讀者們來說並不足以驚訝的是，到目前為止，研究所能提供的答案，並不如想像中的直截了當。更因為「依附」是一個複雜的函數，所以研究者必須先同意如何定義依附，以便評估每個兒童的依附程度。在研究者尚未對這類操作型定義取得共識前，不同研究的結果很可能各說各話。然而，當共識達成後，就能針對前述的問題，指出該現象發生的特定年齡層。

　　第二，研究可以指出某項作法的結果，並且與其他作法相比較。父母離異後，孩子由母親照顧，會比由父親照顧好嗎？離開家庭環境，接受群體照護的小小孩會遭受傷害嗎？我們應該鼓勵臨時的寄養父母和寄養兒童培養感情？還是建議他們採取較淡然的態度？像這類的二選題，是實務工作者常遭遇的兩難問題，能夠知道兩種作法的不同結果，對他們有極大的幫助。但是，對提供這類比較性資訊的研究工作者來說，他們必須先確定進行比較的兩組，在其他方面都相同，這在真實的生活情境中可不容易，因此在接受某項報告所提的結論前，最好再三檢視報告內容。任何情況下，研究結果提供的不過是各種作法之後果的行為描述，留給實務工作者的部份，就是由個案的需求來決定那種作法較「好」。當然，如果研究結果以心理調適量表進行評估，而使得研究工作者能告訴我們那種作法能導致較佳的調適，實務工作者就不用解決價值判斷的問題。即使如此，放在我們眼前的選項也沒那麼乾淨利落：比起待在家中的孩子，送到日間託育的孩子通常比較獨立（至少某些研究如是

說），但也比較具侵略性。在這種情況下，那種作法較「好」，要看我們希望培養孩子那種品格，這已是私人的好惡範圍。科學研究能提供比較性的資料，但如何運用這些資料以決定較佳的作法，則操之在人。

科學研究的第三類貢獻則較為廣泛。在每個課題累積足夠資訊後，讓我們能對兒童發展與成長環境的本質，作出一點概述性的評論。這項工作，我們會留到本書的最末篇來介紹：家庭不和是兒童心理健康不良的主因、人際關係的重要性、壓力之負面作用的可逆性（即使壓力發生在一般人認為最易受影響的生命早期亦如）……等等。這些結論並非得自單一研究，而是綜判多項研究後的所得，著眼於較廣泛的人類發展觀點，而非特定議題。

所以，科學研究扮演的不只是資料庫的角色：科學研究也點出了我們在促進個人福祉時，應前進的方向與目標。舉例來說，數十年前，由相當數量的科學研究所累積的證據指出，缺乏持續和人性化之親職照護的兒童，會導致心理上的傷害，這為負責寄養兒童福祉的相關人士，不啻是設定了新的努力目標與方向。身體上的照顧、適當的教育、嚴格的道德訓練不再被視為兒童調適的最佳保證，兒童的情緒需求，特別是擁有一個讓他們持續地感受安全的人，更是我們不能忽略的。這個新的認知，帶來了公共與私人照護領域的絕大改變。在兒童發展研究的短短歷史中，很少課題能像失母一樣，得到那麼多的關注。當然，我們可以期待，其他的研究課題會在未來為實務工作帶來同等的影響力。

同時，也已有相當數量的課題累積了足夠的資訊，讓面對兒童與其家庭的實務工作者能從其中獲益良多，我們會在接下來的第二篇介紹這些資訊，以及其應用。

第二篇

兒童與家庭

理論與實務相關議題

議題 1

兒童初次的依附關係在何時建立？

議題背景

　　兒童生命中初次的情緒關係（多半以母親爲對象），通常被視爲童年最重要的發展階段之一。小小世界中，有人隨時在側是一種安全感的象徵，嬰兒從這份關係中獲得對世界的信心，這份關係一但中止，可能會導致極度沮喪並造成明顯的心理創傷。因此我們應該去瞭解其發展過程，瞭解嬰兒在什麼年齡，會開始期待特定人物的出現。

　　依附（attachment）一詞通常用於關係中兒童的部分，而鍵結（bonding）通常用於父母親這一方。過去幾十年來，許多研究以生命早期的依附本質爲研究主題，雖然多數研究一開始採取的是非發展性的形式，僅著重於兒童在特定年齡（多半爲一歲）的依附現象，而未探討依附現象隨年齡而演變的情形，但我們的確掌握了某些資料，指出兒童何時首次展現對重要他人的依附，及其方式。

　　無可置疑的是：嬰兒必須從與他人相處的經驗中學會依附。但研究的主題在於：學會依附需要多少經驗的累積，以及兒童要到什麼年齡才能從這些經驗中獲益。

　　一開始，嬰兒的照護者是可輪流更替的，因為甫出生的嬰兒並不認得他的母親，要讓嬰兒認得母親必須先有一個相互熟悉的過程。事實上，有相當多的證據指出，相互熟悉是相當快的一件事，大概 2 或 3 個月大的孩子就已經有能力區分熟人與生人（更不可思議的是，有些研究發現，剛出生的嬰兒已經能辨認母親的聲音，我們沒有辦法解釋這個能力從何而來，只能說這是嬰兒在母親子宮內學會的！）。然而，較常對母親微笑或在母親的輕撫下較安適等行為，並不等於已經對母親產生依附關係，這些認得母親的表現只是依附的前提。而且嬰兒並未展現出除此之外的分別力，他們還是接受來自他人的關注與照護，即使陌生人亦然，一旦與雙親分離也沒有沮喪的表現，當母親不在場時，也沒有任何需要母親的表示。

　　在分離情境中，最能看出是否能輪流更替照護者。我們都知道幼兒（這裡所指的是一歲至四歲間的兒童）離開雙親時往往會極度沮喪，特別當他們必須被安置在醫院或育幼院等陌生環境中更是如此。隨之而來的煩躁頻度與強度，都是兒童需要雙親在場的指標。父母親的在場向來是提供幼兒舒適與安全感的來源，也是讓幼兒安心探索環境的基礎，一旦失去，安全感也隨之破滅，陌生人的殷勤照護不僅會遭拒，而且通常會增加兒童所感受到的壓力。分離情境的研究點出一件事實：在有意義的、充滿情緒的持續關係形成之後，關係的中止會在短期內造成程度不等的重度沮喪與其他不樂見的結果。

　　因此我們可以指出下列問題：從嬰兒期的那個階段開始，嬰兒與母親（或其他永久照護者）的分離會對兒童造成衝擊並導致沮喪？我們能不能找出那個應該固定照護者的關鍵年齡，也就是嬰兒的正向感受只集中在某一、兩人，而對其他人表現負面反應的確切年齡？求得我們所希望的明確年齡點後，我們

可以知道嬰兒開始無法忍受失去母親形象的年齡，以及照護者仍可更替的期限，這就是 1950 年代的研究者在以科學方法開始研究兒童依附時的第一個議題。

研究摘要

> 《嬰兒期住院治療的心理影響》
> H.R. Schaffer, and W.M. Callender (1959), '*Psychologic effects of hospitalization in infancy*', Pediatrics, 24, pp. 528-39.

這篇早期的研究，利用分離情境探究不同年齡嬰兒在其生命第一年中，需要母親在場及拒絕他人照護的程度為何。目的在於確立嬰兒在多大年齡，會開始因母親不在場而感受痛苦，而且排斥陌生照護者。

當然，住院治療是最常見的分離情境。本研究的觀察對象是：76 名年齡在 3 週至 51 週間，接受住院治療的嬰兒，其住院天數在 4 天至 49 天之間不等，多數在二週內出院。觀察時段為入院後三天與出院前三天，每個觀察時段持續 2 小時，包括餵食與家屬探病時間。觀察者針對嬰兒行為做流水帳式的詳細記錄，記錄項目著重於嬰兒對他人的回應度、玩具使用情形、餵食與哭泣次數。在嬰兒出院後一週內，研究人員也會到嬰兒家中訪視觀察，之後並定期探訪，直到隔離經驗所致的明顯效應消褪為止。

　　研究發現，嬰兒對住院的反應大致展現兩種極為不同的症候群。不同的反應類別與年齡有關，約以七個月大為分水嶺。七個月大以上的嬰兒表現出典型的分離沮喪：入院後的明顯煩躁、對所有陌生人展現負向行為、母親探病時的嚴重依戀、受擾的進食與睡眠型態，出院回家後仍有一段不安全感時期，特別害怕被母親獨自拋下。另一方面，七個月大以下的嬰兒顯示的沮喪微乎其微，取而代之的是對新環境與人的立即調適，出院回家後，這些嬰兒表現出某些被隔離的症狀，但沒有一個表現出較大嬰兒常見之對母親的依戀。大致上，隔離經驗在生命最初半年與第二個半年的意義似乎完全不同。只有較大嬰兒才有反應的現象暗示著：嬰兒與母親間的明確聯繫已建立，而聯繫斷裂會產生沮喪經驗。

《嬰兒時期社會依附的發展》

H.R. Schaffer, and P.E. Emerson (1964), '*The development of social attachments in infancy*', Monographs of the Society for Research in Child Development, 29, 3 (serial no. 94).

　　前例為橫貫研究，也就是只觀察因事恰巧入院的特定年齡兒童。為瞭解對母親依附等特定功能如何在發展過程中浮現，事實上需要縱貫研究的佐證：觀察同一嬰兒在不同年齡的表現。這就是本研究所採取的方式。

　　60 名嬰兒在出生第一年內，每四週定期觀察一次，一歲後則在嬰兒 18 個月大時再觀察一次，研究人員家訪時取得的資料主要來自母親的報告，內容為各種日常分離情境中的嬰兒行為，分離情境包括獨自留在房間、只與保母獨處或夜間上床就寢

等七種分離情境，對母親報告之正確性的觀察確認也被包括在研究流程中，每次家訪所取得的七種分離情境之研究資訊包括：嬰兒有無反抗行為、反抗的強度與密度、那個人的離去會引發反抗行為；此外，嬰兒對研究工作者每次前往探訪的反應也以標準方法程序加以評估，以觀察嬰兒對陌生人之注意力的接受度有多高。

　　和之前的研究一樣，本研究特別有興趣於分離所致之反抗行為的第一次出現年齡，對多數嬰兒來說，這種反抗行為多半在第二個半年開始出現，這與前一個研究所定出的年齡範圍約略相同。在這個年齡之前，分離情境的反抗行為也偶會發生，但很難與要求他人注意的哭泣區別開來（而且熟不熟悉似乎並無關係）。在這個年齡之後，嬰兒的焦點會鎖定在特定個人身上，只有此人而非他人能止住嬰兒的哭鬧。嬰兒開始對他人表現分別性之行為的起始年齡有很大差距，範圍在 22 週至第二年初期之間，然而，有證據顯示，嬰兒大約在第七或第八個月間開始與某些特定人士形成明確的持續關係。

《與嬰兒分離焦慮相關的母子關係之某些面向》
K.H. Tennes and E.E. Lampl (1966), '*Some aspects of mother-child relationship pertaining to infantile separation anxiety*', Journal of Nervous and Mental Diseases, 143, pp.

　　研究發現必須能夠被重複觀察到，本研究可喜地確認了，嬰兒生命第一年的第三季的確是焦點式依附關係首次出現的時段，本研究同樣以嬰兒對分離的反應為指標，並採取縱貫研究的方法。

　　27 名嬰兒從 3 個月大起到 23 個月間，以每週或每二週固定進行觀察，分別在嬰兒的自然居家環境及大學觀察室的半結構式情境下觀察嬰兒，母子互動的細節則由多位觀察者同時記錄，研究程序中亦包括評估分離焦慮與陌生人焦慮的方法，前者藉由要求母親離開房間，後者則藉由檢驗者首次接近嬰兒時的反應來評估，嬰兒在這兩種情境下的行為反應則以六分制量表來評分。

　　多數嬰兒在生命第一年的第三季開始發展出分離焦慮，平均起始年齡則為八個月。當然，研究也注意到明顯的個體差異，範圍約在 4 至 18 個月間。根據同類研究的早期報告，對陌生人的負面回應之出現時機似乎還要再早一點，通常出現在首次分離焦慮的前幾週。這些數據放在一起，指出了最初幾個月時的無分別性社交能力，在嬰兒到達一定年齡範圍時，似乎會突然轉變為高度分別性的行為。

《聚焦關係的發展》

L.J. Yarrow (1967), ‘*The development of focused relationship*’, in J. Hellmuth (ed.), Exceptional Infant: The Normal Infant, vol.1 (Seattle, WA: Special Child Publications).

　　本實驗的研究方向與其他研究的不同處在於，以嬰兒對收養式情境的反應為觀察對象。在與生母分離後，立即提供一個新的母親形象，可能是一個用來研究分離效應本身，而不會受到機構情境效應干擾的研究方法。

　　研究樣本總數為 100 名嬰兒，但特定年齡的嬰兒總數可能少於 100 名。觀察時段分為分離前與分離後，以居家為情境，

每次觀察歷時一個半小時，並且包括某些單調及社會性刺激等
簡單情境，例如母親與觀察員的臉孔與聲音。記錄內容包括各
種行為回應的潛伏期、持續時間、強度，並且從母親處取得嬰
兒在日常的不同社會情境下的行為資訊。

　　所有的嬰兒在八個月大之前，都已能對與母親的永久性分
離表現出強烈的明顯困擾，但沒有任何嬰兒能在三個月大的時
候表現出這種困擾，五個月大的嬰兒有 20% 會有此種表現，而
六個月大的嬰兒則達 59%。根據後續報告，學者相信某些極年
幼嬰兒（例如六個月大以內）所表現出的沮喪，是由例行活動
與刺激類型的變化所引發，而非由母親形象的改變所致。

《嬰兒期：在人類發展中的地位》

J. Kagan, R.B. Kearsley and P.R. Zelazzo (1978), *Infancy: Its
Place in Human Development* (Cambridge, MA: Harvard
University Press).

　　本研究的首要焦點在於日間托育的效應（本書稍後將特闢
專題討論），日間托育與其他諸多因素一樣，都會影響子女與母
親間的關係，並設計一分離情境作為評估方法，以檢驗日間托
育經驗的有無是否會導致母子關係的變化。

　　評估對象包括 87 名嬰兒，分為接受日間托育的實驗組與自
家照護的對照組，樣本內包括高加索與中國兩個種族，4 個月
大至 29 個月大的嬰兒在特別安排的分離情境中接受觀察，例如
讓孩子在不熟悉的情境中玩的正起勁時，安排母親離去，讓觀
察員記錄哭泣的次數與持續時間，樣本內有 59 個嬰兒全程參與
實驗流程為 5 個月大到 20 個月大嬰兒設計的六種情境。

　　研究發現，因分離而哭泣的次數一直到嬰兒七個月大前都很低，但在七個月大後，因分離而哭泣的次數便劇增，接受全程觀察的 59 個嬰兒中，每個都至少在六種情境之一哭過，多數在數種情境下都會哭泣。嬰兒在七個月大後，以哭泣來反應母親離開的速度增快了許多，特別在 13 個月大至 20 個月大間更是如此。

對研究結果的檢討

　　關於兒童何時開始對母親形象的分離展示脆弱性，這些研究的大致共同結論是：生命第一年內的第三季似乎是關鍵期，從這個時候開始，由於嬰兒開始無法忍受母親形象的變化，分離一事開始具備心理意義，並成爲會造成情緒波動的事件。研究者也同意，這個年紀之前的行爲波動似乎只與例行活動與環境的變化有關，而非因失去母親而起，因爲其行爲波動的型態較爲單純，而且沒有年紀較大嬰兒反應中常見的沮喪成分。但研究人員對於沮喪達到高峰的確切年紀尚未有定論，有些研究人員認爲 7、8 個月大嬰兒之沮喪強度和 2、3 歲幼兒的強度相同，而有些人員則認爲沮喪高峰應出現在第一年末與第二年初，岐異性可能源自研究程序與測量方法的不同（哭泣強度與哭泣時間、自然發生或人爲安排的分離等），但所有的縱貫研究都指出，沮喪反應的出現是相當突如其來的階段性發展，而非緩慢的漸進式發展。也就是說，在生命第二個半年之初，嬰兒開始邁入其社會發展的重要里程碑，他們的正向反應只侷限於特定的家庭成員，對其他不熟悉的個體則會引發負向的回應與反

抗，兩者結合之下的效應就是使照護者不能再任意輪替，因為兒童已有能力形成「合適的」社會依附。

　　突如其來的階段性變化在行為發展中並不罕見，因此分離沮喪能力的快速出現也很難令人驚訝，許多研究都發現生命第一年的第三季是明顯變化的時機，預示大量新成就的出現，包括記憶回溯能力的發展。這一點在此特別重要：因為嬰兒可能在最初幾個月就已經能夠認出人或物體，也就是說當這些人、物在場時，他們都能表現出「哦！我記得你」的徵兆，但一旦這些人、物不在時，嬰兒的行為就好像這些人、物從未在心裡縈繞一樣。回溯包含對某一不在場之人事物的記憶，分離沮喪就是這種記憶的指標。但在之前，無論母親在場時嬰兒有多興奮，但母親不在時卻沒有任何指向母親的徵兆，只有在到達這個發展上的里程碑後，他們開始能夠想念她。

　　階段性的變化當然並非意指發展會從天而降，若無各種之前發生的事件，特定的發展階段可能永遠不會發生。區分生人與熟人的能力明顯是前提之一，嬰兒要先認識母親才能想念她，但研究還是發現了幾個可能會影響發展階段的發生時間之經驗性變數，因此，雖然目前還不可能找出分離沮喪起始之變項與母親育兒實務之變項間的關係，也就是說，母親是否出外工作並無關係；先天眼盲而缺乏母親形象之視覺經驗的嬰兒，也會在同時期發展出分離沮喪；最後，分離沮喪的起始年齡在育嬰實務迥異的各種文化中大約一致。這個里程碑出現的時機似乎是由嬰兒內建的發展程式所決定，在所有正常的經驗之後，兒童便會到達這個階段。

實務應用上的啓示

　　兒童所有既存關係的斷裂都可能導致沮喪，而沮喪的本質與嚴重程度則因年齡而異，特別在兒童仍需要頻繁接觸其依附對象的肉體存在的生命初期最爲強烈。這些人對兒童而言象徵安全感，因此依附對象的失去會帶來強烈與長期的沮喪。不用談其他可能的長期後果，光是這一點就足以讓我們採取預防措施，尋找生命初期社會聯結尙未建立的「安全期」就是眾多預防措施之一，在這段期間，就兒童觀點而言，沒有什麼事情是不可分割的。

　　根據前面摘錄的研究發現，這段安全期大槪在出生後的半年內，之後，兒童開始會受分離的傷害，我們可以據以推斷，只要有選擇機會的話，如讓兒童離開家庭等措施應在這段安全期間內進行。舉例來說，一般人大槪都相信收養程序應該盡早進行，本章所摘錄的研究發現說明了這種信念的合理性，同時也爲所謂的「盡早」下了更明確的定義。同樣地，根據我們對兒童情緒脆弱性的理解，住院或決定兒童該不該注院治療也有其較適宜的時機，無論有無希望兒童年齡較大再住院治療的醫學專業考量，基本上，這些考量應與上述的心理學考量共同納入評估。

　　然而，我們最後要再加上兩項條件，一、多數報告都指出，分離沮喪出現的年齡範圍頗可觀，雖然大多數嬰兒的確在第一年的第三季達到關鍵點，但仍有一些嬰兒會提早幾個月到達，當然，這並不會令人訝異，所有發展上的里程碑都會出現同樣的變異，然而，這的確提醒我們，沒有人能夠預測某個嬰兒

會在什麼時候開始對分離敏感。有些證據指出，在其他發展層面（例如運動功能）進度超前的兒童通常在這方面的發展也會超前，但其間的關連性仍不夠緊密，因此無法據此作正確預測。在這種情形下，我們所能做的只是定出這個發展階段最容易發生的年齡範圍（第一年的第三季），對多數兒童來說，這個假設尚稱合理。

　　第二點所要陳述的是一項事實：即使嬰兒還未滿六個月大，分離仍可能造成某些不欲見的效應，包括進食與睡眠方面的干擾、物理環境變化所引起的混亂，雖然這些症狀通常歷時短暫，但的確點出一個重點－新接手的嬰兒照護者對這些反應要有心理準備，只要可能的話，試著維持前任照護者的例行儀式。當然，如果嬰兒的新環境不盡理想（例如缺乏刺激或無法提供持續照護），無論嬰兒年紀多麼幼小，不良影響仍在所難免。所謂的「安全期」指的僅是嬰兒對與母親形象分離的脆弱性，並非意味著嬰兒在這段期間內對任何事物都具免疫力。即使在照料剛出生的嬰兒，也應該要將環境安頓好。

建議讀物

《依附與失落》

Bowlby, J. (1982), *Attachment and Loss*, vol. 1, 2nd edn (London: Hogarth Press).

《分離焦慮》

Growell, J.A. and Waters, E. (1990), '*Separation anxiety*', in M. Lewis and S.M. Miller (eds), Handbook of Development

Psychopathology (New York: Plenum Press).

《母職》

Schaffer, R. (1977), *Mothering* (London: Fontana; Cambridge, MA: Harvard University Press).

議題 2

依附關係的建立可延宕至何時？

議題背景

我們已經知道，兒童通常在生命第一年的第三季形成此生初次之有意義的情感關係，為此他們明顯地需要一個雙親形象的存在，也就是一個熟悉且常常見得到、向兒童揭示其深刻的愛與付出的人物，接收到此一經驗的兒童，能夠在剛出生幾個月內發展出情感互惠之能力。

但那些無法在出生後幾個月內接收這些經驗的孩子們會如何呢？有些嬰兒自出生起便被撫養在情感冰冷、非個人化、缺乏母親關愛形象的環境中，毫無與任何人建立依附關係的機會，他們甚至得一直待在這種環境裡，直到錯過正常的發展階段為止。兒童首次依附關係究竟可延宕至何時，才不會失之過晚而任其天生的關係建立能力萎縮呢？這對甫出生即被機構收容撫養的兒童尤其重要，他們在收容機構內通常是被輪班工作的保育人員一視同仁地照顧著，所得到的多半只是非個人化且短暫的接觸，在這種環境下成長的孩子進入家庭環境後，能夠發展出正常的社會關係嗎？收養程序應該要有年齡的上限嗎？

　　一般人對早期領養的強調，主要源於人類發展之「關鍵期」的信念。關鍵期這種說法其實是源自於對某些動物（如雞、鴨等）的觀察，研究人員發現這些動物有所謂的「銘印」現象，它們會被孵出後所見到的第一件事物烙印，通常這個所謂的第一件事物就是它們的母親，這份銘印就是後來永久性依附的基礎，研究人員曾經認為銘印只能在某段極短暫的時間內形成（鳥類的例子大概是出生後的幾個小時內），如果在這段期間內將動物隔離開來的話，無論之後有多少機會，或會遇到多少同種的動物，它將全然失去建立依附關係的能力。曾有一段時間，研究人員認為人類發展也依循同樣的路線，將發展階段限定在極狹窄的時間範圍內，深具影響力的精神科醫師 John Bowlby 特別堅持這種「關鍵期」的觀點，在研究過多名曾在收容機構待上 2、3 年後被收養的兒童，日後的關係建立難題之後，他宣稱「如果兒童拖到兩歲半後才被收養的話，那麼再怎麼好的母親也無能為力」（Bowlby, 1951）。根據他的說法，兒童的首次依附關係可延宕至一般認為的一歲之後，但顯然還是有個關鍵期，超過這個關鍵期後任何「正確的」經驗也是無用。因此，專家不建議晚期領養，並且認為初期經驗遭剝奪的兒童會發展出 Bowlby 所謂「無情性格」的症候群，永遠無法與任何人建立起深刻、長久、有意義的感情關係，終其童年與成年期間，對兒子、女兒、朋友、配偶、雙親等生命中的角色皆是如此。

　　這個問題反映出一個更大的問題－生命早期的不幸經驗對個人心理狀態會造成多少不可逆的影響？也許是由於弗洛依德的大力鼓吹，長期以來大家都認為童年早期是人生中高度脆弱的時光，任何時候出現的任何經驗都可能會造成永久性的影響，而這段時光的最後會決定未來的人格發展模式，但現在已經有人開始嚴肅地質疑這種說法的有效性。為評估這種說法，研

究人員必須研究生命早期曾承受某種不良經驗，但有幸在成長過程中發生重大改變的兒童，因此，就這個議題看來，研究人員必須去研究在關鍵期無法形成情感依附關係，但後來得到可與其形成有意義關係的父母形象之兒童，來檢視關係形成的能力是否仍然存在。

可惜的是，關於這項議題的研究可說是少如鳳毛麟角，然而，對一個這麼重要的問題，即使證據不足，我們仍應加以討論，但要謹記於心的是，不要太快就妄自作出結論。

研究摘要

> 《收養：第二個機會》
>
> B. Tizard (1977), *Adoption: A second Chance* (London: Open Books).

「幼年在機構中成長，嬰兒期後被收養的兒童，是否會因為無法與任何人建立依附關係而受傷害？」這是本研究要測試的信念主題。樣本中所有兒童都是在出生內數週即進入收容機構，並在機構中待了 2 至 7 年不等，其間由不同的人士負責照顧，平均來說，他們在兩歲前被 24 個人照顧過，如果他們在收容機構中待到四歲的話，可能接觸過超過 50 名照護者，在這類無永久性的環境下，他們根本沒有任何機會，與任何人建立依附關係。

　　住在收容機構的兒童，分別在兩歲、四歲半、八歲時接受評估，在他們兩歲至七歲間，有些孩子會回到親生母親的身邊，有些則被領養進入新的家庭，研究人員在八年的評估過程中，評估過 25 名被收養的兒童，這其中有 20 位是在兩到四歲間被收養的，而另外 5 名是在四至七歲間才被收養（研究報告中所指的「早」、「晚」兩組即爲此意）。三次評估的資料包括了智力與社會功能評估，有些資訊直接取自兒童本身（例如心理測驗），其他資訊則來自他們的照護者。後兩次評估的兒童之社會關係資料，主要由其養父母及教師處取得。

　　被收養的兒童，在四歲半的時候，多半都已在新家庭中安置就緒，旁人的評價是聽話、易於管理，而且在智力上也運作良好，大多數父母親認爲孩子已與他們形成深刻的連結，然而，許多兒童被認爲會尋求旁人的注意力（對父母親與陌生人皆會如此），某些場合中，對陌生人會有過度友善與熱情的傾向，但這些孩子並非全然一視同仁，他們對父母明顯較爲偏好。

　　較早被領養的兒童，在八歲之前仍有不尋常的熱情表現，但其熱情並非來者不拒，有16位母親認爲孩子與她們十分親密；在5個較晚才被領養的兒童中，有4個被認爲與父母已經形成深刻的依附關係，唯一的例外是被一對只爲善行之夫婦所領養的孩子。其他的養父母都有高度的動機，渴望爲孩子貢獻大量時間與精力。但這分樣本在整體上仍有負面發現：比起非收養的控制組而言，學校教師認爲這些孩子在學校的注意力較差、容易坐立不安、心理上容易受傷、通常有不同的神經質習慣、有些則不受同學們歡迎，但只有極少數的養父母認爲自己的孩子難帶、不服從、心理容易受傷、過動。

　　早期即被領養及稍後才被領養的兒童，在行爲上的差異微乎其微。最晚才被領養的兩個兒童，一個在七歲時被領養，一

個直至七歲半才被領養，對新環境的調適能力與很早就被領養的兒童大致相當。沒有一個符合大眾對出身自收容機構之兒童的刻板印象（過度熱情但無法與任何人建立關係），有 4 名母親在孩子八歲時，提到對收養一事的負面感想，純以這個資訊看來，收養失敗率高達 16%，實在令人覺得遺憾，但這個數字應該拿來與曾待過收容機構，之後回到親生母親的例子作比較，後者大約有一半認為孩子並未成功地建立與父母的依附關係。看來，收養的成功與否並非取決於收養時兒童的年齡，也非取決於兒童過去的生命歷史，主要在於養父母在兒童身上所作的情感投資。

《成長於機構中之青少年的社會與家庭關係》

J. Hodges and B. Tizard (1989), '*Social and family relationships of ex-institutional adolescents*', Journal of Child Psychology and Psychiatry, 30, pp. 77-98.

對收養家庭而言，青春期是特別艱難的歲月，這不禁讓人質疑：突竟是不是因為早期經驗所導致的問題開始變得明顯？還是相反地，這是這個時期正常化過程必然的現象？Hodges 和 Tizard 試著在 8 年後追蹤調查 Tizard 樣本中的兒童，在他們 16 歲時進行評估，以回答這個問題。

這個年齡可取得的被收養者人數為 23 人，其中有兩人的收養關係在同時間破裂。研究人員訪談這些青少年與其父母，作測驗並請他們填問卷。研究人員也從比較組取得同類資訊，比較組由從小就與父母共同生活的青少年組成，此外，也針對曾被機構收容之後再回到親生母親身邊的青少年，進行調查收集

類似資料。

在養子女 8 歲時，絕大多數的母親都認爲子女與自己有很深的依附關係，只有 4 個例外，其中有一位母親早在八年前，其他後來質疑孩子的感情強度的三位母親還認爲自己與孩子很親密時（雖然其中有一個孩子被認爲十分依附母親），就已抱持著和今日相同的負面態度。然而，領養組的情況大致優於回到親生母親身邊的那一組，後者的 9 個 16 歲青少年中，只有 5 個與母親關係親密。與父親關係的親密與否也是這兩組的差異之一：只有一個被領養的青少年未和父親建立依附關係，而回到親生母親身邊的青少年卻有一半如此。被領養的青少年組，能對雙親表現明顯情感的比例也遠低於從未與親生父母分離的一組，但卻比回到親生母親身邊的 16 歲青少年來得高出許多。因此，對被領養的青少年及其父母而言，家庭關係都尚稱滿意，只與非領養組有極小的差異。

另一方面，曾被機構收容的兩組，在同儕與家庭外成人的關係建立上，似乎都有點困難。無論是被收養或是回歸至親生母親身邊的青少年，比起從未離家的青少年來說，他們在同齡間受歡迎的程度較低，他們通常較好爭吵、欺負同學、比較沒有特別要好的朋友。雖然他們某些人在 8 歲時，會對成年人展現一視同仁式的特別友善行爲，在 16 歲時已不是問題，但與比較組相較之下，他們仍然有較高的爭取成年人之贊同與注意的傾向。

因此，生命最初幾年之親密依附的缺乏，並不見得會導致兒童無法與養父母發展依附關係。只要父母想要孩子，同時能夠盡力扮演父母角色，親子之間的關係同樣也會滋長。但是，即使進入新家庭已達12年的孩子，仍然會遭遇特定的社會關係問題，問題主要是與同儕間的關係。我們可以從這份報告得出

一項結論：某些心理功能對長期效應較爲脆弱敏感，另一份以相同青少年的情緒與行爲困難爲主題的相關報告（Hodges and Tizard, 1989）也同樣得出此一結論，這篇報告指出，在已16歲大的領養組中，這類問題的發生率遠高於沒有機構收容歷史的青少年。另一方面，沒有證據顯示智商會受早期機構收容經驗的長期影響。

《難以安置：收養與收容養護的後果》

J. Triseliotis and J. Russell (1984), *Hard to Place: The Outcome of Adoption and Residential Care* (London: Heinemann).

本篇報告對晚期被收養兒童之追蹤調查年限較長，直至成年。本研究所付出的代價是，大量仰賴被收養者自身對童年感受的回溯，但這是最有價值的一部份。

研究樣本由 44 名在 2 至 8 歲間被收養的個人組成，追蹤研究至他們 25 歲左右爲止，並與 40 名童年大半時間在機構中度過的個人進行比較。根據公家機關的資料顯示，多數被收養者是在出生內第一年離開原生家庭而獲公立機構收容，多數來自被嚴重剝奪的背景，而收養程序的延遲主要是因爲懷疑這些「高風險」兒童是否應該接受收養所致，在他們接受收容的時期中，全都有過在機構與領養家庭間多次來回的歷史，根據機構資料顯示，幾乎有半數在那個時期被認爲有中度至重度的情緒問題。

當他們在成年後接受訪談時，這些被收養者對童年大多抱持正面觀感，對收養經驗感到相當滿意的比例超過 80%（這個比例可與在機構度過童年之人士的 55% 滿意度相比較）。在被

問及與養父母的關係品質時，有 45%認為非常良好，41%認為良好，9%認為好壞參半，而有 5%的比例認為關係品質不良，大多數都認為自己與養父母的感情親密或相當親密，與手足及親戚的關係相當溫暖，會視收養家庭為「自己的」家庭，80%的人並認為這種親密感到成年後仍然持續著。無論是與養父母的關係品質，或是對領養經驗的滿意程度，都與被新家庭收養的年齡無關，也與之前的收養異動次數無關。

　　總而言之，本篇報告的作者覺得已經能夠作出下列結論：大多數被收養者所達成的良好調適指出，在新的、有愛心的環境之下，兒童能建立新的依附關係並克服過去的剝奪與不足。

《被收養的羅馬尼亞孤兒之依附安全感與無分別性的友善行為》
K. Chisbolm, M.C. Carter, E.W. Ames and S.J. Morison (1995),
'*Attachment security and indiscriminately friendly behavior in children adopted from Romanian orphanages*', Development and Psychopathology, 7, pp. 283-94.

　　早期的依附關係建立之研究所關切的，多半是類似兒童是否形成依附關係等基本問題。然而，越來越多研究者開始關心兒童之關係的確切品質，因此我們所關切的不只是收養機會被延遲後的依附關係之有無，也包括兒童所建立之各種關係的品質。

　　本篇報告中，Chiholm 等人對羅馬尼亞孤兒的研究，正可用來說明這個問題。46 個早年被羅馬尼亞當地機構收容，而於 8 個月大至 5 歲半間被加拿大家庭所收養的兒童，在一年之後接受評估，並將評估結果與另外兩組比較，比較組之一由在 4

個月大前即被加拿大家庭收養的羅馬尼亞孤兒所組成，而另一組則由在加拿大當地出生的非領養兒童所組成。兒童的所有資訊皆以訪談及問卷形式取自於父母，以期瞭解兒童與家庭成員之鍵結的本質與安全感等細節，同時也包括兒童對他人之行為。

　　雖然這分報告並未提到，是否有兒童完全無法與養父母建立依附關係，但研究發現的確暗示著，被機構收容的較長時間，對於親子關係有一定的負面衝擊。研究人員在被收養兒童的組中，發現比起另外被早期收養或毫無收養經驗的兩組來說，他們對養父母的依附關係較少安全感。他們的行為與其說是沒有關心或感受的成份，不如以充滿矛盾來形容，例如以憤怒的抗拒行為來尋求與父母間的接觸，而且在心情沮喪時也不容易接受安撫。此外，對他人也有一視同仁式的友善表現，但這種行為很少會嚴重到被父母視為問題。至於在 4 個月大前即被收養的那一組，在各個層面上，幾乎都與非領養組毫無差別。

　　這些發現暗示著，雖然在早期剝奪後仍然建立依附關係，但在某些層面上，這些依附關係的本質不如一般年齡所建立之關係來得健全，至於這是因為收養的被延遲所致，還是兒童在孤兒院所經驗到的長期間忽略所引起，目前還不清楚。我們也無法從這些研究結果中知道缺陷是永久性的，還是只要家庭充滿愛心即可克服的問題，對於一視同仁式的行為也有同樣的疑問，我們希望對這些兒童的後續研究能解答這些問題。

對研究結果的檢討

可惜的是，在這個議題之下，目前可供引用的研究文獻仍然很少，雖然有其他報告提到因長期隔離或機構收容而被「冷藏」的兒童，卻沒有一篇特別著重在晚期依附所建立的問題上，只有少數幾篇提供了軼事性或間接的證據，雖然這些證據多半支持本章所引用的發現，但在立論上卻仍不夠堅實，事實上，這裡所摘述之研究，其與依附關係之建立相關的證據之品質，並不如我們所希望的那麼不可動搖，來自養父母與養子女的報告內容（特別與過去事件相關的），很難避免扭曲。不幸地，一直要到最近，才開發出能測量嬰兒期後之幼兒的依附關係建立之測驗，較早期的研究並沒有運用這些測驗的機會。

目前我們能作的結論是，即使在多年的機構式、非個人化的養育經驗之後，兒童似乎仍有與養父母建立依附關係之能力。這些研究結果並不支持，兒童的情感附依關係建立有所謂特定關鍵期的說法。即使晚至 8 歲才被領養的兒童，之前並沒有穩定且認同式的被照顧經驗，仍然能夠與新的父母親建立親密且獨特的聯結，並且毫無所謂「無情性格」的現象。由這些資料來判斷，我們可以知道，並非一切都在早期特定的年齡時就已註定。我們也要注意，這些兒童似乎全然不被他們的早期經驗所影響，Tizard 樣本中所提到的行爲問題及與同儕相處的困難之出現頻度，其實是不尋常的高；而羅馬尼亞孤兒的研究，則顯示出令人憂心的不安全感；這兩個研究都點出某種程度之對陌生人過度友善的不恰當傾向。沒有人知道導致這些症狀的精確原因，與這些症狀所揭示的意義，同時也無法分辨這些症

狀會對成年後的心理運作造成什麼影響。以這些兒童為適應從機構生活進入家庭生活的巨大調適課題來看，這些問題可能是成功合理地完成這項任務所須付出的小小代價。

　　無論證據多麼地有限，但結論的確符合現代對早期經驗之效應的想法，這些觀點主要來自對早年曾遭受剝奪、忽略、隔離、虐待等心理創傷，而後及時被移往較佳環境之兒童的研究。這些研究主要關心的重點在於其心智運作、語言發展、技能習得等結果，而非本章所論的關係建立。然而，幾乎分毫不差地，這些研究都中肯地指出早期創傷經驗的可逆性，過去認為幼年歲月所遭遇的每個經驗（特別是創傷類的經類）都會在兒童身上烙下即使環境改變也無法磨滅之標記的想法，並不被這些研究支持。這種想法明顯低估兒童的恢復能力，而且過度高估了幼年歲月的角色。早期的人類發展觀點盛行之時，認為童年生活的早期階段對人格成長極為重要，因此認為在生命早期被剝奪愛之關係的兒童將很快就無法與他人形成有意義之情感聯結的想法被廣為接受。然而，在現今擁有之證據的檢證之下，這種觀點已無法再立足。取而代之的是，在適當條件下，早期經驗是可逆的，這種可逆性無論在心智運作的發展上，或在社會行為的發展上，都能夠適用。

　　另一方面，我們仍不知道的是，有害經驗持續多久後會成為不可逆經驗。有幾個指標都反對無限恢復力之說法，而且兒童的人格的確在某個時期就開始抗拒改變，在 Tizard 的樣本中，兒童最晚直至 7 歲才被收養，但如果有孩子遲至 10 或 15 歲才有機會一嘗家庭生活呢？雖然晚期收養的中止率高過早期收養的中止率，但我們仍不知道這個問題的答案究竟是什麼。我們也很難相信，一個在童年時完全以非個人化方式撫養長大的人，其建立愛之關係的能力仍能保持毫髮無傷，這樣的人應該

會有某些「無情性格」的特質。總之，我們需要更多的年齡限制方面的研究。

實務應用上的啟示

這個議題證據稀少的事實本身就是一項警訊，然而，我們大可合理的作出一項結論：抗拒收養2歲以上兒童是不必要的。至少，連7歲前完全缺乏個人關係的孩子，都能夠成功地融入新的家庭。當然，為了養父母與養子女雙方著想，「越早越好」的政策應該盡力貫徹，親子雙方共享的歷史越多，彼此間的調適就越容易。此外，我們也不該假設兒童具備無限的適應改變之能力。大致說來，生命初期的介入較容易導致成功，而盡早完成領養程序也應被視為最高守則。只是，如果兒童因某種原因而無法在嬰兒期完成領養程序的話，也不需要就此認為一切都為時已晚（這種想法有時甚至是危險的，因為也許會使兒童永久性地待在收容機構，也有可能因此而急於尋求收養，而造成不適當之安排）。關於該讓兒童繼續留在收容機構，還是尋求收養對象的這個問題，顯然，在大多數的例子中，後者是較佳選擇。

另一個浮出檯面的重點是，養父母的付出在兒童調適上所扮演的重要角色。主事者必須細心篩選較具前瞻性的父母，特別當有意願認養兒童的父母遠超過兒童人數時尤然。若待領養兒童中有年齡較長的，主事者的細心就更為重要了。在 Tizard 的研究中，很明顯地，父母所付出的時間與心力遠比兒童被領養時的年齡，更與領養的成敗有關，而 Tizard 對回到親生母親

身邊的兒童之觀察也指出（這也牽涉到所謂的「血緣」問題，我們將在另一章作詳細討論），光是讓孩子跟某個成人一起，並不能保證他們彼此間一定會有情感上的聯繫，情感的聯繫必須建立在一個互惠的基礎上，父母清楚地向孩子表達強烈的正面感受後，孩子才會予以回報。尋求具備足以承擔此責任之溫暖性格的父母，是晚期領養成功的前提之一。

　　由於許多晚期領養的兒童，會有象徵其早期經驗之傷痕的行為問題，這一點就更為重要。靜不下來、無法專心、易怒、神經質的習慣等症候群都是可能發生的問題，而發生在機構收容之兒童的典型之對生人過度友善的問題，也可能發生在被領養兒童的新生活早期。父母親這方面的寬容與對這類症候群之理解顯然是必要的，因此也必須被納入篩選養父母流程的重要環節。讓養父母對這類行為有所準備，並提供必須的協助與諮商，是相當重要的後續步驟。

建議讀物

《兒童養護與愛的成長》

Bowlby, J. (1965) *Child Care and the Growth of Love* (Harmondsworth: Penguin).

《早期經驗：迷思與實證》

Clarke, A.M. and Clarke, A.D.B. (1976) *Early Experience: Myth and Evidence* (London: Open Books).

《由童年到成人》

Rutter, M. (1989), 'Pathways from Childhood to Adult life', Journal of Child Psychology and Psychiatry, 30, pp. 23-51.

《社會發展》

Schaffer, H.R. (1996), Social Development (Oxford: Blackwell Publishers).

議題 3

什麼時候才開始「母子連心」？

議題背景

　　「鍵結」（bonding）一詞向來被用於指稱母親對子女形成情感關係的過程，特別是用來指稱母親在產後緊接的幾天或幾小時內，所發生之不可逆的快速變化，爲適當啓動母性的感受，這段期間內的母子長時間接觸（特別是肌膚之親的接觸）是必要的，在這段關鍵期間因分離而無法接觸的話，據稱會干擾鍵結形成的過程，導致母親在幾個月或幾年後無法善盡母職。

　　因此，鍵結一詞形容的是關係中「母→子」的部份（剛好與依附相反，依附指的是「子→母」的部份）。然而，更重要的是上述的「鍵結論」提出了一種特殊的母親關係之發展方式。這個理論原本源自於動物研究（主要是山羊與綿羊），討論產後立即性的接觸與分離對母子關係所造成的影響。根據研究人員的觀察，在產後幾小時，將新生動物從母親身邊帶走，會使得母親之後拒絕撫育這個小動物。研究人員所作出的結論是，爲形成母親方面的鍵結，一開始的接觸是必要的。在這段關鍵時間因分離所造成的干擾會導致母親對新生動物之母性的全然萎縮，這個後果是再多後續的接觸都不能彌補。

　　這些發現鼓舞了兩位美國的小兒科醫師，Klaus 和 Kennel（他們的著作參見本章最後的建議讀物）開始研究人類母子的早期接觸與分離所扮演的角色。他們的研究包含了兩組母親，一組所接受的是一般西方婦產科常見的，母子之間只有有限的肢體接觸，而另一組在產後 3 天則整整多出 16 個小時與自己的新生兒接觸。接下來的 5 年中，研究人員對這兩組持續進行觀察與訪談後發現，出生後的額外接觸顯然會使母親的撫育行為更溫暖、更關心、更敏銳，並且使這些孩子享有另一限制接觸的組別所沒有的好處。

　　這些發現使 Klaus 和 Kennel 宣稱，兒童出生頭幾天內額外的母子接觸，對母子關係的影響力歷久而不衰。因此，為使兒童獲得最佳發展，母親與孩子間的親密接觸必然有其關鍵期。由於缺乏這類經驗會使鍵結過程受到干擾，因此產後立即性的事件對母親是否能在日後善盡親職，具有極強大的影響力。

　　當然，Klaus 和 Kennel 提出的想法可能非常重要，因為這個想法可能可以為各種無法善盡親職的例子（特別是虐待兒童）提出解釋。如果獲得證實的話，這想法暗示我們可以採取一些簡單實際的重要措施，來增進親職的品質。然而，首要之急是先確保鍵結假說的有效性，至少要確定這個假說所指陳的內容是正確的。以下摘錄的研究主題就是，母子連心中母性鍵結的形成是否就如 Klaus 與 Kennel 所說的，必須只限定於某特定時間內，還是根本就沒有這種特殊限制。

研究摘要

《母子連心：無法類化》

M.J. Svejda, J.J. Campos and R.N. Emde (1980), '*Mother-infant "bonding": failure to generalise*', Child Development, 51, pp. 775-9.

　　在方法學上，本研究是這個領域中最完整的一篇，包含了 Klaus 和 Kennel 所缺乏的把關程序，例如將母親隨機指派到不同的接觸條件之下，運用雙盲控制，並且對鍵結的相關反應有極精確的測量定義。

　　31 對中低階級的母親與其子女，在生產後 36 小時內被隨機指派至例行照護或另外設計的額外照護小組。例行照護的內容包括產後長僅 5 分鐘的接觸時間，以及最長 30 分鐘的餔乳時間，但額外照護小組的母親不但能在產後立即與新生兒享受 15 分鐘，稍後還有 45 分鐘的肌膚之親，而且能在餔乳前後與子女相處長達一個半小時。研究同時還設計了雙盲程序，不但母親並不知道她們正參與一項研究，也不知道她們的待遇是特定指派的結果，連執行觀察工作的研究助理也不知道母親們的分組情形。由於每次產科病房內只會有一位被選為研究對象的母親，因此參與研究的母親沒有機會比較他人的不同經驗。

　　在產後36小時之後，互動與餵餔母乳的時段會被錄影下來，這兩個時段分別會以28種不同的反應項目來評分，包括母親的慈愛、親近的維繫與看護的行為型態。

　　本研究的結果毫不含糊地指出，所有反應項目的測量值在
這兩組間都沒有差異，即使將新生兒的性別與母親年齡等變項
納入考量，也無法察覺其中的差異。研究人員甚至更進一步將
所測量的 28 項反應分為 4 大類，再重新進行比較，但仍然無法
反映出兩組母親實驗分組的差異。就如作者所作的結論，這些
發現無法支持額外的早期接觸會對母親行為有所影響的說法。

《母親撫育行為之母子接觸次數的效應》

　　S.G. Carlsson et al. (1978), *Effects of amount of contact
between mother and child on the mother's nursing behavior*',
Developmental Psychobilogy, 11, pp. 143-50.

《母親撫育行為中母子接觸次數不同之效應：後續研究》

S.G. Carlsson et al. (1979), *Effects of various amounts of
contact between mother and child on the mother's nursing
behavior: a follow-up study*', Infant Behavior and
Development, 2, pp. 209-14.

　　這兩篇報告源自同一研究，以 3 組瑞典中產階級母親為研
究對象，其中兩組分別由 20 名、22 名母親組成，享有額外的
接觸新生兒時間，包括產後讓赤裸的新生兒留在母親床邊長達
一小時，但之後兩組的病房例行待遇就開始有數項本質上的差
異，例如餵餔母乳間是否允許額外的接觸，護士是否會主動支
持母親並給予建議，母親是否被鼓勵餵餔母乳。而第 3 組（由
20 名母親組成）所擁有的早期接觸十分有限，產後新生兒只能
被母親擁抱 5 分鐘，之後則被放在母親床邊另一個單獨的小床

上。

　　研究人員選擇兩個時間點進行觀察，第一個時間點是住院的頭 4 天時的餵餔母乳時段，第二個時間點則在嬰兒 6 週大時居家的餵食時段，在這兩種情境下所使用的觀察流程與評分大項皆相同。在住院的前四天中，觀察到的母親行為的確會因產後的接觸量而異，比起接觸受限的母親來說，享有額外接觸的母親會有較多的撫愛、摩蹭、搖晃、碰觸、擁抱小寶寶的動作，但研究人員沒有觀察到任何因住院期間的例行待遇所造成的差異，到新生兒 6 週大時，產後接觸量的差異已對母親行為毫無影響，這三組間已經沒有任何一項反應量測值能反映出組間的差異。因此，研究人員唯一能偵測到的結果只是短期效應，這種短期效應在幾週後就會消失。

《甫出生即被隔離之嬰兒的依附形態》

S.S. Rode, P.N. Chang, R.O. Fisch and L.A. Sroufe (1981), 'Attachment patterns of infants separated at birth', Developmental Psychology, 17, pp. 188-91.

　　兒童在甫出生即與母親分離的主要原因之一是，早產所致的加護病房治療。如果「鍵結失敗」的假說為真，這些嬰兒應該是無法發展出令人滿意之關係的高風險群，這就是本研究的主題。

　　本研究的觀察對象是24個產後即與母親分離，在加護病房平均待了27天的嬰兒。研究人員分別在他們12個月大及19個月大時進行觀察，以評估其與母親所建立之依附關係的品質。研究人員假設這些嬰兒所承受的早期分離會損壞母子的鍵結行為

，並因此導致子女無法建立與母親間之令人滿意的關係。

研究人員運用「陌生情境」（一種評估嬰兒依附關係的標準程序，包括一連串如陌生人的接近、母親的離開房間等壓力情境）來觀察嬰兒。在這一連串情境中，研究人員記錄子女對母親的行為，並在之後加以分類。對既有樣本的觀察指出，這些兒童的依附型態與從未承受早期分離之兒童的依附型態之間，的確有可資比較之處。雙親在住院期間極少探視的兒童，與住院期間雙親接觸頻繁的兒童，之間也頗足以比較。

因此，沒有理由相信早期分離會影響嬰兒與母親間建立依附關係的正常能力，對這篇報告的作者來說，「嬰兒－照護者間的依附關係品質整個是互動歷史的產物」是比較可以接受的說法。

《人類的母子連心：敏感期存在嗎？》

P.Leiderman (1981), ‘*Human mother-infant social bonding: is there a sensitive phase?*’, in K. Immelmann, G.W. Barlow, L. Petrinovich and M.Main (eds), Behavioural Development (Cambridge: Cambridge University Press).

這篇報告是對 Leiderman 與其同僚所發表的一系列報告之摘要，內容為8年後續研究的成果。以兩組早產兒對研究對象，一組包含22個在加護病房接受一般隔離的嬰兒，在住院期間母親只能看視，不能有肢體接觸，另一個額外接觸組則包含20個嬰兒，母親可以觸摸並參與所有的照顧事宜。在嬰兒住院的3週至12週間，母親與嬰兒的配對所被指派到的組別是經過隨機分配的。研究人員還另外找了24個全程接受母親照顧的嬰兒，

作為比較組。

　　關於母親後續行為與態度的大量資訊，主要取自訪談、問卷、與觀察所得，並由不知道母親－嬰兒分組情形的人員來進行評分，在最初的兩年中，每隔幾個月就會有研究人員去探視母親，仍保持聯絡的母親，則繼續追蹤研究長達 5 至 8 年。

　　出院滿一星期時，研究人員觀察到分離組與接觸組間的一些差異。在 1 至 2 小時的觀察時段中，分離組的母親與子女間的肢體接觸次數的確比接觸組來得少，但兩組在其他母性鍵結行為上並沒有差異，問卷顯示，接觸組的母親表現出較大的付出，同時對身為母親的角色也較有自信，但一個月後，這些差異都消失無蹤了。在出院一年後，兩組間沒有一項測量值有差異，而出院 21 個月後，唯一能見的差異是，分離組的母親比其他母親對子女更為留意。研究人員也在此時確認一件事，這兩組的兒童在發展測驗上的得分十分相近。最後，在 5 至 8 年後的後續訪談中，發現所有測量值上兩組仍然沒有任何差異，研究人員所能觀察到的個體差異都是以社會階層等傳統的家庭變項即可解釋，產後經驗的差異並不能解釋其個體差異。因此，各組早產兒母親所建立的社會鍵結，與那些未與新生兒分離的母親全然無法區別。

《嬰兒時期的住院與家庭支持：對母性依附、兒童虐待與忽略、健保運用之影響》

E. Siegel, K.E. Bauman, E.S. Schaefer, M.M. Saunders and D. Ingram (1980), 'Hospital and home support during infancy: impact on maternal attachment, child abuse and neglect, and health care utilization', Pediatrics, 66, pp. 183-90.

　　一直都有人懷疑，早期分離所致的鍵結失敗，是導致兒童受虐的主要原因之一。本篇與接下來的報告就是要檢驗這種想法的可能性。

　　本研究的 321 位母親均來自低收入背景，多半為年輕的未婚黑人女性。她們在生產時被隨機分配到接觸組或比較組，接觸組的母親在產後三小時內有額外 45 分鐘與新生兒相處的時間，並且在住院期間每天外加 5 小時可以與新生兒相處；比較組的母親產後只有短暫機會與嬰兒相處，住院期間也只有餵乳與例行照護時間能接觸嬰兒。研究人員在母親懷孕最後三個月時進行訪談，並在嬰兒滿 4 個月、12 個月大時進行訪談與觀察以取得研究資料。二人一組的觀察人員並不知道母親的組別，工作內容包括在嬰兒洗澡、穿衣、進食、玩耍等互動情境中，針對 30 項母子依附關係的行為作記錄，在每次訪談結束後還要填寫一分 92 項的詳細清單，以測量母親的接受－排拒、納入－分離程度。此外，研究人員還從公家機關取得兒童一歲內的受虐與忽略的相關報告。

　　接下來，研究人員對兩組觀察測量值的差異進行統計分析，並發現母親對嬰兒之接受度、母親正向互動與刺激的量、母親安撫哭鬧嬰兒的能力等變項的差距，與教育程度、年齡、種

族、婚姻狀態等社會背景變項有密切的相關。另一方面，生產住院期間的接觸量相較之下就毫無意義（令人驚訝的是，專為提供母親支持的家訪計畫也是如此，對社會鍵結的建立毫無影響力）。另一項對 88 個嬰兒因醫療因素，而於產後即被送入觀察室 24 小時之母親的分析，也發現母親的行為與比較組的母親行為並無差異。最後，兒童受虐或忽略的案例，也被發現與產後的接觸量無關。正如作者所述：「若要對依附關係的建立、兒童受虐、忽略等事件發揮影響力，我們似乎應該開發早期擴大接觸『以外』的方案。」

《母子無法連心是虐待、忽略、凌虐之因》

B. Egeland and B. Vaughn (1981), 'Failure of "bond formation" as a cause of abuse, neglect and maltreatment', American Journal of Orthopsychiatry, 51, pp. 78-84.

研究人員在為數 267 名婦女的總樣本中，挑選出 2 組，其中一組由提供嬰兒高品質照護的 33 位母親組成，另一組則由虐待或忽略其嬰兒的 32 位母親組成。照護品質的判定取決於產後第 3、6、9 個月的家訪觀察，觀察員於每次家訪後針對母親對兒童之肢體暴力、照護品質低落、不良居住環境、忽略與發育不良等項目加以評分，樣本中的婦女全部來自較低的社經背景，多半為生養頭胎的年輕未婚女性。

出生、生產、產後階段的細節資料主要取自醫院病歷，包括所有可能導致鍵結失敗的因素，例如是否因早產、難產使新生兒甫出生就必須與母親分離一段時間，以及嬰兒在母親出院後留院治療的天數。對兩組進行比較後，發現在這些因素上並

無差異，同時也與是否未計劃懷孕、生產時間長短、新生兒外觀上是否有缺陷等因素無關。因此，研究人員只能下結論道：「這些資料⋯無法提供證據以支持傳統認為早產、出生前後的問題、產後對接觸的限制等因素會導致母親虐兒、忽略等其他不當對待形式的說法。」

對研究結果的檢討

這個領域的研究歷史，可以作為研究人員的最佳警惕－千萬不要輕易接受一項尚未經重複驗證的研究發現。Klaus 和 Kennel 之原始報告的引人之處在於，他們所傳遞的訊息十分簡明扼要：母親能否盡職全賴產後所立即發生的事件，如果母子在產後被分開，或甚至只是因為接觸受限，鍵結的效果會受到長期干擾，這種干擾所致的效應甚至是不可逆的。其他研究人員的後續研究並不支持這種說法，各種試圖驗證鍵結假說的研究，幾乎都毫無異議地排拒了，母子關係的好壞全然決定於某種只被限制在一段期間內的關鍵期之說法。雖然產後的早期擴大接觸之缺乏（至少某些研究是這麼說的），還是會造成少數立即性的短期影響，但很明顯地已經足以讓我們放棄會造成長期效應的想法，包括衍生導致這些想法的動物研究本身都應該接受更進一步研究的檢證。

Klaus 和 Kennel 的研究工作在方法上有幾個非常嚴重的疏失，也許就是這些疏失本身導致了其所得到的結果。大多後續研究的共同特色就是採取雙盲程序、隨機指派、健全的測量技術等預防措施，避開了 Klaus 和 Kennel 研究的缺點，這也是使

他們的研究結論能獲得採信的理由之一。另一個理由是因為後續研究在對象母體上的多元性，包括了來自中低階層家庭、美國、英國、瑞典、德國的母親，足月出生與早產的新生兒，使所得的結果有可資比較的對象。最後，雖然這些研究在設計與所採用的研究方法上具有相當的岐異度，但仍有極為一致的結果，因此這些研究在額外接觸時間與本質、母子關係測量變項之選取、資料分析方式上才會有所不同。另外值得一提的是，過去常見用來解釋產後母性感受的一種機制，即所謂因新生兒而引發荷爾蒙變化的說法，並未得到這些研究的證實。這也難怪 Klaus 和 Kennel 在發表其原始報告 8 年後，會發現有必要修正自己當年的立場，他們後來是這麼說的：「鍵結過程中有許多複雜因子必須加以隔離，像這類攸關生存的關係似乎不可能只取決於單一過程，依附關係的建立應該會有多種防止缺失的安全路徑。」

實務應用上的啓示

不幸的是，在許多地方「鍵結理論」仍被奉為所有母親必須遵從、專業人士必須鼓吹的金科玉律，如有不從就會導致極其可怕的結果，這項金科玉律視鍵結過程為一種全有／全無、僅此一次的事件，應該在產後立即突然且快速的發生，並且包括母親全然而無所保留的付出。雖然這種將鍵結視為萬能強力膠的觀點，可能本身即為對 Klaus 和 Kennel 原始構想的一種曲解，但這個觀點卻在專業圈子中廣為流傳，婦產科的護士被要求去增強母子間的肢體接觸，以確保產婦鍵結的建立；社工人

員與健康巡迴員所使用的表格則包括了「鍵結是否發生？」等是非題；虐童等母子關係中的病態表現，在尚未深入探討個案環境的情況下，往往就馬上被歸因於「鍵結失敗」所致。甚至那些無法在產後立即湧現母愛的母親們，也須為此感到罪惡與不圓滿。

鍵結理論的萬能強力膠版本，是一種極為粗略的過度簡化。母親對子女鍵結的建立是一種高度複雜的漸進式變化過程，將其簡化只是讓我們免於涉足理解人際關係所必須的複雜細節分析過程而已，而且為虐童、忽略等案例提供了一種非常順口的解釋。在這些案例中，去談「鍵結失敗」不僅毫無意義，也沒有任何正確性可言。而大眾對於鍵結只能在某段高度受限的時間內建立的信念，也會引發無法達成如此嚴苛要求之人的悲觀態度。這種毫無根據的想法若為真實，那麼所有的領養個案、所有產後因疾病或憂鬱而無法親自照顧孩子的母親、所有剖腹生產後因全身麻醉尚未完全清醒的母親、所有因早產或其他醫療因素而必須隔離在加護病方的嬰孩們，豈不就註定了一生永遠無法建立鍵結？事實上，許多證據指出，在上述的例子中仍能發展出成功的鍵結關係，而且鍵結關係的強度與品質都與一般的母子關係毫無差異。

上段所述，並非忽視為母親設計之生產與產後人性化措施的重要性。諷刺的是，在 Klaus 和 Kennel 發表其研究結果後，許多西方世界的婦產科開始改良他們的例行照護程序，以提供嬰兒與母親更人性化的照護方法，這不能不說是鍵結理論與社會大眾對母子關係可能造成永續影響之誤解的貢獻。但一切就如我們已經知道的，產後的早期接觸並非萬靈丹。當然，任何能使母親在一開始就獲取信心的措施都是值得的，我們也在某些研究報告中看到，額外接觸的確能帶來短期的好處，並且能

夠增進當下的關係，我們所質疑的只是，這些措施是否能帶來長期性的好處。

當然，在理想上，母親所提供的照護應該隨個體需求調整，而非由一套死板的例行公事來決定，無論是強制性的接觸或分離，都應該考量每個母親不同的自發性興趣與接觸新生兒的希望。許多研究都指出，相當大比例的母親都提到漠然的感受，甚至有些母親會拒絕在產後馬上接觸新生兒。當然，在多數情況下，這些負向感受很快就會被正向態度所取代，無論有無產後的立即接觸都不會造成長期性的影響。一般人對極端化鍵結教條的誤解在於，錯以為所有母親都必然在產後會立即陷入對新生兒的強大母愛，但事實上，這是一種漸進的過程。沒有證據能夠證明，母親陷入母愛的速度，能夠用以預測之後的關係品質。因此，也沒有必要強制尚未準備好的母親多接觸子女，來加速鍵結的形成過程。

至於之後可能發生的虐童與忽略等病態行為，我們當然要避免只以出生後的單一事件來解釋這一切，特別是訴諸已發生一段時間之事件的單一解釋，並不適用於對心理發展的瞭解。雖然虐童與忽略等案例，與出生重量過輕及某些導致分離的產後事件有著不成比例的巧合，但這並非意味著這兩項間具有因果關係。再仔細檢視的話，我們可以發現這類家庭通常具有類似的不良環境，如家居環境惡劣、飲食無著、家庭關係緊繃等問題。我們也幾乎不可能以回溯的方式來確認這些因子的影響性，要靠本章所摘錄之 Egeland 和 Vaughn 等人所進行的前瞻性研究，才能提供更確定的答案。只有這樣我們才會發現，有多少甫出生即因醫療問題被迫與母親分離的孩子並未受到虐待，同時還能與母親發展出令人十分滿意的關係。無論虐待與忽略兒童的原因為何，只在產後有限的短暫時間內尋找原因，不會

帶來豐碩的成果，同樣的理由也可以說服我們，可行的預防措施應該遠比僅訴諸單一解釋來得更為複雜。

建議讀物

《母子連心：科學上的想像》

Eyer, D. (1992), *Mother-Infant Bonding: A Scientific Fiction* (New Haven: Yale University Press).

《母子連心：權衡證據》

Kennell, J.H. and Klaus, M.H. (1984), '*Mother-infant bonding: weighing the evidence*', Developmental Review, 4, pp. 275-82.

《親子連心》

Klaus, M.H. and Kennel, J.H. (1976), *Parent-Infant Bonding* (St Louis: Mosby)

《母性鍵結》

Sluckin, W., Herbert, M. and Sluckin, A. (1983), *Maternal Bonding* (Oxford: Blackwell).

議題 4

真的有「血緣」這回事嗎？

議題背景

　　兒童通常是由將他們帶來世界的人所撫養長大的，然而，不是所有的父母親都有能力或有意願擔負起養兒育女的重責大任。對被拋棄、送人或被強制帶走的孩子而言，成人也該爲他們安排各種替代性的照護安排。爲顧及兒童的長期個人關係需求，藉由領養讓兒童進入新家庭，是最被廣泛建議的安排方式。但是，由非親生父母帶大的兒童真的會在某些方面造成缺憾嗎？與孩子毫無血緣關係的人就不能擔任好父母嗎？在親生父母與代理父母的衝突中，「血緣」應該被納入考慮，甚至凌駕於所有考量之上，而使親生父母有絕對的權利來要回孩子嗎？

　　對血緣的廣泛信念奠基於某種說法，認爲子女與親生父母間的自然吸引力，會使親生父母比外人更適合照護與養育子女。我們一般假設，所謂的「適合」源自親子間的共同遺傳，兒童與其他成人間無論共享何種經驗，無論有多強的情感鍵結都被認爲次於受孕間所建立的血緣，這使法庭無視於子女只在產後與生母相處幾天或甚至只有幾小時的事實，強行將孩子交還給親生母親，讓他們必須離開相處將近一生、有深刻依附關係

的養父母身邊。此外,有些父母顯然不適合照護孩子,卻寧死不願將孩子交給另一個家庭來照顧,這種行為多少來自對血緣之絕對有效性的信念。但血緣真的也符合心理學上的現實嗎?

研究必須回答的問題是:血緣上無關的個人永遠無法成為最佳父母嗎?這個問題可以從父母與子女兩方面來各自解答,由前者下手會比較直接。我們可以研究養父母與親生父母在養育子女實務方面的差異,特別是探討遺傳關係不存在時,會不會導致養育上的缺陷。不幸的是,這方面的證據少之又少,只有本章摘錄研究的最後一篇有提到一點相關資料;子女則是研究的另一個常見切入點,我們可以研究由非親生父母(特別是養父母)所帶大的兒童,觀察其心理運作功能有無遜色、或發展較常人遲緩之處,大眾的注意力特別集中在智力發展之上,但正如下列摘要所述,研究人員也頗著重社會調適、行為問題、學業成就等影響,如果養子女在這些層面表現不良的話,我們認為最應該負起責任的是養父母。

研究摘要

《在收養中成長》
J. Seglow, M.K. Pringle and P. Wedge (1972), *Growing Up Adopted* (Slough: National Foundation for Educational Research).

收養兒童在家中與在學校的行為與調適情形是這個研究的重點。本研究最有價值之處在於由英國人口普查結果取出極具

代表性之樣本，包括英格蘭、蘇格蘭、威爾斯地區於 1958 年 3 月的某一週內所出生的所有兒童，並由病歷、測驗分數、學校評估記錄、家長問卷等各種來源定期取得兒童資料。本研究的另一項優勢是，可以針對收養兒童與其他之對照組的資料作更進一步的比對。

研究中包含的 145 位收養兒童在 7 歲時接受評估，根據記錄，他們之中有 42%在出生時為「脆弱狀態」，例如早產、毒血症等生產前後的問題，這個比例遠比同期出生的非領養兒童所發現的還高。這些孩子中有 74%在滿 3 個月前就已安置到收養家庭中，只有 9%是在滿 1 歲後才被領養。

至於這些兒童在 7 歲時的調適情形，這方面的資料主要取自其教師所填的 Bristol Social Adjustment Guides（教師只須在兒童所符合的行為描述項目下以底線作記號即可，最後再由答案計算離差分數）。研究人員發現，在收養兒童與其他同齡兒童間，並沒有調適情形上的差異。另一方面，從小就由親生母親撫養的非婚生子女（這大概是差異最小的比較組），反而適應不良的程度較高。然而，被收養的男孩比被收養的女孩更容易表現出偏差行為。因此，兒童的早期歷史似乎不會影響其調適能力。而且收養就緒前的異動次數，包括兒童是否直接由親生母親交給領養家庭，也沒有任何相關。唯一似乎扮演某種角色的因素則是收養時的兒童年齡。滿 6 個月後才被收養的兒童，在不良調適行為上的得分比 6 個月前就被收養的兒童來得高一點。如果我們將不良調適行為的總分依行為種類細分成「症候群得分」，我們將發現在全部 12 種症候群中，收養組與非收養組在 10 種症候群方面的得分並無差異，收養組在另外 2 種症候群（一是「對其他兒童的敵意」，二是「因兒童接受度所衍生的焦慮」）方面則有較多問題。

　　研究人員同時要求教師提供兒童的教育能力及教育成就方面的資訊。一般知識方面的評分顯示收養兒童表現較同齡者為佳，在自我表現能力上也有相同的情形。但在閱讀、算術、創造力方面，領養組與非領養組的表現則不分軒輊。另一方面，未被領養的非婚生子女，在上述每一單項中的表現均較差。

　　雖然有這麼多的收養兒童在出生時處於「脆弱狀態」，但這先天的不足幾乎在他們 7 歲前都被克服了。另一項資訊可能與此相關：有 90% 的認養家庭被家訪員評定為正常且幸福的家庭，而且教師也認為相當大比例的認養家庭對子女的教育「非常有興趣」，這個比例與其他家庭的比例分別為 60% 和 39%。

《被收養兒童在心理及學業上的調適》

D.M. Brodzinsky, D. Schechter, A.M. Braff and L.M. Singer (1984), '*Psychological and academic adjustment in adopted children*', Journal of Consulting and Clinical Psychology, 52, pp. 582-90.

　　這個研究同樣以認養兒童之社會與教育方面的調適為研究重點，學者認為其他早期研究因為各種方法學上的缺陷，而導致各種自相矛盾的研究結果，因此需要設計良好的研究加以澄清。

　　260 個研究對象中，認養組與非認養組間恰各佔一半，兩組的年齡、性別、種族、社會階級、家庭結構、手足數目都經過研究人員的細心配對，每一組都是男女參半，多數認養兒童都是很早就被認養，而且所有的認養兒童都已被父母告知認養的事實。研究人員採用 2 種評鑑措施：一是由母親針對子女的

社會能力與行為問題分項進行評分；二是請教師填寫一分兒童教室行為觀察與學業成就的量表。所有的兒童都是在 6 至 11 歲間接受評估。

結果顯示，認養兒童在社會能力方面得到母親較低的評分，同時也比非認養兒童有更多的行為問題。由教師進行的評鑑也勾勒出類似的情景，12 項目量表中的每一項（包括注意力不集中、原創性、對失敗的焦慮等）之評分都顯示認養兒童的表現較差，這項發現在各年齡範圍所見到的均為一致，男孩女孩也都相同。因此，認養兒童大致上較容易衍生情緒、行為與教育方面的問題。然而，本篇研究的學者強調，這些孩子「雖然在調適方面的評分低於非認養組的兒童，但仍然在行為的正常範圍之內。換句話說，認養兒童並沒有嚴重的病態，他們的行為只是比非領養組兒童的行為更趨極端一點而已。」

《收養家庭中的母子依附》

L.M. Singer, D.M. Brodzinsky, D. Ramsay, M. Steir and E. Waters (1985), ‘*Mother-infant attachment in adoptive families*’, Child Development, 56, pp. 1543-52.

本篇報告是由上篇報告的研究團隊所發表，一般人認為正值學齡的認養兒童之所以心理問題的發作率較高，是因為自嬰兒期起與養父母關係間的不安全感所致。研究人員藉由領養母子配對與非領養組的母子配對之早期依附關係品質的比較，來檢驗這種論調。

領養組包括 46 對母子，包括 19 個由白人家庭收養的亞裔或西裔兒童（屬於「跨種族小組」），所有兒童都是在出生後 3

天至 10 個月間被安置收養，並且最少都已與養父母同住 4 個月
以上（平均值為 12 個月）。非領養組的兒童則在年齡、父母教
育程度、父親年齡、家庭社會階級上，都經過研究人員仔細地
與領養組挑選配對。

在嬰兒滿 13 個月至 18 個月間，都接受「陌生情境」的測
試，這是一種藉由觀察兒童對父母親的離去與再出現等一系列
輕微壓力情境的反應，而檢視兒童對雙親依附關係之品質的常
用方法。研究人員還設計了一套精密的評分系統，將兒童分為
安全、退避、矛盾三大類。以錄影帶內容進行評分的研究人員
，對評分對象是否為認養兒童則毫不知情。

被同種族家庭領養的兒童，在依附關係的分類上，與非領
養組並無差異，顯現出明顯差異的只有跨種族領養小組。跨種
族領養小組中有 58% 被歸類為缺乏依附安全感，而非領養小組
只有 26% 的嬰兒如此。因此，在同種族領養的案例中，母子依
附關係的品質與非領養小組的頗為類似。另一方面，跨種族領
養本身可能就是影響母子依附關係發展的張力。這些結果並未
支持本篇一開始所述的，行為問題源自兒童與母親間的關係不
佳。

《以收養兒童為對象的前瞻性縱貫研究》

M. Bobman and S. Sigvardsson (1980), '*A Prospective,
longitudinal study of children registered for adoption*', Acta
Psychiatrica Scandinavia, 61, pp.339-55.

本篇報告是瑞典學者極具企圖心之研究結果，針對認養兒
童的社會與智力發展自童年起作長期的追蹤調察，並與數個對

照組作比較。

　　某兩年間於瑞典斯德歌爾摩市登記收養的兒童，是本研究的樣本來源，實際上，這些兒童最後只有不到四分之一被領養，另外有三分之一以上回到親生母親身邊，而其他則被安置在寄養家庭中。在這些孩子 11 歲與 15 歲間，也就是研究人員所欲評估的時段中，有 160 個孩子被領養，214 個回歸至親生母親身邊，而 205 個被安置在寄養家庭中。這些孩子的親生父母全部都是來自貧窮的社經背景，沒有一技之長，也沒有穩定的工作，比起社經地位略低於標準的親生父母來說，養父母的社經狀況均較為優越。

　　研究人員還針對每個研究對象隨機選取2個同性別的同學，研究人員在選取這樣的三人配對後，再以其教師為主要資訊來源，包括請教師以九分制為兒童的調適與行為評分，包括侵略性、社會成熟度、智力、專心度等項目。評分的教師並不知道每個兒童的分組情形，研究人員同時也取得所有兒童的在校成績。

　　研究人員發現，這三組（領養組、回歸組、寄養組）在 11 歲時的學業進步與社會調適情形都比他們同班同學所組成的對照組來得差，無論他們之前是在收養家庭、寄養家庭、或在親生母親身旁成長，這階段的他們似乎是偏差行為與適應不良的較高風險群。然而，在 15 歲時，比起回歸組與寄養組，領養組的孩子在這方面的差異已然消失，舉例來說，領養組的「嚴重調適問題」發生率並不會比他們的同學來得高，而回歸組與寄養組在這方面的問題之發生率，卻是由他們同學所構成的對照組之 2-3 倍，在校成績方面也有同樣的情形。領養組在 15 歲時的學業表現大致與對照組相當，然而，其他兩組則有明顯不及的現象。

　　無論領養組的兒童在早期有那些心理困難，在他們進入青春期後一切都已好轉。比起先被領養，後來又回到親生父母身邊的兒童來說，這種差異似乎正是養育環境之差異的反映，也證明了領養的正面價值。另一方面，回歸組的兒童未來調適不良與學業失敗的可能性較高。唯一令人不解的意外現象是，寄養組的不良表現，這也許可以訴諸兒童對自身地位的不確定性，與寄養關係雙方的不安全感。

《養子女與非婚生子女的成長》

B. Maughan and A. Pickles (1990), '*Adopted and illegitimate children growing up*', in L.N. Robins and M. Rutter (eds), Straight and Devious Pathways from Childhood to Adulthood (Cambridge: Cambridge University Press).

　　這篇報告的樣本來源與本章所摘錄的第一篇相同，都取自Seglow 等人所著書中的記載。第一篇報告的對象是這群兒童七歲時的表現，而 Maughan 和 Pickles 則研究其青春期（16 歲）與成年初期（23 歲）的表現（研究人員同時也蒐集其 11 歲時的表現）。

　　研究人員從樣本中抽出三組作爲比較，一是後來被領養的非婚生子女，另一組則是待在親生父母身邊的非婚生子女，最後一組則是非領養的婚生子女（作者將其分別簡稱爲領養組、非婚生組、婚生組）。大致上，被領養的非婚生子女所處的社會環境，遠較留在親生母親身邊之非婚生子女的環境爲佳，後者的家庭多半靠社會福利金過日子，居住環境擁擠且缺乏必要設施，很可能因爲死亡、離異、分居而必須接受不同父母親的照

顧，而領養組在這方面則與婚生組沒有差異。

研究人員在他們 16 歲時所進行的評估，主要著重在心理調適方面，請他們的教師填寫一分標準化問卷以進行評分。評分結果顯示，非婚生組的困難度得分最高，領養組的得分則介於非婚生組與婚生組之間。領養組青少年的主要問題在於焦慮、不快樂等情緒困擾，與同儕間的關係也是主要問題。他們在反社會或行為問題、過動方面的得分則與婚生組大致相同。然而，如果將他們 11 歲時的評估結果拿出來比較的話，大致上在各方面都有進步，他們早期所遭遇的調適問題似乎在那時就已達到巔峰。

在 23 歲時仍看得出改善的現象，這時所進行的訪談與問卷都指出，領養組與婚生組在心理健康的狀態上沒有明顯的差別，但非婚生組在青少年懷孕、關係破裂、憂鬱等項目上，再度顯示出高度的風險。領養組與婚生子女組唯一有差異的項目是，換工作的次數，但只有被領養的男性才有這種工作不穩定的現象，女性則無。

大致說來，非婚生子女（特別是女性）有長期性調適問題的風險最高。被領養的人多半能免於此種風險，且整體表現與被親生父母帶大的小孩大致相似。領養組在 11 歲時的調適問題並不會持續，很可能只是對日後得到順利解決之認同問題的一種反映。被領養的男性特有的工作不穩定現象，也很可能只是過渡期間的必然現象而已。後續的研究無疑地，將能釐清領養關係到底會造成多大的長期影響。

《領養：第二個機會》

B. Tizard (1977), *Adoption: A Second Chance* (London: Open Books).

　　我們之前已引述過這個研究，但由於它也和本章議題相關，同時也是能夠提供養父母育兒實務與態度之細部資訊的少見作品，故在此再度引用。此外（和上篇瑞典研究人員的報告一樣），這個研究也提供了回歸組的資料（即出生沒多久就離開生母，但之後又回到親生母親身邊的孩子）。本篇所研究的所有兒童，都是因為非婚生、經濟、情感資源不足的緣故，使母親無法提供孩子一個家，而被送往收容照顧。因此，領養組與回歸組的兒童都是在高度非個人化照護的收容機構中，度過人生的最初幾年。在這段期間內，有些已回到家庭的母親，仍與在機構的子女固定保持聯絡，但其他多數則只有偶爾前去探望。

　　這些孩子都在2歲至7歲間離開收容機構，並且於4歲半與8歲時個別在家中接受評估（4歲半時的評估視情況而定）。在回歸組與領養組的比較上，研究人員發現，前者的智力表現、情緒調適、社會關係均略遜一籌。舉例來說，24個月大時在機構內的評鑑結果顯示，兩組的心智年齡大致相當，平均值為22個月。回歸組在4歲半時的平均智商為100，而領養組則頗有斬獲，平均智商為115。在行為上，回歸組的表現也比較差，尿床、易怒、恐懼、焦慮方面的問題較多，研究人員也發現，比起領養組，他們比較黏人、好命令人，也較無法專心。8歲的評鑑則指出，兩組間的差異仍然十分明顯，在智力上，領養組的平均智商與閱讀測驗的得分均高於一般水準，而回歸組的平均智商雖然仍有一般水準，但閱讀能力卻不及平均。回歸組的兒童也

一直都有較高的行為問題傾向。

其他研究也指出，領養能導致心理運作方面的長足改善。然而，他們更進一步地將改善與養父母的行為鍵結在一起，然後與將孩子帶回自己身邊的親生父母之行為相比較，比較結果指出，養父母在時間、精力、情感的較大投資，是兩組的最大差異所在。養父母通常擁有較多資源，不只是經濟上的資源，也包括來自親友的支援，並且也有較多精力能在週末假日帶孩子出門，提供較廣泛的經驗範圍。大致上，養父母比親生父母花更多閒暇時間與子女相處，更常交談，提供較多的閱讀與遊戲，較多全家共同參與的活動，並且也較常指導子女的學校功課。比起抽樣所得的中產階級之「自然」家庭，養父母花在與子女進行各種共同活動的時間甚至更多。對研究人員而言，由於養父母有強烈的善盡親職動機，使得他們樂於與孩子相處，所以才會有如此頻繁的親子活動。當然，這會為兒童的心理發展帶來各種好處。

對研究結果的檢討

我們已經說過，研究文獻並不能提供我們足夠的直接證據，來回答養父母與親生父母性向差異的問題。大多數的研究都把焦點對準這兩種父母的養育對兒童的影響，而不直接針對父母本身。然而，對這些兒童的研究，的確為無血緣關係（如養父母）的撫養效果提供了一些指標。

領養家庭，現在幾乎就是社會與經濟均優於原生家庭之新環境的同義詞，所有的研究文獻也均毫無異議地發現這一點對

兒童的益處，這些好處主要反映在智力發展方面，多數的研究
人員發現，若將兒童從原本之不利環境，轉移至另一個社會地
位較高的家庭，他們的智商會有 15 至 20 的提昇。兒童的心智
水平也會與養父母的水平較為接近，而非與親生父母較接近。
若比較領養兒童與他們仍留在原生家庭之手足的智商，會發現
領養兒童在這方面的表現明顯比仍留在不利環境的手足為佳。

　　研究人員在情感發展上也得到相似的結論。無論是成就、
動機、學業失敗率等測量均指出，領養兒童的優越智商能順利
地轉化為課堂表現，因此他們在教育制度內的進展也應該會比
當初留在原生家庭較好。不過，在情緒調適能力方面，證據就
不那麼明顯了。各方的研究文獻在這方面開始出現歧見（部分
是由於方法不同所引起的），某些研究認為領養組與非領養組間
的行為問題並無差異，而某些研究則認為領養兒童在情緒上比
較脆弱。然而，就算我們要接受後者的說法，也必須將兩大考
量謹記在心。一，數個研究都指出，這類情緒上的困難多半是
暫時性的，在童年末期或青春期就會消失。二，沒有證據指出
這些症狀必然源自兒童與養父母間的關係，這應該只能以養父
母的尚未就緒來解釋。如果領養兒童的情緒脆弱真正存在的話
，也可能由其他原因所致，兒童對自我感的混淆很可能就是原
因之一。

　　當然，我們不該認為領養能將遺傳記錄抹得一乾二淨，我
們也不該認為嶄新的環境就能完全凌駕遺傳在各方面的影響力
。舉例來說，Ruter 和 Madge 在 1976 年發表過的一篇文章曾指
出，遺傳在青少年犯罪方面的影響力雖然居次，但卻可能在長
期性成年嚴重犯罪的主要肇因中扮演重要角色。因此，被一個
順從社會之家庭領養，即使親生父母有反社會傾向，也能使這
個孩子較不致沉溺於犯罪活動中。另一方面，這種養子女犯罪

的傾向，也比由其領養家庭來推估的高。在心理疾病方面，嚴重的心理疾病中往往能看到強烈的遺傳因子，但這種遺傳因素卻較不常見於輕微的行為問題中，因此，領養所能影響的是後者而非前者。

這些研究發現建議我們，若以對兒童的影響來判斷，領養雖然不是全盤皆益，但的確在許多方面方面會帶來心理上的改善。因此，沒有任何證據可以指稱，無血緣關係者的養育會是一種缺陷。雖然只有少數研究者直接從養父母本身及其養育實務上著手研究，但本章所摘錄之 Tizard 的研究卻點出了明確結論：養父母在許多方面都可稱之為「超級父母」，他們所作的奉獻往往勝過一般家庭。雖然 Tizard 的樣本不大，並且其結論在類推時也要小心，但她對領養兒童與回歸兒童的比較卻十分具區別性。她的研究點出，某些被迫將子女送往收容機構的父母，也許因為財務或健康問題等外在環境因素，的確無法提供像許多養父母所能給予的奉獻與照護水準，畢竟血緣本身並不能保證健全的養育實務。

實務應用上的啓示

一般人應該都會自然地認為，子女最好由自己的父母親手撫養。而親權也應該獲得尊重，旁人對家庭單位的妄自干預會在許多方面引發矛盾。光是為了可能帶來某些改善而來異動兒童，不僅意味著社會工程的失敗，同時也會引發大多數人的厭惡。

　　然而，上述的原則偶爾也會與另一原則牴觸，即兒童需要個人關係上的安全感，兒童的順利成長也需要相當程度的照護標準。若原生家庭無法滿足這些需求，在某些情況下，也許就必須考慮替代性質的照護安置。在實務上，通常很難決定什麼時候才是介入干預的合理時機，畢竟，照護標準並不是非黑即白的事件，而是由許多準則共同決定的連續譜，至於個人要取這條連續譜上的那個點，則取決於個人的主觀價值判斷。本章所要強調的是，在這類價值辯論上，血緣毫無立場可言，親生父母不會僅因為生物學上的聯繫就比其他人更有環境養育子女。

　　任何情況下都不讓子女離開親生父母身邊，是必須被排拒的作法。在父母的殘忍虐待不只威脅生命，還會造成嚴重的身心傷害的時候，將子女帶離父母身邊不僅是可行之道，同時也是今日社會所能接受的合理作法。專業工作者在禁止父母親與子女的接觸時，會感到罪惡感是自然的現象，但生物學上的聯繫的確不能被不稱職的父母用來合理化自己為所欲為的藉口。無論對家庭的尊重是多麼首要的前提，但卻不能作為將孩子囚禁於家庭中受苦的理由。在這方面，安全、保障、充分照護應該視為優先考量。同樣的道理不但適用於是否該將兒童帶離家庭，也適用於是否該讓兒童回歸原生家庭。與寄養父母已共度相當時光的兒童，在既已形成深遠的感情依附關係，同時也與親生父母幾乎毫無聯繫的情形下，實在不該視為「仍屬於」其親生父母。這種情況下，需要納入考量的是兒童與照護者間，因共同生活而產生的相互依附情感，依附關係是由社會互動所生，並不是親緣就能自然孕育的，這樣的鍵結實在不能輕言中止，至少不能只為了所謂「血緣」這種迷思就妄下論斷。

建議讀物

《收養的心理學》

Brodzinsky, D.M. and Schechter, M. (eds)(1990), *The Psychology of Adoption* (Oxford: Oxford University Press).

《Jack Tizard 紀念演講第七場：收養面面觀》

Hersov, L. (1990), 'The seventh Jack Tizard Memorial Lecture: aspects of adoption', Journal of Child Psychology and Psychiatry, 31, pp. 493-510.

《在收養中成長》

Shaw, M.(1984), 'Growing up adopted', in P.Bean (ed.), Essays in Social Policy, Law and Sociology (London: Tavistock).

《收養的最新發展：社會工作政策與研究成果》

Tizard, B. (1994), 'Recent developments in adoption: social work policy and research outcomes', Journal of Child Law, 6, pp. 50-6.

議題 5

人工生殖科技誕生的孩子會不會有問題？

議題背景

　　領養兒童的父母所建立的是「人為」家庭，但在領養已行之有日的同時，科學的進展使人們能夠以其他人為方法來建立家庭。生殖科技進展的結果，使過去無法生兒育女的夫妻也能夠藉由各種技術之助來懷孕生子，這些科技包括了試管受孕（in vitro fertilization），由夫妻雙方各自提供精卵，這種方式所製造出的孩子在血緣上與父母雙方都相關；接受第三者所捐贈精子的人工受精（artificial insemination by donor），這種作法所生出的孩子只與母親一方有血緣關係；接受第三者所捐贈卵子的人工受孕法，這樣生出的孩子就只與父親一方有血緣關係。此外，某些情況下，連懷孕也可以代理，代理孕母懷胎十月生產後，再將孩子交回給其「父母」。

　　據估計，在西方國家中，大約有 1%的頭生子是藉由這類科技而降臨人世的，這個比例還會因為生殖科技的進展而提高。不可避免的，有很多人開始質疑，這種以非自然方式降臨人世之作法，對父母與兒童會造成什麼心理影響。這個議題的討論層面包括了充滿壓力的不孕治療過程，懷孕的隱私問題，不

孕症夫妻間的張力衝突，父母方面可能會有的罪惡感或欠缺感，兒童是否能理解自身的「與眾不同」，子女與父母中一方甚或雙方之遺傳鍵結的缺乏。上述問題中，有些問題也同樣發生在領養家庭中，但某些問題則是本章提及之家庭所獨有。這些問題對兒童的心理發展之影響顯然有探討的必要，同時也要研究其不尋常的懷胎狀況是否會帶來親子關係方面的干擾。在瀏覽這個問題之相關研究的同時，值得一提的是，這方面已發表的報告並不多，因此在方法學上的完整度也值得商榷。

研究摘要

> 《接受捐贈者精子而受孕之兒童的社會心理發展之控制研究》
> G.T. Kovacs, D. Mushin, H. Kane and H.W.G. Baker (1993), '*A controlled study of the psycho-social development of children conceived following insemination with donor semen*', Human Reploduction, 8, pp.788-90.

　　這篇來自澳洲的先鋒研究中，22 個經由人工受精方式而受孕的孩子在 6 至 8 歲間與研究人員取得聯繫，並且進一步與 2 組在年齡與性別上經過配對的對照組加以比較，這兩組分別為自然受孕而生產的兒童與領養兒童。所有兒童的父母親在研究人員的晤談中，協助填寫一分廣為運用的標準化問卷（兒童行為清單檢核表 Children Behaviour Checklist），以作為兒童發展的評估。研究人員並從這分問卷計算得分，以反映兒童之社會

能力與情緒的調適能力。

研究結果非常清楚，人工受精組與對照組間並沒有得分上的差異，不僅是兩組間無差異，人工受精組兒童的個別得分也不具臨床上的任何意義（領養組亦然）。雖然這個研究僅具前測性質，結果也僅取自單一問卷，但的確足以讓我們毋需憂慮人工受精組兒童的心理健康與發展進度。

《試管嬰兒及其母親之心理發展的比較性前瞻研究》
A. Raoul-Duval, M. Bertrand-Servais and R. Frydman (1993), *'Comparative prospective study of the psychological development of children born by in vitro fertilization and their mothers'*, Journal of Psychosomatic Obstetrics and Gynaecology, 14, pp. 117-26.

這篇法國研究的對象是 33 個經試管受精而出生的兒童，研究人員對母子分別作了四次評鑑：產後、9 個月大、18 個月大、3 歲。每次的評鑑結果都與兩個對照組作比較，對照組分別為自然懷孕而出生的兒童，以及父母曾為不孕困擾但最後仍自然懷孕的兒童。研究人員每次都與母親進行長時間的晤談，以深入瞭解母子關係的各個層面。此外，也請母親填寫一分兒童照護的問卷，並且為兒童進行發展測驗以評估其心理發展。

無論在任何年齡所進行的評鑑，沒有任何具統計意義的差異出現在這三組之間。雖然在產後，試管受精組與曾為不孕困擾的母親都提到與嬰兒建立關係方面的困難，但這些困難都不嚴重，而且也不會持續多久。人工受精組的嬰兒在 9 個月大時，稍有一點進食與睡眠方面的問題，而且母親的憂鬱比率也較

高，但這個現象在嬰兒 18 個月時就已減少，在孩子滿 3 歲時就已完全消失。研究人員也比較這三組兒童在各年齡層的心理發展。本篇研究，與上篇一樣，找不到任何理由引領我們必須去擔憂以人為方式來到世間之孩子的發展情形。

《試管受孕後的兒童撫養》

F. van Balen (1996), 'Child-rearing following in vitro fertilization', Journal of Child Psychology and Psychiatry, 37, pp. 687-93.

在這篇荷蘭研究中，研究人員之所以把焦點放在父母，而非子女身上，是為了決定試管受孕組之父母的育兒實務及他們對子女的觀感是否與一般父母有異。研究人員同樣引用另外 2 個對照組進行比較，一是所謂「正常的父母」，二是曾為不孕症所苦的父母，均於子女 2 至 4 歲間進行研究。研究人員要求父母雙方都要填一份親職行為的問卷，以評估父母的親職觀念、在情感上接納子女的程度，此外還有一分量測家庭壓力的問卷。

所得的結果沒有一項指出，試管受孕組的父母親在親職能力方面的不足。試管受孕組的母親與曾為不孕症所苦的母親，都比一般能順利懷孕的母親更能體會與子女相處的快樂，她們對子女表現出的感情較為強烈，但是表現出的關切程度則差不多。在母親是否能勝任照應子女的自覺程度上，這三組同樣沒有什麼差異。這三組的父親，同樣也未在任一項測量值上表現出差異。

　　我們在這些研究結果中，同樣找不出任何需要擔憂新進生殖科技之心理影響的理由。試管受孕組的母親所表現出的少數差異，其實與曾為不孕症所苦的母親是相同的，這個現象指出，她們共同的不孕經驗使她們對親職的重要性有更高的體認。

《新生殖科技所建立的家庭：親職品質及兒童的社會與情緒發展》

S. Golombok, R. Cook, A. Bish and C. Murry (1995), '*Families created by the new reproductive technologies: quality of parenting and social and emotional development of the children*', Child Development, 66, pp.285-9.

　　在既有的所有報告中，本篇研究是最詳盡仔細的了。研究對象包括試管受孕組與人工受精組的家庭，檢視對象包括了父母、子女、雙方關係，所採用的量測項目也較其他研究的範圍更加廣泛。

　　研究對象是 41 個試管受精的家庭與 45 個人工受精的家庭，每個家庭中都有一個 4 歲至 8 歲間的孩子。研究人員安排了 2 個對照組，一組是自然懷孕所出生的兒童，另一組則是一出生就被領養的兒童。主要來自晤談與問卷的雙親測量項目，再進一步與婚姻狀態品質、憂鬱與焦慮等心理疾病現象、親職品質、溫暖與情緒接納的量、父母雙方所經驗到的親職壓力等變項配對比較。此外，也以一系列的測量項目評估兒童的情緒發展與關係，某些數據取自直接對兒童所作的測驗，某些資料則取自對兒童的母親與教師所作的晤談與問卷。

　　與前面摘錄研究相同的是，研究結果並不支持大眾對新進
生殖科技可能對親子雙方造成負面結果的恐懼。相反的，研究
人員發現試管受孕組與人工受精組的親職品質遠優於自然懷孕
生產之兒童的家庭，包括較多的溫暖表現、情感上的接納、較
低的親職相關壓力水準都是前者的優勢。在這些方面，領養兒
童的父母也有與試管受孕／人工受精組近似的相同表現。這些
父母的心理運作沒有任何一點與其他兩組不同，對子女的評鑑
也看不出組間的差異。

　　如作者所作的結論顯示，這些研究結果證實了遺傳聯繫在
家庭功能上，不如對親職的渴望那麼重要。這些經歷千辛萬苦
才擁有子女的父母親，在某些方面比尋常父母還要稱職。因此
，藉由新進生殖科技來懷孕的人，在親職方面並沒有不足之處

對研究結果的檢討

　　要謹記在心的是，這個主題方面的研究目前仍然非常稀少
。這件事實並不令人驚訝，畢竟，在 1978 年時，全球才有第一
個試管受孕的案例，而且一直要到 1980 年代中期，才累積了足
以進行正式研究的個案數目。然而，這件事也意味著，這方面
的研究還非常少，可說仍處於嶄新研究領域的初始階段而已，
因此研究的品質也尚不穩定，我們要記得，不要在這時就妄下
斷論。

　　不要妄下斷論的理由之一是，這些研究對象的年齡都還很
小，本章所錄的最大年齡為 8 歲，大多數的孩子甚至還沒進小

學。在這些研究進行時，幾乎沒有經由生殖科技誕生的孩子已進入青春期，這使得要爲早期歷史之心理後果進行類推增加了不少困難。我們知道某些現象只在青春期等特定階段才會浮現，因此一直要到這段期間也被研究過後，才能做出相當的結論。由於目前所進行的研究仍僅限於研究標的家庭所得的少數量測值，只有 Golombok 等人之研究所涵蓋的家庭特質之範圍較爲廣泛。

　　上述報告，在研究設計的方法學上都採用對照組作爲預防措施，使得任何觀察到的不良功能都能與「正常」的對照組作比較，對照組中都包含了運用一般方法懷孕生子的家庭。對照組在追溯新進生殖科技組之兒童差異的精確原因方面，非常管用。而領養組的設計則讓研究人員能評估「血緣」的角色，也就是遺傳聯繫是否影響兒童的發展。曾爲不孕症所苦，而後自然懷孕的組別，則使研究人員能考量不孕症療程（通常充滿壓力）的角色，與被標識爲「不孕症」對父母本身的心理影響。理想上，每個研究都應該包括這三種對照組，即使這麼做會使研究的設計更爲複雜，並增加工作負擔也是值得的。

　　儘管有這麼多的限制，再加上目前可得的研究真的十分有限，但有趣的是這些研究所顯示的一致性。這些研究都宣稱，沒有任何證據指出，經由這些不尋常方法之助而來到人間的兒童，會因此在心理上產生任何障礙。

實務應用上的啓示

　　認爲只有傳統家庭能夠保障兒童的健康發展，其他形式的家庭生活都會造成傷害的信念，已經不能再維繫下去了。本書所討論的各種議題就是上述結論的最佳說明，而藉由人工方式之助來到世間之兒童的證據，更提供了進一步的支持。目前，至少沒有理由只爲了對家庭關係可能造成之影響的疑慮，就阻止爲不孕所苦的父母，去接受人工受精或試管受孕等新進科技的協助。上述報告中對親子雙方的研究結果均指出，沒有證據指稱這種作法會造成心理問題，反倒是多項指標均顯示，也許是因爲對親職的強大渴望，與不孕症療程長期抗戰後，這些父母在育兒方面遠勝過尋常父母。和一般養父母一樣，重要的是這一點與親子關係的品質，而不是孩子進入家庭之方式的特殊與否。

　　當然，這並不是說，親子雙方不會從協助他們調適此等不尋常的情況下受益。不孕症諮商在最初的治療計畫中扮演非常重要的角色，幫助當事人克服可能浮現的罪惡感與不圓滿等負面感受，提供遺傳聯繫上的知識保證，並討論是否該向孩子及外人透露孩子的特殊狀態，最後一點尤其受到關注。在領養的例子中也是一樣，對多數家長來說，保守秘密往往是第一個本能的反應。舉例來說，某項研究曾指出，超過半數的家長不打算讓親友與孩子本身知道孩子的出身。然而，多數的孩子都有對生命起源的強大好奇心，任何見不得光的感受都會對家庭關係造成傷害。此外，認爲兒童有探索自身過去的絕對權利之信念，在近年來也日漸受到支持。所謂「家譜混亂」對孩子的心

理健康會造成不利影響的說法，在今日已大打折扣。然而，兒童對堅實的自我認同之追尋不僅不應被否定，並且應該在充滿愛的家庭關係中，以不損害兒童安全感的前提下進行。

這些新進的生殖科技說明了，所謂「父母」的概念正在解離之中。理論上，孩子可能會有 5 種不同的父母：一是提供卵子的基因之母，一是懷胎且生產這個孩子的孕母，以及養育這個孩子的心理之母，再加上提供精子的基因之父，以及實際養育孩子的心理之父。這些科技不僅是醫學與心理學方面的問題，同時也帶來許多複雜的倫理與法律問題。雖然我們所知仍然有限，然而，在這種兒童日益增加的今日，他們的定位與因應有其緊迫性。

建議讀物

《差異性的家庭：不同的代理父母》

Humphrey, M. and Humphrey, H. (1988), *Families with a Difference: Varieties of Surrogate Parenthood* (London: Routledge).

《出生權：啟始生命的法律與倫理》

Lee, R. and Morgan, D. (eds)(1989), *Birthrights: Law and Ethics at the Beginning of Life* (London: Routledge).

議題 6

女性一定比男性適合養育孩子嗎？

議題背景

　　在傳統上，養兒育女向來被視為婦女的工作。由於在生理上，只有女性能夠生產，過去也只有女性能負起餵哺嬰兒的責任，這種兩性的分工會一直持續到孩子長大。因此，女性被視為「天生」的親職工作者。人類學家 Margaret Mead 甚至說過，只有懷孕這檔事需要一個父親的存在，之後，父親不過是個麻煩的廢物而已。根據傳統觀點，男人的工作就是對家庭提供經濟與情感上的支持，他們在養兒育女中多半只負責週邊性、間接的工作，僅限於管教、傳授某些「男子漢」技能等特定項目而已。

　　事實上令人懷疑的是，上述這種男女兩性間的明確分工很可能只在少數家庭中實行過，即使在維多利亞時代的中產階級圈子中也沒那麼盛行。然而，這種刻板印象行之已久，也有許多人尋求科學證據以支持這種說法。舉例來說，有些人認為這種兩性的分工方式是全人類皆然，當然，這種說法在仔細檢證後，被證明是錯誤的。在某些非西方的社會中，傳統上男人要擔負起所有養兒育女的實際工作。也有人認為在動物中，不可

免的必須由雌性來擔任養育後代的角色，這同樣也是一個經不起考驗的說法，在有些物種中，雄性要擔負起等量甚至是主要的養育責任。最後，許多人都認為母體在生產時所發生的荷爾蒙變化，會促使母親投入照護幼兒的工作，而且會做得比未經生產過程的其他人來得好，這所謂的「母性本能」被認為是僅賦予女性的生物性照護能力，男性是無從取得的。然而，支持這種觀點的證據卻十分薄弱：多數生產時荷爾蒙變化的研究都以動物為對象，因此，研究結果是否能類推至人類頗值得懷疑；此外，正如我們在「血緣」一章曾討論過的，認為無血緣關係者就無法成為稱職父母的這種說法，也已經被推翻了。

因此，男女兩性分工的現象不可能只以生理因素來解釋。現今所存的性別差異大多源自社會習俗，近代於家庭本質所發生的巨大變革可資說明。近年來一般父親所涉足的育兒工作遠比過去的父親所作的還多，過去可望而不可及的管教方式已經很罕見，越來越多的父親全程參與孩子成長過程的撫育工作；現代的母親（包括那些子女仍非常幼小的母親）出外工作的人數也大為增加，這也使越來越多的父親不得不接手幫忙育兒的工作。在少數家庭中，性別分工的方式與傳統完全相反，由母親出外工作（很可能是因為只有她才找得到工作），而父親留在家中做家事並照顧子女。在這些社會變遷背後，經濟壓力也許正是原因之一，而女性主義者所提倡的理想為次，科技進步所帶來的各式省力家用產品，使母親從家事的重覆操勞中解放出來，走到外面的世界付出心力，此則為第三個原因。無論原因為何，這些變革都點明了一件事，兩性間傳統式的性別差異並非一成不變，而是要因應社會環境變遷的要求。

離婚率的節節上昇也是相當重要的一項因素，特別在許多離婚案例中，雙親對子女的後續責任往往是爭論的焦點。在我

們對這些案例的檢討中，也許子女的部分正是我們所關注的焦點。儘管現在有越來越多的父親參與育兒的工作，但認為唯有母親才是「天生」家長的信念卻仍然根深柢固，這個信念甚至成為判決監護權歸屬時的重要依據。本章摘錄的研究之一（Fry和 Addington 的研究），說明了這種以母親為中心之取向的信念在專業人士群中的盛行程度，以及這個信念對父親所持的偏見。就如同研究標題所示，一直到最近，父親的角色被完全忽略，大約要到最近 20 多年來，才有人開始正視，男人的親職能力是可與女性相較的。以下的摘要，對這個問題的解決，提供了一些指標與研究所得的答案。

研究摘要

《「父」、「母」對正常嬰兒及早產兒之面部表情及哭聲之反應》
A.M. Frodi, M.E. Lamb, L.A. Leavitt, W.L. Donovan, C. Neff and D. Sherry (1978), ' *'Fathers' and 'mothers' responses to the faces and cries of normal and premature infants*', Developmental Psychology, 14, pp. 490-8.

　要評估諸如親職這種複雜能力前，首要之務是先找出足夠的測量指標。親職的概念包括許多成分，其中最基本的就是成人對兒童的敏銳度。嬰兒的一舉一動會影響他／她嗎？他／她會因嬰兒的哭泣而煩躁不安嗎？本研究對這類反應的檢視，是為了瞭解這方面是否有性別差異的存在，另一個目的則是為研

究早產兒對成人的影響，因此研究對象包括了早產兒與足月兒。

　　研究人員請 64 位家長看嬰兒哭泣的錄影帶，每個人看到的錄影帶主角可能是早產兒，也有可能是足月兒，研究人員並測量這些家長在看錄影帶時的生理反應，包括心跳速率、膚電值、血壓，這些都是一般人在遭遇環境刺激時所產生之生理激發反應的指標。之後，再請這些家長根據看錄影帶時的心情，填寫一分與心情相關之形容詞的清單。

　　生理反應方面的測量顯示，這些家長的生理激發反應大致都會因嬰兒的哭泣而提高，激發的現象在看早產兒的哭泣錄影帶時更為明顯，家長們後來填寫的情緒清單也支持上述現象。根據清單，他們在當時都感受到沮喪與關切。然而，母親們與父親們在生理反應的測量上並沒有差異，父親們的反應和母親們的反應一樣多，兩性在自陳報告中所提到的情緒種類也相同，但母親們在嬰兒一開始哭的時候會比較警覺注意。

　　在此以本篇作者的話來作摘要：「雖然僅憑沒有差異一事來作結論會有明確的危險，但我們認為有理由去質疑，傳統認為只有成年女性具有回應嬰兒訊息之生理天賦，而男性並沒有的想法。」

《成年初期對嬰兒的興趣》

S.S. Feldman and S.C. Nash (1978), ‘*Interests in babies during young adulthood*’, Child Development, 49, pp. 617-22.

　　對嬰幼兒反應能力之評估，也是本篇研究著墨之處，但不同在於，本研究以實際在現場的嬰兒為情境，以觀察男女兩性的行為反應。研究人員從各種形式的家庭，抽樣選出成人參與

者，以檢視反應上的性別差異是否因所擔負的親職責任而致。

　　研究人員將年輕的成年參與者分成每組 30 人的 4 組，每組來自不同形式的家庭：同居的未婚男女、無子女的已婚者、盼望生第一胎的已婚者、已擁有一個孩子的家長。每組的男女人數相等，研究人員觀察這些參與者在經過特別設計的等候室情境中的反應，等候室中會有一對母子在場，參與者對嬰兒的興趣與反應都由在單面鏡另一邊的研究人員記錄下來，包括注視、微笑、碰觸、對嬰兒說話、給嬰兒東西或拿東西給嬰兒看、將身體更為靠近等都是研究人員會記錄的項目。接著研究人員再給參與者一疊幻燈片，裡頭是不同人事物的影像，包括剛剛出現的嬰兒，參與者觀賞每一張圖片的時間不受限制，而參與者花在觀賞嬰兒照片所佔的時間百分比會被研究人員記錄下來，接著研究者會把已沖洗好的照片拿給參與者，請他們挑出最喜愛的幾張出來。

　　在前面三個沒有孩子的小組中，男女兩性在各種量測值上都沒有差異。只有在最後一組的家長中，女性對嬰兒的反應勝過男性（雖然差異並不大）。因此，無論男女兩性間有何差異，這些差異只存在於生命中的特定時期，不是無時無刻不在的，而且這些差異應該是源自社會大眾對女性擔任母職的期許、以及女性與子女的接觸機會較多所致。這些作者相信，反應度應該是基於經驗，而非以荷爾蒙為基礎。

《在完整家庭中負責給予養護照料的父親》
N. Radin (1994), '*Primacy-caregiving fathers in intact families*',
in A.E. Gottfried and A.W. Gootfried (eds), Redefining Families
(New York: Plenum).

前兩篇研究報告是針對兩性差異的實驗性研究，Radin 這一篇所提到的數個研究則針對父親們在真實生活情境中，擔任主要照護者之能力。我們在此將焦點集中於 Radin 對其研究的解釋。她所關切的是，因妻子外出工作或上大學，而由父親扛起照顧子女之責任的安排，會對家庭成員造成那些影響。

樣本包含了 59 個美國中產家庭，每個家庭都擁有一個 3 至 6 歲間的孩子。根據夫妻雙方對育兒工作的細節問題之回答，研究人員將這些家庭分為 3 組：由父親擔任主要照護者、由母親擔任主要照護者、折衷組。每組父親們擔任主要照護工作的時間比例估計值各為 58%、22%、40%，研究人員會將這個父親參與度的數據與兒童的測驗得分進行比較。追蹤研究分別在 4 年與 11 年後再度進行，以檢視由父親帶大的孩子是否有不足之處。

這項長期研究的主要結論非常簡單，沒有任何證據指出這些父親們在養兒育女方面，比母親們的表現遜色。雖然這兩組的子女的確有些差異，但這些差異都是人格運作的某些層面，而且這些差異事實上有利於由父親帶大的孩子。由智力測驗成績、在校成績、學業方面的進取心來看，所有的孩子在智力發展與教育方面都無差異。子女的性傾向也不受父親對育兒工作的參與程度之影響，他們對自身的男性與女性取向與其他孩子並無差異。大致上，子女並不會因為由父親照顧而受到不利的

影響，這些擔任主要照護組的父親在任何一方面，都與一般的母親一樣優秀。

《單親家庭的孩子最好與同性父母同住嗎？》

D.B. Downey and B. Powell (1993), '*Do children in single-parent households fare better living with same-sex parents?*' Journal of Marriage and the Family, 55, pp. 55-71.

在監護權的爭議中，與性別相關的親職適任度變得特別重要。母親理所當然該擁有監護權的假設開始遭到挑戰，舉例來說，曾有一項研究指出，兒童在父母離異後最好能與同性父母同住（Santrock and Warshak, 1979），也就是說，男孩最好與父親同住，而女孩則否。然而，這項研究只是建立在一小撮樣本與有限數據上的前測性研究，現在我們要提到的這一篇則明顯較具企圖心，同時也提供了更具信心的結論。

本研究的樣本取自 1988 年國家教育縱貫研究中 24,599 個 8 年級學生，以及就讀於公私立學校的同齡美國兒童（13 歲），其中有 3,892 個孩子與單親共住，包括與父親同住的 235 個男孩與 174 個女孩，與母親同住的孩子中，女孩則略多於男孩。研究人員取得個別孩子相當廣泛範圍的評鑑資料（共有 35 項），包括在校行為、自我概念、偏差、教育成就、親子互動等等。所取得的這些資料，使研究人員能夠對以下四組進行 35 個項目的比較：與單身父親同住的男孩、與單身父親同住的女孩、與單身母親同住的男孩、與單身母親同住的女孩。

研究結果十分清晰，沒有任何一個因與同性父母同住而明顯獲益的實例。因此，那些實證較少的早期研究所得的結果並

未獲得支持。此外，若純粹比較父親們與母親們，而不管他們
所照護之子女的性別的話，我們會發現，子女的得分並不支持
父親們在親職上一定比母親們遜色的說法。與母親同住的孩子
只在少數層面上表現較佳，但在其他方面，與父親同住的孩子
則較有利。因此，我們沒有理由認為何種性別組合的單親家庭
會較有利。顯然地，在相關個人的人格與彼此間的關係上，還
有其他更多微細的因子更為重要。

《專家對單身父親家庭之男孩的負面期待：對保育專家訓練的啟示》
P.S. Fry and J.Addington (1984), ' *'Professionals' negative
expectations of boys from father-headed single-parent families:
implications for the training of child-care professionals*',
British Journal of Developmental Psychology, 2, 337-46.

這篇報告與本章所摘錄之其他報告的不同之處在於，作者
並不直接對父親們與母親們進行比較。本篇報告關切的是另一
個與議題高度相關的問題：一般人對父親們與母親們個別之養
兒育女能力的期許。

這個研究包括了 300 位專業工作人員（教師與社會工作人
員各半），與 300 位普通人，研究人員請每位參與者觀賞 4 個
10 歲男孩在家中與學校的遊戲及與他人互動之錄影帶，在播放
完畢後，研究人員會請這些成年參與者判斷這些小男孩的特
質，包括在各種人格向度上給予評分，並預測其在不同日常生
活情境的可能行為表現。研究人員將參與者分為三組，在看錄
影帶前給予不同的背景資訊：第一組所得到的資訊是，這些男
孩的雙親都已離異，男孩與父親一起生活；第二組所知道的則

是，這些男孩是由離婚的母親照顧；第三組則以為這些男孩都來自完整的家庭。

結果著重在這三組對同一個男孩的不同判斷。認為男孩來自完整家庭的觀眾，對男孩的評論是：調適良好、快樂、具責任感、有領導能力；認為男孩是由父親撫養的觀眾，所給予的這方面評價都最低。被認為由父親獨力撫養的男孩，在快樂、與人相處、成就需求、情緒調適方面的得分都最低，但在不守規矩方面的得分卻最高，這些男孩也被認為在要求服從的情境下表現最差，最缺乏處理壓力的能力，無法與成人及其他兒童合作。

很明顯的，對同一個男孩的判斷會因之前所得的資訊內容而異的這個現象，說明了成見可能的影響力有多強。這些成見獨惠出身自完整家庭的男孩，對出自單親家庭的孩子卻抱持著偏見，特別是被父親獨力撫養的孩子。值得強調的是，專業人士、社工人員、教師在這方面的成見，與一般人並無二致。

對研究結果的檢討

我們該怎麼做，才能評鑑像親職這麼複雜的事物？這件事的難度，正是我們無法輕易決定女性是否更勝任親職的主因。大半的研究工作都著眼於成人對兒童的反應度，也就是觀察成人對兒童的興趣、是否會因為兒童或幼兒而感到興奮、是否特別注意兒童反應等方面有無性別差異，這些研究結果至少能提供男女兩性對兒童的初始傾向，而且各種不同研究的結果都證明了（不只有本章摘錄的研究才抱持這種結論），傳統認為只有

女性會對兒童有與生俱來之興趣的說法不能成立，因為，研究人員發現，男性也有同樣的反應，兩性間的差異多半源自社會習俗，而非源自某種與生俱來的特質。

　　Frodi 等人的研究報告提出一項非常中肯的事實，男性對嬰兒之沮喪的生理反應，與女性所展現的生理反應並無不同（其結果已由多人重複驗證）。如果在最基本的生理激發層次上，也看不出兩性差異的話，在其他層面所浮現出的差異很可能就是由文化所決定的。成人對幼兒的反應方式會依其家庭生命週期而異的事實，更進一步證實了上述論點。對其他年齡層的研究也支持本章所摘錄之 Feldman 和 Nash 的研究結果，例如，在 5 歲左右之前，男孩與女孩對嬰兒的反應方式並無不同，對青少年的研究也發現隨著年齡而產生的變化，這都暗示著社會壓力的正在運作。當然，要確定「性別差異來自生理基礎」的說法究竟是對是錯，並不容易，但大致上，所有的證據都使這種解釋不容易成立。

　　可惜的是，相對於女性來說，關於男性是否適合養兒育女的問題，目前可得的資料仍然太少。雖然許多研究指出，單身的父親能夠全然成功地勝任家務與育兒工作（雖然在他們初次擔負這項責任時，需要一段時間的調適期），但是這些研究的結果能夠類推嗎？這些研究所包括的，擔負主要照護工作或取得監護權的父親們，很可能本身即不尋常，同時也不能作為一般父親們的代表。由於這些理由，我們在男性的親職能力上，要小心不要太快作定論。這些研究所提供的證據，充其量只能說，認為女性天生就較適任親職的說法，是所謂「一言以蔽之」的簡易推論而已。

實務應用上的啟示

　　很顯然到目前為止，要從這些研究結果取得實務結論仍要非常謹慎小心。這個領域的研究數量還不多，而且大多只處理這個複雜問題的某些特定層面而已。但是，已有足夠的證據可讓我們推翻男性不適任親職的說法，就像女性不必然是適任親職的保證書一樣。雖然很多人都明白這種說法，然而在親職的相關實務議題上，視性別差異為理所當然的非黑即白之思考法仍大為盛行。沒有證據能證明這種說法的必然性，相對的，每個案例都應該單獨考量其正反兩面，不要只因為性別差異就一竿子打翻一群人，每個家庭的獨特環境才是決策應該考量的重點。

　　這個觀點特別適用於父母親雙方的比較性判決（例如離婚後）。過去的判決往往一廂情願地認為，母親永遠是較適合獨力扛起親職的一方，除非有特殊證據，否則多半認為父親不適任。近年來家庭生活型態的改變，已經指出事情不見得必然如此，父親們也可以是稱職的照護者。因此，具有適當性向與人格特質的男性，應該也要被認真考慮獨力擔任親職的可能，就像他們的前妻們一樣。雖然多數子女在父母離婚後會繼續與母親同住，但那是因為傳統上，母親一直扮演養兒育女的主要角色，所以大可繼續維持現狀。但在父母雙方皆極力爭取監護權的情形下，不該只以性別作為唯一考量，而應該考慮雙方的個別環境。在所有因素中，兒童的既有依附關係與偏好尤為重要，但我們當然不要造成兒童必須直接在父母中二選一的局面。多數的孩子都會強烈反對父母的離異，同時也希望繼續與父母保持

關係，要求他們在父母中二選一，很可能會造成子女對未獲選一方的罪惡感，而這種感受會經年縈繞在孩子的心頭。

另一個與男性是否能勝任親職的相關問題是，很少有單身男性獲得領養或認養小孩的批准，上述對離婚配偶的論點同時也適用於這個問題：個人的性別不應該成為排除考量的因素，在這種情況下，動機與人格特質會更為重要，單身男性的申請應該與單身女性的申請獲得相同的處理方式。也許，要對抗認為男性不適合擔任主要照護工作（遑論獨力養兒育女）的文化偏見並不容易，一般人對男性願意承擔這種重責大任的狐疑也許仍會苟延殘喘，這些觀點實在是一種憾事。如果沒有證據能夠證明男性天生不適任親職，如果養兒育女上的性別分工只是社會習俗所致，而非決定於先天的生理因素，這類偏見就不應該在與兒童未來息息相關的決策上佔有一席之地。

我們已經從本章所摘錄的最後一個研究看到這類偏見的盛行程度。長期看來，這些偏見將隨著社會變革而事過境遷，特別在未來，男女兩性在家庭內外所擔負的責任，比現在更為平等的時候，這類想法就會自然消聲匿跡。短期的話，我們至少應該提醒專業人士這些成見的存在。由於無意識的行為往往更為強而有力，我們應該利用訓練課程，配合特殊技巧，將這些成見帶到光天化日下來檢視。

建議讀物

《父子關係：文化與生物社會的背景》

Hewlett, B.S. (ed.) (1992), *Father-Child Relations: Cultural and Biosocial Contexts* (New York: Aldine de Gruyter).

《父親在兒童發展中的角色》

Lamb, M.E. (ed.) (1997), *The Role of the Father in Child Development*, 3rd ed (New York: Wiley).

《重新評估父權》

Lewis, C. and O'Brien, M. (eds.) (1987), *Reassessing Fatherhood* (London: Sage).

《父權》

Parke, R.D. (1996), *Fatherhood*. Cambridge, MA: Harvard University Press.

議題 7

兒童需要兩性分別扮演雙親的角色嗎？

議題背景

　　所謂的「正常」家庭包括了一位父親與一位母親，許多試圖解開兒童發展與社會化過程的心理學理論，都假設一父一母不僅是「正常」型態，而且是必須的：父母各有獨特的角色待扮演，而且雙方角色不得互換。根據這個假設，兒童適當的發展需要雙親的存在，而且由男女兩性分別扮演。

　　這種想法也被套用在兒童的性別習得上，男孩子向來被認為應該成為主掌一切、具競爭能力、行動取向的「男子漢」，而女孩子則應成為樂於合作、順從、情感取向的「美嬌娘」。任何無法落入適當類別的個人都會被視為有社會性的偏差，同時也會被認為在發展的某階段遭到誤導所致。然而，在正常環境下，由於兒童被激勵認同同性父母，所以應該不會有這類偏差發生－這種想法是弗洛依德所相信的，而且他在這方面所建立的理論，長期以來，也主宰了大眾的思惟。根據弗洛依德的說法，男孩與女孩一開始都必須與母親建立依附關係，女孩與母親間的依附關係可以繼續保持下去，但男孩，由於害怕父親可能與他競爭來自母親的愛，這種衝突必須獲得解決，而解決之道就

是讓男孩在早期將認同轉向父親，因此，男孩與女孩都需要一個可資認同、模仿的典範，以習得社會認為與其性別匹配的人格特質。這類與性別相匹配的行為，多半會得到父母與其他成人之贊美的增強，而不適當的行為會被不贊許與懲罰所剔除。

如果這種解釋正確的話，則兒童若缺乏可資認同的父親或母親，則可能會導致一般人不欲見的結果。我們可以預期，在這類環境下，兒童遲早會發展出諸如非典型的性別角色行為等心理性別化發展方面的困難。這麼說來，單親家庭在心理上就可能是椿頗具危險性的事情，未來，將有越來越多人的部份童年是在這種家庭中度過，因此這個問題也頗具重要性。這樣長大的孩子真的會受到不良的影響嗎？眾所皆知的是，單親家庭往往因為地位的緣故，而遭受社會與經濟上的困難。不良的家居環境、財務方面的憂慮、欠佳的托育品質，都是可能影響兒童心理健康的因素。此外，只有一人負責生活上的供養，也使兒童在供養者出事時格外脆弱，在這方面，擁有兩個雙親至少是一種保障。但是，缺乏可資認同之同性的家庭，到底會對兒童的人格，特別是性別認同上，造成什麼影響？多數單親家庭是由母親一手操持的事實，也許會對男孩造成影響，例如因缺乏父親形象而導致女性化；但是，女孩也可能會受影響。有種說法認為，父親在鼓勵女兒表現陰柔行為方面扮演著重要角色，因此，父親的缺席可能會影響女兒的女性化發展。此外，還可能使女兒無法習得與異性適當互動的技巧。

還有另一種「非典型」的家庭與這個議題有關，例如由兩個同性的雙親形象共同撫養兒女的家庭，這種例子雖不常見（以後也許會因越來越多人容許同性戀而增加），而且這類家庭通常是由女性配偶所組成，然而議題仍然存在：子女會因為沒有兩性各別扮演雙親角色，而受到不良影響？

　　有各種研究開始探討這兩類家庭對兒童的影響（單親家庭或男同性戀、女同性戀家庭），研究人員探索的範圍極廣，但特別著重於無父兒童之犯罪傾向與學業成就。然而，特別相關的是，性別角色的發展，這也是以下數個研究所單獨提出討論的問題。

研究摘要

《來自雙親家庭及單親家庭之學齡前兒童的性別角色發展》
M.E. Brenes, N. Eisenberg and G.C. Helmstadter (1985), '*Sex role development of preschoolers from two-parent and one-parent families*', Merrill-Palmer Quarterly, pp. 33-46.

　　這是眾多探討家庭結構對兒童的心理性別化發展之影響的研究之一，特別著重兒童對社會所分配給男女兩性之角色的接受與理解。性別角色的觀念常被當作單一實體來處理，對人類的陰陽兩性是太過簡略的類推。然而，大家越來越清楚，這是一種過度簡化的作法，概念本身含有多項獨特要素，某些可能會受單親家庭影響，某些則否。

　　本篇研究以此為重點，對象包括了 41 個 4 歲大的兒童，其中有 17 個來自單身母親的家庭，另外 24 個則來自父母俱全的家庭。每一組都包括男孩與女孩，研究人員主要針對 3 個項目加以探討：（1）兒童對自身性別認同的理解（由特別架構的標準化晤談來評鑑），（2）兒童對性別刻板印象的知識，也就是他

們對兩性之典型行為與運作的瞭解，（3）兒童對性別角色的採用（藉由觀察兒童遊戲時的玩具性別選擇來測量）。

比起來自父母俱全家庭的兒童來說，來自單親家庭的兒童在對自身性別認同的理解上並無不同，這兩組的發展型態也頗為類似，也就是說，單親家庭的女孩或男孩在這方面都無混淆的情形。在性別刻板印象方面，單親家庭的兒童表現出較多知識－這是一項始料未及的發現，作者認為可能是在雙親之一缺席的家庭中，性別角色較受強調所致。最後，關於這些兒童對性別角色的實際採用，來自單親家庭的兒童在選擇玩具時，通常沒有明顯的性別典型，亦即比起來自雙親家庭的兒童，他們比較會去選取中性的玩具，或選擇一般被視為較適合異性的玩具。然而，必須注意的是，來自單身母親家庭的男孩在遊戲時並無「女性化」的現象，他們仍然比女生更會去選擇陽剛性的玩具，而且他們挑選陰柔玩具的次數也不多。

大致上，這個研究指出性別角色之概念的複雜性，同時也支持某些層面較易受到影響的說法。然而，沒有證據指出單親家庭的兒童會在這方面有混淆的現象。

《缺席的父母與性別角色發展：一項後設分析》
M.R. Stevenson and K.N. Black (1988), ‘*Parental absence and sex-role development: a meta-analysis*’, Child Development, 59, pp. 793-814.

這篇報告不對單獨的研究成果之細節多加著墨，而是關切所有探討父親角色在兒童性別角色發展方面之影響的研究，並進一步比較所有的相關研究。在作者下筆時，可得的相關研究

報告共有 67 篇，作者使用後設分析（meta-analysis）的統計技術，合併不同的研究結果，以釐清研究結果可能呈現的方向。

大致上，有父親與無父親的兒童在各種性別角色發展的測量值之差異都很小，而在設計與執行上最佳的研究，甚至無法找出這兩組的差異。同樣的情況也發生在女孩身上，女孩的心理性別化發展，大致上似乎並不受成長過程之父親形象有無的影響。

雖然作者不斷強調差異極小且無實務上的意義，但男孩的確會產生某些效應，因此，無父親的幼小（學齡前）男孩，對於什麼玩具與活動適合兩性所知不多，而且比起有父親的男孩顯得不那麼陽剛味；但年齡稍長後，至少在侵略性等外顯行為上，男孩的陽剛味會較明顯。然而，至於這些效應是否可由男性典範的有無來解釋，仍是無法確定。舉例來說，單親家庭通常承受較大壓力，這也許比父親缺席本身更能解釋兒童的侵略性發展。另一項關於父親缺席之原因的研究結果也支持這種想法：父親的死亡對男孩的性別角色發展不會造成影響，但離婚則會。

正如作者所指出的，對有無父親之兒童的比較必然有失之簡略之嫌，因為許多無父的孩子仍有機會接觸其父親或適當的代理人，而有父親的孩子在心理上不見得能擁有父親。然而，這篇評論的確說明了，對單親家庭兒童（特別是男孩）之心理性別化發展的過度推論，其實並不合理。

《家庭結構、家庭功能及青少年的福祉：親職風格的卓越影響力》

A.H. McFarlane, A. Bellissimo and G.R. Norman (1995), 'Family structure, family functioning and adolescent well-being: the transcendent influence of parental style', Journal of Child Psychology and Psychiatry, 36, pp. 847-64.

　　這篇加拿大的研究同樣著墨於父親缺席與被單親家庭撫養的效應，然而，這篇研究並未聚焦在心理性別化的發展上，而是探討心理調適的廣泛層面，同時以平均年齡 17 歲的青少年為研究樣本。

　　樣本內共有 801 個青少年，全部就讀中學，但家庭背景各異。全部樣本中，有 57%與親生父母同住，而 22%與單親同住，其他多數則與親生父母之一及繼父母所組成的家庭同住。所有青少年都要填一系列自陳問卷，內容包括青春期壓力、憂鬱、課堂行為等心理調適各層面的問題，作答結果再進一步與家庭結構、家庭功能、親職功能等變項作相關性比較。

　　研究結果非常明確的指出，親職功能的類型（與家庭結構無關）是決定青少年調適能力的主要因素，單親家庭的孩子在各方面均與雙親家庭的孩子毫無二致。特別的是，慈愛、同理心對待、不過分干涉、不會總將子女視為長不大的孩子，這種親職風格與青少年的福祉最為相關，這項發現在各種家庭類型中皆然。在雙親家庭中，這種風格是由父母行為的組合得之；但在單親家庭中（幾乎全以母親為主），則完全是母親一人的貢獻。雖然作者臆測父母親的成效主要藉由子女的自尊來達成，但無論機制為何，這種成效在不同的家庭條件下都可達成。

《選擇母職的女同性戀者：以女同性戀及異性雙親與其子女為對象的比較性研究》

D.K. Flaks, I. Ficher, F. Masterpasqua and J. Gregory (1995), '*Lesbians choosing motherhood: a comparative study of lesbian and heterosexual parents and their children*', Developmental Psychology, 31, pp. 105-14.

在女同性戀所組成的家庭中，子女沒有父親，而是由 2 名女性撫養長大。一般人會擔心這種環境並不適於養兒育女，同時也擔心可能會導致發展上的偏差。本篇報告正是關切此種現象的諸多研究報告之一。

研究樣本包括 15 對女同性戀配偶，她們藉由接受第三者捐贈精子的方式懷孕生子，子女的年齡在 3 歲至 8 歲間，研究人員另外安排了 15 對異性戀父母所組成的家庭作爲比較，比較組的家庭是依一組相關的準則配對來取得。對兒童的評鑑則採用各種完備的問卷，由教師與家長填寫，內容包括行爲調適與智力運作的各個層面。此外，父母親的關係品質與其親職技巧也由標準化問卷來進行評估。

結果顯示，女同性戀配偶的子女，與來自異性戀父母家庭的配對控制組非常類似，在研究所探討的各層面皆然，包括他們的社會情緒調適能力與認知運作都沒有差異。此外，兩組間的各項比較結果，多半較利於女同性戀配偶所撫養的子女，雖然這些差異尚未達到統計上的顯著值。沒有任何證據認爲這些孩子會比控制組的孩子更有行爲問題、社會能力不足、智商較差等煩惱。

　　和他們的子女一樣，這兩組家長彼此間也極為類似。父母的關係品質也是如此，在配偶之間的進展以及兩人共同打造的氣氛兩方面，都看不出兩組間有什麼差異。唯一的不同僅出現於親職技巧方面，女同性戀配偶在應對各種育兒情境的技巧方面，表現出較強的察覺力。簡言之，沒有理由認為女同性戀配偶的子女之成長環境，會造成心理發展方面的傷害或使兒童成為高風險群。過去認為擁有兩性雙親才能保證兒童心理健康的想法，開始受到這些研究結果的挑戰。

《父母會影響子女的性傾向嗎？由女同性戀家庭縱貫研究所得的發現》
S. Golombok and F. Tasker (1996), ‘*Do parents influence the sexual orientation of their children? Findings from a longitudinal study of lesbian families*’, Developmental Psychology, 32, pp. 3-11.

　　本篇同樣探討女同性戀養兒育女的議題，但特別將焦點著重於對子女性傾向的影響上。本研究的價值在於，研究人員持續追蹤這些孩子直至成年初期，因此可同時評估長期與短期效應。

　　這些孩子在 9 歲時首次接受研究人員的觀察，並在 23 歲時再做一次。研究人員並將這些由女同性戀母親撫養長大的孩子與另一組由異性戀母親撫養長大的孩子作比較，這兩組的相同處在於，母親們都是在父親缺席的情況下撫養孩子。在 23 歲的第二次評估時，女同性戀母親組的孩子有 25 位可接受晤談，而對照組的子女有 21 位。研究人員使用半結構性的晤談來評估性傾向，晤談所得的資料則用標準化編碼方式轉成各項定量測量

值。

9 歲那次評估所取得的資料，是較早另一篇報告的主要內容，結果顯示，這兩組在性別認同、性別類型行為、性別物件選擇方面並無不同。23 歲的評估所得到的最重要發現則是，在女同性戀家庭中成長的孩子，絕大多數都認為自己為異性戀者，這一組只有 2 位年輕的女士認為自己為女同性戀者，男士則沒有任何人認為自己是男同性戀者。一般人認為同性戀共組家庭的背景會導致子女發展為同性戀者的假設，並沒有在這些結果中得到證實。出身自女同性戀家庭的子女，的確在某些時候會更主動地考慮發展一段同性戀關係，但他們提到曾被同性者吸引的比例並不會比對照組來得高。雖然研究人員發現女同性戀家庭與對同性戀抱持開明接受態度、及年輕子女對同性感到興趣間有關聯存在，但家庭態度似乎只是性傾向的眾多決定因素之一。樣本中有 6 個曾在早期經歷同性戀關係的年輕子女，其中 4 個後來認為自己是異性戀者，這似乎意味著，之前的經驗幫助他們確認了自己真正的傾向。另外也該一提的是，來自女同性戀家庭的年輕子女，並不會比另外一組更容易產生心理衛生方面的問題。這兩組在標準化情緒測驗中的得分，也與取自一般人口的樣本之得分無異。

《同性戀父親之成年兒子的性傾向》

J.M. Bailey, D. Bobrow, M. Wolfe and S. Mikach (1995),
'*Sexual orientation of adult sons of gay fathers*',
Developmental Psychology, 31, pp. 124-9.

　　本篇報告所關切的主題，同樣是同性戀家長所養育之子女成年之後的影響。然而，在這項研究中，同性戀者是父親，研究人員所探討的對象則僅限於兒子。這些兒子們會比其他人更容易成為男同性戀者嗎？

　　經由研究人員在男同性戀期刊所刊登的廣告，招募了 55 位認為自己是男同性戀或雙性戀者的男士，兒子總數為 82 人，其中年齡最輕的只有 17 歲。研究人員對這些父親所作的晤談內容包括父親本身、兒子、父子關係。之後研究人員找到他們的兒子並進行晤談，晤談內容包括，個人歷史的各層面、家庭背景、社會態度、人格特質、親密關係，研究人員同時特別評估兒子們的性傾向，包括他們自身的認同、會被男性或女性吸引（包括實際行為及性幻想）。

　　雖然這項研究並未宣稱能夠回答同性戀父親的兒子成為同性戀者的機率是否較高的基本問題，但它的確清楚地指出了一項事實：同性戀父親的兒子絕大多數均為異性戀者，比例高達91%，其餘的 9%則包括雙性戀與同性戀者。研究人員也發現，父子之間的相似程度與某些變項並無相關，這些變項包括父子共同生活的年數、父子關係的品質、兒子是否知道父親的性傾向、兒子對這種性傾向的接受程度，這使得環境造成影響的說法無法成立，但若對非異性戀兒子們作更進一步探討，我們尚不能輕易達成這項結論。然而，要再次強調的是，目前沒有發現任何證據支持同性戀家庭的背景必然會決定個人心理性別化

之發展的論調。

對研究結果的檢討

在評估這些研究發現之前，有幾項應謹記於心的考量，這些考量適用於我們所介紹的兩類研究，一是對單親家庭與雙親家庭之子女的比較，二是異性戀家庭與同性戀家庭之子女的比較。

在某些層面上，這兩種研究所探討的是截然不同的問題，然而這兩種研究都提供了此議題的相關資料，也就是探討兩性父母的存在對兒童心理健康的必要性以及對兒童心理性別化發展的影響。但在取得明確結論前，要考慮的問題之一是：要做「純粹」的比較並不容易。例如，對單親家庭與雙親家庭之子女的比較，往往忽略了一項事實：單親家庭的孩子也往往有許多機會接觸其他男性形象（如祖父、叔伯、鄰居、兄長、甚至包括未共同生活的父親），而雙親家庭的子女搞不好很難見到父親一面。女同性戀家庭的子女也有同樣的情形，並未與世隔絕的孩子，仍有許多觀察其他典範的機會。因此，先行評估兒童與父親形象的實際接觸頻率，會為這類研究建立更健全的基礎。

另一個主要考量則是關於性別認同習得的信念，一般認為性別認同的形成全賴對同性雙親的模仿與認同，但這種信念似乎不甚合理，由單身母親撫養長大的男孩，因為母親會以對待男性的方式對待他，因此也能培養出男子氣慨，重點在於，對兒童有影響力的人士重視這項特質。根據最新的想法，性別認同可能可以透過多種不同途徑來達成，如果這種想法是正確的

話，認為雙親之一的缺席會導致心理性別化發展之偏差的想法，將不再成立。

儘管這些研究在本質上頗多差異，例如研究對象的年齡、研究人員運用的測量項目、研究設計都各有不同，但令人驚異的是其結論的一致性。這些研究的共同結論，都對傳統認為非兩性組成之家庭會造成兒童心理發展偏差的這種想法提出質疑。現在越來越清晰的是，研究人員在尋求影響兒童發展之因子時，必須捨家庭結構之變項，而就家庭功能的方向前去探討。上述之 McFarlane 與其同僚的研究特別點出了這項結論：家庭成員的關係品質遠較家庭形式來得更為重要。

實務應用上的啓示

在近期對無父親家庭之子女的研究中，最重大發現也許是：人們應該捨棄這些孩子會只因缺乏父親形象（也許因死亡、離異、未婚媽媽、女同性戀共組家庭）便產生不良心理影響的成見。Ferri（1976）曾指出，認為單親會造成對兒童之不良影響的信念本身，可能與任何因父親缺席所可能導致的直接影響具有同樣的傷害性。這些研究對父親缺席可能造成負面心理影響（特別在男孩的性別認同方面）之說法的不予支持，同樣得到其他行為層面之研究的回應，包括對無父之子女的犯罪率研究，無父親與犯罪這兩件事間其實只存在假設性的聯結，正反映著偏見的無所不在。然而，一旦研究設計中採用了足夠的方法學之安全防護措施（例如安排社會地位匹配的控制組），就無法歸因出單親家庭的因果效應，也就是說，如果兒童的確有不

良影響的話，研究人員必須確認這究竟是因父母缺席所致，或是與單親家庭常遭遇之經濟等不利因素有關。若要實質增進單親家庭兒童的心理發展，導向這方面的行動是比較切實的作法。

　　如果身為單親家庭之子女本身並非風險因子，當然就沒有理由在環境令人滿意的情況下將此納入決策考量。舉例來說，認為單身母親所撫養的孩子比雙親家庭的孩子更可能進入收容機構，這種想法，至少在這兩者間的差異僅止於家長人數時，是錯誤的。同樣地，為此而在離婚監護權訴訟中，將孩子判給再婚的一方而不判給單身的一方，也是一項錯誤，這比起其他考量可說是微不足道。另一個相關的重點是：研究結果皆一致顯示單親家庭的子女，比起雙親但衝突不斷之家庭的子女，各項功能均較好。我們要再次強調，家長人數並不代表與子女福祉的必然相關性。

　　很明顯地，我們必須提及近數十年來家庭結構的重大變遷，同時不要將行動奠基於以今日眼光看來已過時的模式之上。這個主題將不斷地重複發生，用某些人眼中認為極端偏離常態的男女同性戀家庭所撫養的子女來說明，會特別恰當。如我們所見，沒有證據說明這些孩子的性別角色發展（或其他心理功能）會因此而受到不良影響。雖然這類家庭是極為罕見的社會現象，其非傳統性的地位可能會導致兒童遭受其他兒童的譏笑甚至排斥，然而這只是更清楚的點出一件事實：人們對某種家庭形式的態度，而非家庭形式本身，才是真正在運作的因子。在任何情況下，都沒有理由只因擔心同性戀母親會對兒童心理健康造成不良影響，而拒絕將撫養的責任交給同性戀的母親。同樣地，拒絕讓男同性戀或女同性戀配偶認養或領養子女的作法，也是對這些證據的錯誤解釋。

　　在某些層面上，社會對於男女兩性之可接受行為的理想已有改變，性別角色不再像過去那麼涇渭分明，大眾已能容忍兩性間相當程度的彈性與重疊，不再視其為遙遙相對的兩極。人們在養兒育女方面的品質改變，同時也反映了變遷中的社會價值。人類正向著一個某種程度來說更混合、雌雄同體的人格結構前進，並且認為這才能在現代社會中保持良好的調適狀態。至少，單親家庭的子女比較容易發展出兩性人格這件事指出，這類家庭不應該只以負面眼光看待，他們也有正面的部份。如果成見使我們只取負面來看，會是很大的遺憾。

建議讀物

《生命週期中的女同性戀、男同性戀與雙性戀認同》

D'Angelli, A.R. and Patternson, C.J. (eds) (1995), *Lesbian, Gay and Bisexual Identities Over the Lifespan* (New York: Oxford University Press).

《性別發展》

Golombok, S. and Fivush, R. (1994), *Gender Development* (Cambridge: Cambridge University Press).

《單親家庭》

Kissman, K. and Allen, J.A. (1993), *Single Parent Families* (London: Sage).

《在單親的照顧下成長》

McLanahan, S. and Sandefur, G. (1994), *Growing Up With a Single Parent* (Cambridge, MA: Harvard University Press).

《女同性戀與男同性戀的子女》

Patterson, C.J. (1992), 'Children of lesbian and gay parents', Child Development, 63, pp. 1025-42.

議題 8

與雙親分開會不會造成心理創傷？

議題背景

　　幼兒與父母親建立的關係，通常被認為對其福祉非常重要，以致於這些鍵結的損害（即使短期的）都被視為最好能夠避免，同時也會帶來潛在的危險性。一般而言，與雙親的分離通常發生在下列情境：子女住院治療、母親住院治療、因家庭缺陷或破裂而將子女送往收容機構、雙親離異、雙親之一棄世等等。但這些例子都點出兩個問題：一，對兒童的心理狀態影響真的很嚴重嗎？二，這些情形下，鍵結的斷裂是必然的嗎？根據我們從研究所得知的，有各種回答這些問題的方法，首先我們要先考量兒童當下的反應，之後再來處理長期的後果。

　　這種切入方式仍然源自弗洛依德的想法，弗洛依德的注意力集中在子女對母親之關係的不尋常之強大情緒感受上，成人很難理解這種感受的強度，但這種感受卻使任何可能性的關係破裂會遭受兒童的極力抗拒。弗洛依德及稍後的 John Bowlby（後者薈集了失去母親與之後精神疾病之相關性的研究證據）都極力強調兒童在形成階段與母親間之親近且滿足的關係對健康人格發展的重要性，失去母親照護則會為兒童帶來悲慘的後

果。無法接觸依附形象被視為是一種兒童在心理上尚無法因應
的創傷經驗，這種經驗會帶來強大的分離焦慮，即使只是短暫
的分離，也會以某種形式殘存於個人身上（根據弗洛依德的說
法）並導致在事後多年浮現的各種神經質問題，因此應不惜任
何代價避免兒童與母親的分離。

　　這個領域的研究始於數篇臨床報告，似乎顯示與依附形象
分離的經驗在各種心理疾病的發展上扮演重要角色。這些報告
取自對成人或年長兒童的檢驗，他們的分離經驗都是在生命極
早期發生的，因此，之間的關聯不但要靠推論，同時連分離經
驗的資訊也是經由回溯記憶所取得，這很明顯有太多不確定成
分！此外，這種作法完全沒有提到那些毫髮無傷，從未就醫的
個人。一直要到 1940 與 1050 年代才有第一個包括對分離期間
兒童之直接觀察的系統性研究，這是第一份記錄兒童對分離事
件之反應細節的報告。只有在縱貫研究的追蹤下，我們才有辦
法考量這些經驗會持續對心理造成何種影響。

　　大部份研究的對象是住院治療或被機構短期收容的兒童，
這是最常見的兩種分離情境，同時也都讓人擔心會不會對兒童
造成衝擊。這層擔心，我們將在稍後探討，也被研究成果證實
是合理的，然而，對兒童分離反應的駭人描述往往意味著必然
會帶來創傷以及相當強度的沮喪，而這些後果是環境所無法彌
補的。因此，失去母親形象本身被視為具有令人震撼的意義，
無論分離週遭的情境為何，必然會損害兒童的情緒生活。這在
實務方面的啟示顯然是，我們在緩和沮喪上所能做的可說是微
乎其微，而且也沒有任何實際措施可以用來幫助處於這種狀況
下的兒童。只有之後的另一波研究才注意到緩和情境的存在，
對兒童反應一致性的描述已不再被視為理所當然，研究人員也
開始探討「良性分離」的可能性。

　　接下來，我們將介紹一系列記錄兒童「典型」反應細節的研究，接著再介紹一項點出分離情境週遭特定條件之角色的重要研究。我們的注意力將集中在兒童對住院治療以及機構收容的反應，至於離婚所致而與父母之一分離，則屬於不同的問題，會在之後的議題個別討論。

研究摘要

《幼兒對於與母親分離的反應》

J. Robertson and J. Bowlby (1952), ‘*Responses of young children to separation from their mothers*’, Courrier Centre International l’Enfance, 2, pp.131-42.

　　這是第一份提供幼兒與母親分離之行為反應的精確資料研究報告（值得注意的是，在當時甚至沒有考慮到與父親分離的可能）。研究對象為 49 個年齡在 1 至 4 歲間的幼兒，其中 25 個是在育幼院，而其他則在醫院中接受觀察。

　　在接受初始反應觀察的 45 個兒童中，只有 3 個沒有焦躁反應，這種「抗議期」的特徵包括不同激烈程度、持續時間長短的哭泣，以及抑制住的嗚咽，已經會說話的兒童則堅決程度不等地呼喚著母親，在某些例子中，這種「抗議期」維持不過數小時，某些例子中則維持多達 7、8 天。在這段期間，兒童似乎遭受恐懼侵襲，非常害怕，表現出顯然只有母親才能滿足的需求。這些兒童之後會進入「絕望期」，特徵是伴隨著漸增絕望感

受的對母親之持續渴望，他們會開始抽離且冷漠，伴隨著單調且時有時無的哭聲。最後到達第三階段，即所謂的「否定期」（之後的報告將其更名為「脫離期」detachment），兒童會開始對環境中的其他事物表現出興趣，同時哭泣也減少了。雖然這是一般人所歡迎的復原徵兆，但作者卻認為這種反應不過是兒童為克服太強烈而無法忍耐之沮喪的一種機制，藉由抑制對母親的種種感受並以冷漠的方式（也就是以一種不帶感情的態度）來處理沮喪。一旦兒童離開育幼院或醫院後（通常是在 2、3 週後），他們對母親的真實感受會破冰而出，一開始是夾雜著憤怒與敵意的愛，同時還有著高度的要求。

　　抗議期、絕望期、脫離期這三個階段是分離創傷的三項反應序列，每個階段都代表兒童面對強大壓力的調適手段，然而，即使伴隨著平靜假相的最後一期，若因分離而繼續持續下去的話，這種我們所不欲見的型態會導致恆久性的心理疾病。

《短暫分離》

C.M. Heinicke and I.J. Westheimer (1965), *Brief Separations* (London: Longmans).

　　這可能是已發表的報告中，對兒童在分離情境中的行為作最細部探討的一篇（以一本書的篇幅來討論）。研究對象並不多，但研究人員投注了大量的心血，同時也挖掘出相當豐富的資料。

　　樣本由 10 個 2 至 3 歲，在母親住院的短暫期間被安置在育幼院的兒童所組成。研究人員根據年齡與性別，配對安排了另一個非分離組以資比較。研究人員第一次都會到兒童家中進

行拜訪，以從家長取得晤談資料，並進行對兒童的基準觀察。在兒童進入收容機構後，分離組的兒童定期由 2 位研究人員之一進行觀察，用代碼記錄兒童的行為，以便日後統計特定類別行為的發生頻率，以及作定量化的比較。這份記錄還附帶另一份更全面的解釋，以及為測量兒童幻想層次而設計的洋娃娃時間所產生的資料，育幼院的工作人員也是資訊來源之一。在兒童回家團聚之後，研究人員每週前往訪視兒童，訪視持續最少20 週，非分離組的兒童在這段期間內也有相類似的訪視次數。

在 10 個分離組兒童中，有 9 個出現強烈沮喪的反應，包括經常大聲尖叫，特別在分離的那一刻更是如此。對於與父母團圓的期待，常常以非常絕望之哭喊形式表現出來，主宰了兒童在分離後最初 3 天內的行為。特別在父親前往探視後，沮喪的情形會更加明顯。然而，有手足相伴的兒童，悲傷的程度會輕微許多。在第 5 天後，密集的哭泣開始減輕，逐漸為無聲的嗚咽所取代。在一開始，多數兒童會拒絕進食，所有兒童都有睡眠障礙、拒絕如廁、大量的吸吮手指行為，同時他們也不想與工作人員建立任何關係，包括拒絕工作人員的接近、擁抱、撫慰。之後，對接觸的抗拒開始夾雜著尋求安心的努力，逐漸地，對特定保育人員的偏好開始建立。然而，即使在 2 週後，保育員的要求仍有三分之一會被拒絕。

在返家後，多數兒童在雙親之一離開時都會哭泣。同時，無法熱情地回應母親成為與母親之關係的特色，然而這在幾週後會逐漸消失，分離最久的兒童則要花更長時間才能克服，但這種現象並未發生在與父親之關係上。這段期間內，飲食、如廁、睡眠都有波動現象，但同樣都會逐漸好轉。

大致上，本研究的結果支持 Robertson 和 Bowlby 所提出的抗議期、絕望期、與脫離期的三階段序列，但同時強調兒童在

表現這些現象時的個別差異。

《嬰兒時期住院治療的心理效應》

H.R. Schaffer and W.M. Callender (1959), ‘*Psychological effects of hospitalization in infancy*’, Pediatrics, 24, pp. 528-39.

　　我們在討論第一個議題時，已引用過這項探討兒童開始表現對特定人士依附關係之年齡的研究，這項研究也與這裡要討論的議題相關，因為它提供了因分離所致悲傷的更進一步資料，同時它研究的兒童年齡也遠比其他研究來得更年輕，這項研究的對象是一歲以內的嬰兒。

　　研究發現顯示與父母親的分離，在嬰兒 7 個月大後，會開始成為具心理意義的事件，因此我們在此將焦點集中在 37 個超過該年齡的兒童身上。在住院後的頭三天內，只有因良性原因住院（例如選擇性的手術）的兒童接受研究，這樣兒童的反應方不會被病痛反應所干擾。研究人員每天利用兩小時進行系統化的觀察，包括餵食與探病時間。同樣的步驟在出院前三天會再度重複，接下來研究人員會定期前往嬰兒家中訪視。

　　觀察的重點在於嬰兒因分離經驗所致的沮喪強度，在 7 個月大後，只要護士將嬰兒抱離母親，嬰兒就會開始哭泣，而且通常會持續相當長的時間。只有一個嬰兒沒有這些外顯的悲傷反應，但卻有抑制、抽離與不停吸吮姆指的現象。多數嬰兒在護士接近時會有害怕及負向反應，拒絕進食是常見的行為。在探病時間，嬰兒多半會緊黏著母親不放，在母親離去時會極度悲傷。在嬰兒住院的最後幾天（住院期間大約長達 2、3 週），哭泣與抽離現象仍然明顯，但不像一開始那麼強烈，至少住院

最久的嬰兒是如此。在返家後，所有嬰兒都會表現與母親在場
與否相關的不安全感，一但母親離去，嬰兒就開始哭泣，在其
他時候，嬰兒會一直黏著母親，甚至不願意讓她放下來，他們
對陌生人的出現也表現出不尋常的畏懼，某些嬰兒的這類行為
僅持續幾天，有些則長達數週。

　　這似乎意味著，只要兒童已經大到能夠與父母親形成固定
的依附關係，與父母親的分離就會成為創傷事件，所引起的沮
喪毫不遜於2、3歲兒童的表現。哭泣的減少與之後的冷漠表現
再一次地符合了前面提過的三階段序列。

《承受短暫分離的幼兒》

J. Robertson and J. Robertson (1971), '*Young children in brief
separation*', Psychoanalytic Study of the Child, 26, pp.
264-315.

　　到目前為止，摘錄的研究都認為強烈的悲傷是兒童對分離
的「正常」反應，發表本篇報告的兩位 Robertson 希望確定這
種反應是否獨立於環境因素而存在，並希望瞭解是否可能透過
對分離情境的安排來降低沮喪。

　　作者本身即擔負4個兒童的寄養照護工作，這些孩子的年
齡在1歲半至2歲半之間，孩子的母親住院治療的時間大約是
1至4週。此外，他們還從另外9個由親戚在家照顧的兒童取
得資料。在所有的例子中，研究人員均盡可能設法消除任何可
能造成「污染」的因素，包括不熟悉的環境、新的生活規定、
陌生的照護者、個人疾病等等，因此兩位 Robertson 在預定分
離日期的一個月前，即設法與4個寄養兒童先行熟識，並把他

們先帶到家中認識環境，同時也向家長探詢兒童的個性、如廁習慣、食物偏好、睡眠型態、撫慰習性，每個孩子到家中寄養的時候，都帶著他們自己的床與毯子、玩具與小屋、母親的照片。在分離期間，寄養父母會與兒童談論母親的點點滴滴，一起看母親照片，試圖讓母親在兒童的心像中保持鮮明，兒童的父親們想來拜訪時都可以來，寄養父母會記錄一份兒童行為的流水帳，並要填寫清單，同時兒童每日均被錄影下來。

這篇報告包含了對這 4 名兒童個人歷史的詳細細節，當然，每個孩子都有不同的反應方式，但記錄非常明顯地顯示出，這些孩子沒有一個表現出其他報告所普遍描述的強烈沮喪與絕望，當然，他們還是有一些不良的分離反應：悲傷、對挫折容忍度降低、某種侵略性、過動、偶發的狂亂行為，這些反應都有，但卻尚未達到其他作者所描述的極端不快樂、混亂、恐慌。很明顯地，與寄養父母間建立的感情對這些正面現象具有相當貢獻。特別是寄養母親，能夠提供兒童度過困難時光所需的安全感。因此使兒童與母親團聚時，幾乎沒有什麼困難，多數兒童都能夠立即拾起與母親間的關係，只有在回家後，顯示少數行為問題及極微的不安全感，後者是嘗過其他分離情境之兒童常有的感受。

作者警告我們，這些相較下不錯的後果並非意味著早期分離所致的危險可完全消彌，即使最佳的替代性照護也不是中和風險的萬靈丹。本研究要傳達的真正意涵為，成人可以為兒童打造一個將分離經驗的創傷本質減至最低的分離情境。

對研究結果的檢討

多數探討兒童對分離之反應的研究都是在幾十年前所進行的，當時的住院與收容機構條件都與今日大不相同。由於這些研究清楚的指出，傳統環境中之分離對兒童是一件高度創傷，並會導致極度沮喪的事實，因此也促進了這些日子來的變革。雖然 Bowlby 和 Robertson 的結論大致上是基於描述性的材料，而非稍後研究的系統性與定量性觀察，但是 Bowlby 和 Robertson 提出的三階段序列（抗議期－絕望期－脫離期）卻被學界廣泛接受為對兒童在此類情境下行為發展的詳盡描述，同時也被後續研究再三確認。雖然仍有人質疑這些序列是否真的如他們所形容的放諸四海皆準的井然有序，然而，兒童在與父母分離並被不熟悉之人照顧所產生的極度沮喪（特別是 6 個月大到 4、5 歲的孩子更是如此），與他們對抗這類沮喪的反應，卻是不喻自明的。

後續研究澄清了一件事：分離絕非只由單一成分（母親缺席）所構成的「純粹」經驗，相對地，分離經驗不可避免地伴隨著其他影響兒童對情境之解讀與反應的環境因素，也就是說，分離永遠有其時空背景，而此等時空背景也應該納入考量，因為這會修正兒童的行為，無論是往好或壞的方向去修正。

因此，這方面的研究已從不考慮時空背景因素，轉移到進一步分析時空背景的作法。分離經驗本身環繞著可能使衝擊惡化的因素，這些因素甚至要為往後的病態負責，例如先前的家庭衝突、雙親之一的永久失去（也許因為遺棄或死亡）、例行常規的改變、被轉到陌生環境、被不熟悉的人照顧、病痛以及（在

醫院中）令人不快的療程。另一方面，也有些因素能夠緩和分離經驗所導致的衝擊，諸如盡可能保持兒童原本生活的面貌、讓兒童還能與其他熟人保持接觸。研究人員還有一項相當新的體認：即使對極幼小的兒童來說，與母親的關係也不是唯一具有情緒意義的關係，因此，能持續與父親、手足、祖母等依附形象保持接觸，可能可以有效減輕因母親缺席所導致的沮喪。所以，造成分離的理由、過去家庭關係的品質、分離時的環境條件、兒童的年齡與氣質等等都是使每個分離經驗與眾不同的因素，在已大致推論出分離經驗的有害效應後，研究人員也開始發現有必要去解釋個人反應上的差異，並且考量可能相關的其他因素。

實務應用上的啓示

　　無論分離會帶來什麼長期效應（這是我們稍後會討論的重點），普遍在兒童身上發現的立即性效應，都已提供了相當充足的理由來證明預防措施（例如盡量將兒童留在其家人身邊）的重要性。幼童對於突然離家所感受到的恐慌與混亂之強度，很難用言語形容，因此掌握分離情境之老式手法事實上有必要改變，其中最具影響力的手段是訴諸視覺影像，例如 James Robertson 在 1950 年代初期所拍攝的一系列影片，向世人揭諸兒童對此類情境的反應細節。無論有無長期效應，任何能避免直接使兒童產生沮喪的作法，以及許多有價值的措施都非常合理，包括在兒童醫院引入不受限的探病時間、母嬰室的成立、對兒童盡量採門診治療而非住院治療、強調盡量讓家庭團圓而

非倉促將孩子送往收容機構等。

避免分離的發生是最首要的準則，但不幸的是，的確有父母不在或必須讓孩子離開家庭的情境。鍵結的中止總是會帶來沮喪，然而重要的是，分離的方式對兒童的反應有絕對的影響力。Robertsons 的報告指出在理想情境中可做的努力：事先就為孩子做準備、指定代理母親人選、保留之前的常規與習慣、帶著自己的玩具與衣服、雙親任一方的頻繁探望、藉由談論或欣賞照片讓孩子心仍向著缺席的家長。沮喪可以經由對分離情境週遭的相關環境事物之關切而減輕。會產生沮喪的情境包括陌生的環境、常規、照護者等等。即使其他壓力來源被消弭了，與雙親之一失去聯繫永遠不會是一項可輕忽的經驗，最多只能讓這個經驗的創傷程度減輕而已。分離本身即是一個潛在的創傷事件，這是不容置疑的事實，但研究人員尚未證明其必然性。

兒童的沮喪對目擊整個過程的人而言，是一項令人極度不快的經驗。因此，旁人會很自然地去採取可以避免發生的所有可能步驟，這常常僭越成不容許父母接近被分離的兒童之理由，認為接觸與隨之發生的分離只會帶來更多的沮喪。有些人認為相見不如不見是最好的做法，即使代價是讓幼兒不再心向父母，幾乎忘了父母的存在亦然。然而，研究所揭示的是，這種作法只是把難題往後延，同時也增添了分離情境的危險性，當兒童最後終究還是得與「已經被忘記」的父母團聚時，他們會表現出種種「脫離」的徵兆，包括對父母的缺乏信賴、拒絕將父母視為安全感的形象、表現出侵略性而非感情。簡而言之，雖然這種不正常且無人希望的關係不見得是不可逆轉，但分離的時間越長，矯正所需的時間就越長。所以要強調暫時性分離中父母探視的重要性，即使這要以持續性的沮喪為代價。如果我們必須在為失去母親而傷感與完全忘情之間作抉擇，前者也

許會比較恰當，雖然這對相關的任何一方都會帶來痛苦。

　　因此重點應該放在保持關係、環境、常規的一貫性，這些都是可預測性所需要的元素。在生命最初幾年的兒童很難適應明顯的不連貫。傳統的分離經驗之創傷本質，就是因為對兒童來說，一切的變化都到達了相當強烈的程度。正如 Heinicke 和 Westheimer 之報告所指出的，與手足一同進入收容機構的兒童，不像單獨承受一切的兒童那麼難受。Robertsons 也清楚地指出，父親的探視顯然對兒童有益。讓孩子保有自己的玩具、衣物、甚至床、毯，也能帶來類似的好處。雖然許多分離的環境無法採取這些措施，但在新環境中盡量保持一貫性仍然是非常有用的指導原則。

建議讀物

《情感鍵結的建立與破裂》

Bowelby, J. (1979), *The Making and Breaking of Affectional Bonds* (London: Tavistock).

《分離焦慮》

Crowell, J.A. and Waters, E. (1990), '*Separation anxiety*', in M. Lewis and S.M. Miller (eds), Handbook of Developmental Psychopathology (New York: Plenum Press).

《重新評估失去母親的影響》

Rutter, M. (1981), *Maternal Deprivation Reassessed*, 2nd edn, (Harmondsworth: Penguin).

議題 9

失去母親會造成長期傷害嗎？

議題背景

我們已經知道，在任何環境下，與父母親的分離都會是一件極具創傷性質的事件。廣為流傳的假說則認為，在生命最初歲月的兒童在本質上極易受印象的影響，他們在這一階段所遭遇的所有經驗都會在發展中的人格上造成不可挽回的影響，因此，分離被視為可能導致長期、甚至永久性傷害後果之事件，其實一點也不會令人驚訝。

由於兒童初期社會關係（通常是與雙親間的關係）的建立被廣泛視為心理社會化發展的基礎，因此上述信念能深植人心。這些關係的特色就是基本的信賴，也就是兒童相信父母能穩定提供安全感與撫慰的信念。父母的存在是一個安全的避風港，永遠準備迎接為威脅所驚懼的兒童。根據某些學者的說法，他們認為往後關係的健全與否，包括成年後的關係，全賴生命初期所建立的信任。早期任何與父母間鍵結的斷裂，不只會深遠地干擾兒童當時的信心，同時也會為日後建立情愛關係的能力造成不良影響。曾深深失望過的人無法在情愛關係中坦然付出，正如 Bowlby 在本章摘錄的報告中所說的：「在兒童發展社

會反應的關鍵期時，母子關係連續性的斷裂，可能多少會導致關係建立能力方面的永久性障礙。」這種障礙發展到極致，會以「無情性格」的形式出現，特徵是無法建立任何有意義的永久性情感付出，無論在愛情、婚姻、親情、友情方面皆會如此。

當然，我們毋須質疑形成關係之能力會受損的說法，這樣的人可能會造成社會的混亂，為他身邊的人帶來相當程度的不幸，因此我們有必要去探討這類行為的成因，並且進一步檢驗早年失母與人格疾患間的因果關係。若能鎮壓這類致病的影響力（這是過去的想法），我們就能夠減少這類疾患的可能，就像過去在辨識出痢疾與傷寒的致病菌後，人類也可以避免這些疾病一樣。

最近的研究顯示，這種類比毫無意義，導致痢疾與傷寒的簡單單一因子很少出現在心理疾病的範疇內。我們在討論分離引起的短期效應時，這類由多種因素所構成的經驗，每一項因素都可能與後果有關。這使得類推長期效應的危險性更增添不少：第一、最後的結果與一開始導致分離的環境有關；第二、也要考量分離經驗本身的環境；第三、也是最重要的一點，分離經驗對後來所造成的影響。特別在討論長期影響時，無論帶來多大的創傷或持續多久，分離經驗絕不能視為一孤立事件，必須視為賦予其意義之環境背景的整體。

當然，關切分離經驗的長期後果是可以理解的。如果這類經驗會使兒童如此沮喪，則探討兒童未來的安全是否會因此而置於險地，以及進一步以此為理由（而非僅止於預防當下沮喪）來試圖避免關係的破裂，都是合理的作法。相關問題的研究主要探討二種後效，包括情緒調適與建立有意義的人際關係之能力，下列摘錄的研究包含了這兩方面。

研究摘要

《母子分離的影響：後續研究》

J. Bowelby, M. Ainsworth, M. Boston and D. Rosenbluth (1956), 'The effects of mother-child separation: a follow-up study', British Journal of Medical Psychology, 29, pp. 211-47.

Bowlby 假設道，早期被剝奪母親與稍後的心理社會化之困難間有關聯，這些困難尤見於建立人際關係的能力上。Bowlby 以對自己提出之假說的直接測試，開啟了這個研究範疇。

研究對象為 60 個在 4 歲前曾經歷過長期分離的 7 至 14 歲兒童，分離是因為兒童患了結核病。兒童因病而待在療養院的時間長達數月至 2 年之久，在這段期間內，父母最多每星期前來探望一次，但多數兒童能見到父母的次數遠低於此。療養院內的保育工作是非個人化的，也未提供代理母親。為進行比較，研究人員安排了一個對照組，由病童的同學組成，在年齡與性別上均經過配對。

追蹤調查的資料主要取自教師與教育心理學家的報告，這兩組的差異在整體上極微小，不如作者之假設所預期。所存在的差異似乎意味著對分離組會造成較不利的影響，教師們認為他們比較抽離、較會作白日夢、專心度較低。而教育心理學家的報告則指出，他們在測試時的反應略遜於對照組兒童。然而，兩組間的統計差異大致上為數不多。特別要注意的是，沒有證據能證實童年初期的長期離家會導致犯罪或無法交朋友等病

態，分離組兒童的關係大致上仍令人滿意，雖然某些孩子有調適不良的徵兆，但並不嚴重，而其他有相似經歷的孩子們似乎全然不受影響，在各方面的表現都極為正常。此外，分離經驗的時間長短及次數都未與調適不良產生明顯關聯。

這使得作者不得不做出下列結論：「認為成長於機構或早期曾遭受某種形式之剝奪的兒童普遍都會發展出心理疾病或無情性格的說法，其實是一種誤解。…後果極度的因人而異，而且在遭受傷害的兒童中，只有極少數會發展出極嚴重的人格異常，而這些異常也使得大眾的注意力聚集在分離經驗的病態性質上。」

《早期的住院治療與之後的情緒擾動》

D. Quinton and M. Rutter (1976), '*Early hospital admissions and later disturbances of behaviour*', Developmental Medicine and Child Neurology, 18, pp. 447-59.

本篇報告要測試的同樣是，早期被剝奪母親與後續人格功能失調間之關聯的假說。為此，研究人員結合來自兩組具代表性樣本的研究成果，一組是 1969 年時倫敦城內的所有 10 歲兒童，另一組則是威特島上的所有 10 歲兒童，這些孩子中有 451 個可進行密集研究。各項量值則取自教師所填寫的問卷以及與兒童母親間的詳細私人晤談，後者提供的主要是家庭環境方面的資訊，最後研究人員從母親與教師所提供的資料，計算出各種心理調適與調適不良的得分。

結果顯示，為期一週以內的單一住院治療與任何後續的心理波動形式均無關聯，但與陸續的住院治療則的確相關。然而，

承受風險最高的是來自缺陷家庭的孩子們。已飽受不安全感與煩惱之苦的兒童，似乎最容易受分離經驗的傷害，這一類不安全感往往來自家庭的不和諧。然而，這篇報告也點出一項光明面：曾再三住院治療的兒童中，有五分之三在童年完全沒有情緒方面的干擾問題。

總而言之，幾乎沒有證據可以證明重複的早期分離是兒童以後發展出精神疾病的導因。

《看護中兒童之行為評分的變化》

L. Lambert, J. Essen and J. Head (1977), '*Variations in behaviour ratings of children who have been in care*', Journal of Child Psychology and Psychiatry, 18, pp. 335-46.

這項研究的優勢在於以全國性的樣本為基礎，樣本內容為 1958 年某一週出生的所有英國兒童。研究的焦點在於被剝奪家庭生活的兒童，他們因故被交付安置一段時間，有的待在育幼院，有的則待在寄養家庭。

這項研究採縱貫研究方式，資料採集的時間點則分別在兒童 7 歲與 11 歲時，研究人員請教師填寫一分標準化問卷（the Bristol Social Adjustment Guides，Brisol 社會調適能力指南），並請家長提供諸如兒童待在公立機構與私人照護的時間長短，在參與追蹤研究的 16,000 個兒童中，有 253 名在 7 歲前曾接受安置托育，在 11 歲前曾接受安置托育的共計 414 人。

比較教師方面對曾接受安置托育與未曾接受安置托育之兒童的報告，會發現對前者的評鑑較為不利。他們大多被視為調適能力沒那麼好，他們與成人及兒童的社會關係也有相同情

形，同時他們的外向（反社會）行為也較內向（神經質）行為
為高。然而，到 7 歲後才接受安置托育的兒童，在 7 歲時已被
教師判定為適應不良，這顯示了這些孩子在 11 歲時所得到的評
分，不能完全歸因於兒童所承受的分離經驗，他們的背景與環
境才是重要因素。兒童居家行為的報告也指出，接受收容的兒
童遠比未曾接受收容的兒童更為不利，然而，當其他相關變項
（例如社會地位、是否為非婚生子女、家庭擁擠程度、家庭規
模）也納入考量時，這類差異便已消失無蹤。

　　遷離家庭並進入收容機構的兒童，本身已因其家庭環境而
較脆弱，這也是後續困難的主要因素。然而，兒童所遭受的困
難也可能因其收容經驗而雪上加霜。

　　《在機構中成長之女性所提供的親職本質與品質》
L. Dowdney, D. Skuse, M. Rutter, D. Quinton and D. Mrazek
(1985), '*The nature and quality of parenting provided by women
raised in institutions*', Journal of Child Psychology and
Psychiatry, 26, pp. 599-626.

　　這份報告是一項大規模研究專案的眾多產物之一，研究重
點在於探討被剝奪的孩子是不是較容易成為剝奪子女的父母
親，使得困境代代相傳下去。由於本問題的重要性與該研究專
案所蒐集之資料的實用性，下列兩篇摘要皆引用其研究發現。
　　本篇報告描述自幼與雙親分離之女性的親職勝任度，同時
探討其親職能力的實踐細節。對象包括 81 位於 1964 年曾被某
兩家育幼院之一收容的女性，當研究人員於 1978 年追蹤現狀
時，她們的年齡約在 21 至 27 歲之間，對照比較組為 41 位從未

被安置收容的女性。她們在研究進行時，孩子都在 2 歲至 3 歲半間。她們的親職技巧則經由漫長的標準化晤談程序評估，各組中則又分出一個子組，在家中接受觀察。

根據晤談資料所得的親職風格評分顯示，曾接受收容安置的母親中，被評為「不良」的人數為對照組的 4 倍，但值得一提的是，這組母親中，也有近三分之一被評為「良好」。而根據晤談資料，在親職的某些項目上，這兩組間其實看不出差異，這些項目包括對子女展現的溫暖、共同遊戲的時間、管教類型。另一方面，在對母親之敏銳度的晤談評分上，特別是在對沮喪與爭執方面的處理上有相當的差異。在童年曾接受收容安置的女性中，有 42%在這方面被判為能力低落，而對照組只有 7%。從觀察資料則得知，童年曾接受收容安置的母親會忽略兒童爭取注意力需求的人數為對照組的兩倍，觀察同時指出，這類母親的負向行為（不贊成、威脅、體罰等等）高出 70%，此外，她們較容易被激怒，但在管教上較無效率。然而，在許多層面上，這兩組相較之下差不多，例如母親與子女談話、贊美子女、支持子女的程度。

這些研究發現，為童年曾經歷機構收容之女性的親職能力提供了一幅雜燴式的圖像，這一類母親大多數不但對子女極富情感，同時也主動地與子女打成一片，沒有證據顯示這些母親在親職能力方面的重大缺陷；但另一方面，這些母親中有許多缺乏觀察子女反應之蛛絲馬跡的能力，同時面對困難時也往往採取迂迴的方式應付，而無法採取直接的反應。然而，特別值得一提的是，童年境遇相似的這些女性，其行為顯現的異質性。光是分離這件事本身並不足以構成未來親職上的困難，還要考量其他的因素才行。

《在收容機構中成長之母親的親職行為》
D. Quinton and M. Rutter (1985), 'Parenting behaviour of
mother raised 'in care', in A.R. Nicol (ed.), Longitudinal
Studies in Child Psychology and Psychiatry (Chichester:
Wiley).

本篇報告所勾勒出的發現,來自上篇報告所引用的同兩組
母親,但重點放在生長於收容機構之母親其行為的異質性之導
因上。

第一,本篇報告呈現了親職技巧外兩組的其他差異,包括
青春期懷孕的發生率(曾接受收容安置的女性有40%,但對照
組則無)、由於無力照顧而將子女送往收容機構的比率(兩組分
別為18%與0%)、無法與男性伴侶維持穩定關係的比率(兩組
各別為39%與0%)。此外,這兩組在心理社會化方面的功能也
有差異,舉例來說,童年在育幼院成長的母親較多人有精神方
面的問題、有犯罪記錄、在情愛或性關係上有實質困難。親職
功能不良只是更廣泛之心理失調的諸多面向之一而已。

但在上述的各個層面上,童年都在育幼院成長的母親們也
有極為不同的結果,這表示這些女性有相當比例能夠因應良
好,這該用什麼理由來解釋呢?我們可單獨挑出三項因素:一,
女孩們自機構返家時所發現的家庭關係本質,如果家庭關係並
不和諧,個人後續的社會功能會比仍待在機構中的女孩還差;
第二,女孩子們在學校的經歷,如果學校生活是正面且令人滿
意的話,通常會有保護效果,也許因為這樣能夠提高女孩們的
自尊,同時讓她們更能因應後續的生活事件;第三,女性婚姻
關係的本質,如果能與一位具支持性、且無心理社會化方面問

題的男性建立穩定關係的話，能產生一種有力的改善效果，這效果會特別反映在女性的親職品質上。所以，雖然擁有類似的童年歷史，這些成長於育幼院的女性，由她們在青春期末期甚至成年初期所遭遇的不同境遇所驅動，採取了不同的發展路徑。

《由機構撫育成長之兒童的成年結果：對男女兩性的比較》
M. Rutter, D. Quinton and J. Hill (1990), 'Adult outcome of institution-reared children: males and females compared', in L.N. Robins and M. Rutter (eds), Straight and Devious Pathways from Childhood to Adulthood (Cambridge: Cambridge University Press).

這篇報告延伸了前兩篇報告的努力，以來自同樣育幼院之男性為樣本來源。方法與測量項目均大致相同，唯一不同的是，研究人員未對男性的親職行為進行細節的評估。研究人員晤談了 91 位成長於機構中的男性，與 41 位童年都與家人度過的比較組男性。

研究人員在這兩組間所發現的差異，與女性樣本所發現的差異類似。成長於育幼院的組中，較多人有人格疾患、犯罪記錄、婚姻問題、同居失敗的記錄，這一組整體上的心理社會化功能遜於比較組，在社會成就上的整體量測值（以情愛關係、婚姻、友誼、犯罪、精神疾病、工作、自律性各層面為測量基礎）也明顯有這種現象，然而，和女性部分的研究一樣，成長於育幼院的組中也有相當程度的異質性，舉例來說，只有三分之一的男性在整體心理社會化量測值上被評鑑為「不良」，而五分之一被認為「良好」，上述用來解釋女性結果的三種因素，在

男性身上亦適用，包括家庭背景、學業、婚姻的支持。

　　因此，成長於機構之男性的資料，進一步確認了來自女性的關鍵發現。在男、女兩性中，童年的惡劣經驗都會造成成年後的強烈影響，然而，男女兩性的研究都顯示，組內有相當大的異質性，這與其他經驗（甚至是童年後）所造成的改善有關。

對研究結果的檢討

　　研究童年早期經驗對後續心理功能的影響，並不是簡單的工作。時間久遠本身就是一個問題，縱貫研究的工作人員若能在早期經驗發生時就在場，並持續追蹤這些兒童會是較好的辦法，這將使事件記錄能忠於原貌，然而，要持續多年追蹤樣本畢竟會耗費大量資源，這也難怪研究人員多半採用回溯法來取代，則早期經驗事件的資料取得與後效的評估其實會同步發生，但由於這必須依賴記錄或人類記憶的正確性，因此資訊的扭曲或脫落會非常輕易地滲透到研究中。如果只對早期經驗進行粗略定義（例如兒童是否被剝奪母親之照顧），這不會造成太大的問題，但一旦需要更進一步的資料（例如當時家庭關係的性質，或兒童對早期經驗的反應），在資訊的可靠性上則有必要更為謹慎小心。

　　研究早期經驗的另一項困難是，早期經驗發生前後的各種大大小小事情都可能會對最後的結果造成相當程度的影響，也就是說，當我們對與父母分離的個人及與家人共同生活的個人進行比較時，他們之間的差異非常可能不僅止於分離這件事而已。特別是機構收容的分離事件，往往是一連串不幸事件的環

節之一而已。機構收容本身可能也會導致一連串不欲見的經驗，例如機構中非私人的撫育過程、或接二連三令人不滿意的寄養安置措施、以及隨之而來的更多破裂關係，我們很難論定後來的病態是由分離事件本身，還是由其後的各種事件所導致。兒童在分離前可能已有異樣，他們的原生家庭可能在某方面就已不太相同（例如對壓力的抗力較低、人際關係較不穩定），也可能兒童本身就特別容易羅患疾病或遭遇個人困難，因此，要確定眾多影響中，究竟是那一個導致後來浮現的結果，絕不是容易的事。光是對分離組與未分離組進行比較是不夠的，也要考慮其他影響力涉入的可能性。

　　近期研究在這方面是比過去來得精細多了，研究不再只是探討早期經驗是否會影響兒童發展，同時也探究造成影響的方式。這意味著，將焦點從組間差異（例如分離組與非分離組）移向個人結果的差異，這才能合理解釋擁有相似早期歷史的個人爲何結果會有如此大差異的現象。同時，研究人員也把注意力放到其他會產生改善效果的人生經驗上，並且一致同意早期的不良經驗不見得會註定扭曲的人格發展。只有當這些不良經驗其實是一連串不幸的部份時，兒童才可能會產生不良的結果。

　　在這個主題上的研究，再度證實了人類發展之「關鍵期」的想法－認爲任何發生於早期脆弱階段的不良事物都會在兒童身上留下永久性印記的說法，其實是毫無用處的。研究結果指出，重要的是兒童經驗的總和，而非任何單一事件，無論該事件如何令人悲傷或發生在童年多早的時候都是如此。諸如扭曲的家庭關係等因子都可能更具影響力，因爲這些因素會在整個童年期間散發影響力，而不只是發生在特定的時段而已。

實務應用上的啟示

接下來，我們要強調的重點是，任何瞭解與協助的努力，所要考量的絕對不止單一事件，而是該事件所處的時空背景。關係的破裂通常與其他惡性因素有關，因此若不注意其他因素，只一昧地避免關係絕裂並無多大用處。以童年因收容安置而分離為例，分離本身應被視為「果」而非「因」。因缺乏穩定與和諧的關係而對兒童的心理發展造成強大影響之家庭情境所產生的症狀後果，我們應該看清楚因果關係。即使沒有發生真正的分離事件，這些原因仍然會對兒童造成不良影響。這個觀念同時也適用於我們後面將討論的離婚議題，家庭失和對兒童之苦難與不幸所造成的影響力，遠超過任何實際發生的絕裂。

顯然，認為分離所造成的效應必然不可逆或將長期持續的想法應該加以揚棄，因為這種想法必然導致提供服務的一方之無助感與被動感。日後我們會更清楚，某些兒童在面對壓力時至少具有相當程度的恢復能力，並且我們也已知道後來的經驗能相當程度地緩和早年不幸的後果。但對這一類正面影響力的研究仍在起步階段，同時，認為對曾遭遇分離等不幸經驗之兒童提供協助永遠不嫌太遲的說法，也正開始萌芽。如果我們接受分離是一連串傷害事件的一部份，就應該在每個案例中尋求擊破這種鏈結的關鍵點。從上述摘錄文章中舉例來說，正面的學業經驗可能就是能有效擊破這類鏈結的方法之一，其作用在於提昇兒童的自尊。因此，可惜的是，成長在育幼院兒童的教育，仍是一個在品質與撫養者的重視上，均遠較一般兒童所享有之教育遜色的領域，彷彿被帶離家庭的兒童就註定得不到幫

助似的，但教育方面的協助卻是最具急迫性的事件。

另一個重要的啟示主要針對，因相信承受短暫分離的兒童會在返家時因再度與代理父母分離而受創更深的想法。許多收容機構的工作人員，以及寄養家庭的父母親，會有不願意與兒童建立親密關係的現象。雖然我們不能否認這種傷感的存在，特別在兒童已與代理父母相處相當長的時間後尤然，但這一類傷感會帶來長期傷害的可能性幾近於零。兒童因無法形成依附關係（包括暫時性的關係），長期在情感上被「冰封」所受到的傷害其實更可能發生（雖然我們仍需要更進一步的證據）。新分離事件所引起的悲傷，還是比一段時間的情緒孤寂來得好多了。

建議讀物

《母親照護與心理衛生》

Bowelby, J. (1951), *Maternal Care and Mental Health* (Geneva: World Health Organization).

《早期經驗：迷思與實證》

Clarke, A.M. and Clarke, A.D.B. (1976), *Early Experience: Myth and Evidence* (London: Open Books).

議題 10

母親該不該在外工作？

議題背景

　　被剝奪母親有好幾種形式，雖然一般在字面上指的都是較極端的情況，但更廣泛的質疑已推進至諸如母親出外工作等較輕微的分離經驗。兒童在幼時真的需要能隨時接觸到母親嗎？母親需要一天 24 小時隨侍在側嗎？如果這些問題的答案是肯定的，母親就應該視親職為全職工作，而且認知到母職的不可取代性，並盡量不外出工作。

　　的確有很多人相信所有的社會病態（少年犯罪、毒癮、逃學等問題）均應歸諸父母的不夠盡職，尤其職業婦女更應為此負責。這些人的意見得到相當多理論派的支持。這些理論派相信兒童的情緒穩定與安全感全繫於與單一母親形象的鍵結上，一旦鍵結被破壞，無論為期多麼短暫，必然使兒童受到心理傷害。

　　然而，過去幾十年來家庭生活的重大變化之一就是，職業婦女的大量成長，學齡前兒童之母親成為職業婦女的比例增加尤為快速。這並非因經濟壓力的逼迫而產生的不尋常社會現象，而是全世界各國人民的常態。無疑地，有各種原因能解釋

這種增長，包括女性接受教育機會的增加、家庭省力設備隨手可得、女性主義的抬頭等等。無論理由為何，都已對實務與政策造成影響，這些影響主要著重在提供家庭外育兒設施方面。公權力對這項挑戰的回應方式，往往僅考慮經濟、財政、政治因素，未顧及兒童真正的福祉。二次世界大戰時，因工廠與農地都大量需要女性投入人力，英國政府鼓勵婦女出外工作賺錢，同時提供托兒服務，大力贊美女性身兼兩職的角色。相對的，在 1980 年代，高失業率使得政府必須將女性拒於失業登記大門之外，大眾開始鼓吹母親留在家中照顧子女與親密家庭生活的好處，同時公立托兒所的數量亦開始銳減。到了 1990 年代，由於技術人員短缺，鐘擺再度回擺，大眾對母親出外工作之觀念的接受度再次提高。

很明顯地，家長與政府對於母親出外工作所致的日間分離可能對兒童造成的影響，仍然有相當程度的混淆。但幸運的是，在這方面已有相當豐碩的研究成果，足以幫助我們就事論事，而不被個人意見所混淆。當然，不可避免的是，這件事的面貌遠比我們一開始認為的更為複雜，沒有黑白分明的答案可得，大部份要視母親決定出外工作的週邊條件而定。然而，至少研究人員現在對研究成果已有相當程度的共識。

研究摘要

《母親工作、家庭環境與兒童自嬰兒期至學齡間的發展》
A.E. Gottfried, A.W. Gottfried and K. Bathurst (1988),
'*Maternal employment, family environment, and children's development from infancy through the school years*', in A.E. Gottfried and A.W. Gottfried (eds), Maternal Employment and Children's Development (New York: Plenum).

在諸如母親出外工作的課題上，縱貫研究無疑地具有許多優點，因為這些事件所造成的影響往往因兒童發展階段的不同而異，因此研究所涵蓋的年齡範圍應盡可能廣泛，這就是目前這篇報告的價值所在，研究人員頗具企圖心地追蹤調查兒童 1 至 7 歲的發展過程，以描述母親出外工作對兒童發展所可能造成的衝擊。

本研究以 130 名兒童為研究樣本，評估持續進行至他們 7 歲生日為止（第一次評鑑在兒童 6 個月大時，之後每隔一年進行一次），這些孩子來自中產階級的白人家庭，78%在研究過程中從未與家人分離（包括離婚與分居），母親加入職業婦女行列的比例呈現緩慢上升，從一開始只有超過三分之一，到追蹤研究末期已有近三分之二的母親外出工作。研究人員在親子雙方都運用了相當大量的評鑑技巧，評鑑範圍包括兒童的認知運作、氣質、社會勝任度、行為調適能力、學業成就（從 5 歲起），以及家庭環境、家長態度、親子關係的各個層面。

　　儘管複雜，但研究結果其實可以用幾句話簡單勾勒：職業婦女組與非職業婦女組的子女，在任何階段與心理的任何方面都沒有顯著差異。正如作者簡扼提出的：「母親的工作狀態沒有負面效應。」重要的是家庭環境的品質與社經地位。另一個小有影響的因素是，家庭中的子女人數。研究指出，職業婦女對子女的教育有較高的期望，這可能使我們進一步推測其子女在發展上是否終將勝過其他兒童。但研究結果顯示，這兩組兒童基本上非常類似，他們的親子關係與家庭氣氛亦如是。

　　在同一研究團體（Gottfried et al., 1994）後來發表的報告中，研究人員對同一群兒童的追蹤調查持續至青春期，然而，研究成果再度證實了，兩組間沒有顯著差異，同時無論母親出外工作與否，兩組子女的發展情形都大同小異。

《兒童發展與家庭變遷：母親出外工作對嬰幼兒的影響》

J.V. Lerner and N.L. Galambos (1986), ‘*Child development and family change: the influence of maternal employment on infants and toddlers*’, in L.P. Lipsitt and C. Rovee-Collier (eds), Advances in Infancy Research, vol. 4 (Norwood, NJ: Ablex).

　　本篇報告所引用的資料同樣來自一項縱貫研究（著名的紐約縱貫研究），樣本包含了自嬰兒期起即開始接受追蹤調查的133個來自中產階級家庭的子女。研究人員在密集的時段中，取得相當大量的各項量測值，包括與家長教師的晤談、智力測驗等認知運作方面的心理測驗、學業成就測驗與觀察資料。這篇報告主要建立在可配合研究之100個擁有3至5歲子女的家庭，其中有超過三分之一的母親繼續工作，而且多半是在孩子

1 或 2 歲時回到工作岡位。

　　研究人員比較了職業婦女組之兒童與其他兒童的各項量測值後，發現沒有任何差異。無論是智力商數、教育成就、在家中的調適、在校調適能力、或母子關係的各個層面都看不出差異。職業婦女的子女被認為個性比較「隨和」，但這個現象很難得到合理的解釋。所得到的資料大致支持母子關係對兒童影響勝過母親工作狀態的說法。母親方面溫暖與接納的態度，似乎對子女有明顯正向的影響力，同時對自身角色感到高度滿意的母親，無論有無在外工作，都比不滿意於現況的母親展現出更高的溫暖與接納度。

《母親出外工作與托育安排對學齡前兒童的認知與行為之影響：全國青年縱貫研究的兒童實證》

N. Bayder and J. Brooks-Gunn (1991), '*Effects of maternal employment and child-care arrangements on preschoolers' cognitive and behavioral outcomes: evidence from the children of the National Longitudinal Survey of Youth*', Developmental Psychology, 27, pp. 932-45.

　　全國青年縱貫研究是一項為取得美國年輕一代發展趨勢的基本資訊之頗具企圖心的嘗試，樣本由美國具代表性的兒童抽選而成，自出生起即接受調查。在這些兒童 3、4 歲左右時，本研究可取得的樣本量相當大（1,181 個兒童），研究人員同時得到母親工作的詳細資訊，也進一步瞭解她們工作時為子女所做的托育安排。兒童本身接受認知發展以及行為調適能力的標準測驗，以進行評估。

　　母親出外工作所造成的影響與數種條件有關，一是母親進入（或回到）職場的時間點，如果是在子女一歲內出外工作的話（特別是在 6 個月大左右），在子女的認知與調適能力上都會出現各種負面效果；如果母親出外工作的時間點延遲到第二年，或甚至是第一年的最後三個月，這類負面效應便不會浮現。此外，母親花在工作上的時間也扮演某種角色，雖然影響頗為迂迴：母親出外工作時數少於每週 10 小時或高於全職工時之半數時，她們子女的福祉是最好的。最後，母親所安排的托育種類也有關係。請祖母照顧對子女最有益處，特別對生長於貧窮家庭之兒童的認知發展更是如此。

　　導致各種效應的原因仍在臆測階段，在兒童出生第一年的一半左右，是孩子形成他們生命中第一個依附關係的時刻，也許這是他們對穩定照護的需求最強烈的時候。此外，全天工作的母親會盡量安排高品質且穩定的代理照護，這或許是使她們的子女能與母親每週工作不到 10 小時的子女並駕齊驅的原因。我們也大可安心假設，比起非個人化的托育安排，祖母是更適合照顧幼兒的人選。無論作何解釋，研究顯示，母親出外工作所造成的影響，在做出普遍性結論前，要將當時的其他條件也納入考量。

《低收入家庭母親早期與新近外出工作對兒童的影響》
D.L. Vandell and J. Ramanan (1992), ‘*Effects of early and recent maternal employment of children from low-income families*’, Child Development, 63, pp. 938-49.

　　多數針對母親出外工作之影響的研究，是以幼兒為觀察對象。本研究則將年齡範圍延伸至 6 至 8 歲，並在結果評估中，

增加學業成就的項目。

　　樣本的 189 個兒童全部來自低收入家庭，多數母親都在青春期即懷孕並且一直都是單親，母親不但要提供工作經歷，也要提供包括教育、智力、人格等方面特徵的資訊。此外，子女在閱讀與數學方面的成績、智力、行為調適也納入評鑑範圍。

　　一項重要的研究成果是，職業婦女與非職業婦女除了工作的有無之外，還有幾點不同：前者似乎智力較強、教育程度較高、也能提供子女較優良的家居環境。因此，光是比較兩組的子女，可能會造成誤導，因為差異可能不是來自母親的工作與否，而是來自上述的其他因素。然而，當我們在統計上控制這些外來因子後，我們仍然會發現兩組間存在著差異。職業婦女的子女，至少在閱讀與數學方面的學業表現比非職業婦女的子女佳，表現最佳的是母親在子女小時候就一直在外工作至今的兒童。

　　作者提醒我們，在將這項研究結果類化到其他樣本（特別是來自富裕背景者）前要格外小心謹慎。無論如何，在這個特殊樣本中，母親出外工作不僅沒有帶來壞處，反而還造成了一種正面的效果。

《工作的雙親與兒童的社會化》

E. Greenberger and W.A. Goldberg (1989), '*Work parenting, and the socialization of children*', Developmental Psychology, 25, pp.22-35.

　　這篇研究與眾不同之處有二：一、不自限於母親出外工作的議題，而進一步探討父親工作的衝擊；二、不問雙親工作「是

否」對兒童造成影響,而是進一步探索影響方式。

　　樣本包括自身正在工作的 194 位母親與 104 位父親,他們的配偶也有工作,而且都擁有一個 3 至 4 歲的孩子。研究人員經由一系列問卷,取得這些父母親在工作熱忱、對親職投入程度、育兒實務、子女行為等層面的資訊,家長的答案經過排序分類後,以進一步求出定量化的指數。

　　該研究的基本發現是,父母對工作與對親職的心力投注並非相互衝突,但在我們試圖解釋養育子女及兒童發展方面的問題時,只有後者才需要納入考量。投入於工作並不一定就代表要犧牲親職,父母雙方都可以高度投入於工作並同時善盡親職。的確,最稱職的家長,正是那些在工作與親職上都認真努力的父母,這似乎是一種近似於「熱情」的因子,促成了他們在這些費時費心之事物上的成功。家長自身對工作參與度方面的測量值,大致說來與家長因應子女或子女行為的方式無關,這一點無論男女皆同。

　　研究結果更確定了一件事:父母與子女相處的時間長短對兒童發展的關係,遠比父母的養育作風及態度為低。

《母職及工作型態與母子活動及兒童學校表現間的聯結》
M.J. Moorhouse (1991), ‘*Linking maternal and employment patterns to mother-child activities and children's school competence*’, Developmental Psychology, 27, pp. 295-303.

　　本研究的目的也在於瞭解母親出外工作對兒童如何造成影響。許多研究都指出,母子共同活動的多寡(例如共同遊戲、談話、閱讀、說故事)對兒童發展有關鍵性的影響,因此母親

日間離家所導致的效應，可能部份決定於這些活動減少的程度。此外也決定於職業婦女回家後安排了多少「品質時光」來作補償，其間的可能性就是本研究要探究的問題。

研究人員請 100 位擁有 6 歲大子女的母親，提供她們工作情境方面的資訊，並回答一連串關於她們與子女相處時光的細部問題，也請教師提供兒童認知能力與社會調適能力方面的資料。作者的興趣不只要探討母親有無工作的影響，還包括母親工作情境的轉變，例如由半職轉至全職工作（或反過來），是否會影響兒童的在校行為與親子間的共同活動。

研究發現指出，母親安排共同活動時間的努力，在兒童的認知與社會發展上，扮演著一定的角色，這種效應在母親工作時數長或由半職轉至全職工作時，尤為明顯。為彌補居家時間的損失，安排與子女相處的特別時段，是最管用的補償方式。如果這一類特別時段沒有增加的話，子女可能會受到不良影響。

母親出外工作似乎並非影響的唯一來源，意味著母親的生活與家庭其他成員的生活交織成複雜的型態，尤其母子共同活動的多寡，可能比母親是否工作這項單一因素，對兒童更可能造成影響。

對研究結果的檢討

這一類主題之研究的性質已隨著知識累積而大有轉變。最初盤據在研究人員心頭的問題是：母親出外工作時，兒童以何種方式遭受剝奪？由於只探討不良影響，基本假設就被設定為：這一類經驗必然會傷害幼兒，因此應該鉅細靡遺地記錄所

有不良後果。現在的態度已不再那麼狹隘，開始有人相信此舉應該也有好處，不見得全是壞處。這使得母親出外工作等同於對兒童的剝奪這種迷思逐漸解體，儘管解體的速度仍舊遲緩。

另一項主要轉變是，大眾不再把焦點集中在這兩類母親之子女的差異上。正如上面摘錄的數個研究所示，現在所關切的問題是母親出外工作「如何」影響兒童。在其他研究中，已不再討論母親出外工作對兒童影響的「好」、「壞」，焦點已經轉至造成結果的過程上。母親對自我角色的滿意度、母親與子女同共活動的時間量，正是眾多這類過程的其中之二。如此我們對母親工作為何在特定條件下會造成特定影響，會有更深刻的瞭解。

在轉變中另一件隨之明朗的事是，簡單的因果關係模式，將母親出外工作視為因，子女的發展本質視為果，是過度簡化的想法。母親出外工作只是眾多相關因子所烘托出來的事實，這些因子包括母親出外工作的原因、身為兼顧家庭工作的職業婦女讓她們感受到多少的「角色扭曲」、父親的態度與參與育兒工作的意願、兒童的氣質、為兒童安排的托育種類等等。所有這些因素都與結果有關，這使我們很難對母親出外工作的優劣與否一筆帶過。特別是，現在研究人員也瞭解，光是探討母親與子女間的關係並不夠，應該以家庭為切入點。母親出外工作對家庭整體都會造成影響。舉例來說，父親可能必須扮演不同的角色，這一點對兒童的影響可能遠比母親外出工作的事實更為重要。因此，在母親出外工作方面的研究，必須考量職業婦女與子女所處的真實情境。

實務應用上的啓示

　　目前所累積的豐富證據所顯示的，學齡前兒童不見得會因母親日間出外工作而受傷害的事實，必須要有相當條件來配合，這些條件中最重要的就是托育安置的性質，其中又以穩定性與品質爲最重要。雖然有一、兩個研究暗示著職業婦女的子女在智力發展上略遜一籌，但這項結果並未得到其他研究的肯定，同時也未得到令人滿意的解釋。雖然有些孩子在社會行爲，特別是獨立性發展方面進度較快，然而，在整體上，職業婦女與非職業婦女的子女，在心智與社會發展方面所展現的差異可謂微乎其微。

　　接下來的進一步推論是，擔任母親並不需要是一天 24 小時的全天候工作，子女也不見得必然因身爲職業婦女的母親白天不在家而受傷害。母親與子女互動的質與量並非同等重要，重心應放在品質的增進上。也許母親會因長時間窩居在家中，而在心理上有遭禁錮的感受，若讓母親有其他出口的話，也許關係反而能得到增進，沒有任何理由要幼兒的母親不惜一切代價地抗拒工作，也沒有理由讓職業婦女必須承受罪惡感，只要子女能與母親保持關係，育兒的工作讓他人代勞不見得會產生不良影響，也許反而使兒童的經驗更加豐富。

　　誠然，對擁有 1 歲內幼兒的婦女來說，全職工作對嬰兒的影響仍然未定，這個問題仍留待進一步的研究來澄清。此時，若能選擇的話，也許在子女滿 1 歲前暫停全職工作會比較好，但對於無法做此安排的母親來說，我們要提醒的是，沒有人宣稱子女 1 歲內的效應會長期持續下去。相對地，研究人員早已

再三證實早期經驗的可逆性。

　　然而，許多母親在這一點別無選擇，特別是單親家庭的母親，通常需要盡快回到工作岡位賺取家用。這一類宣稱這麼做將帶給子女不良影響的警言，往往在這些母親心中留下陰影。對這些母親來說，應該強調的是安排良好托育的重要性，並協助她們更能珍惜享受與子女共度的時光。這方面值得一提的是，比起全職家庭主婦與子女間的關係，職業婦女與子女間的互動往往更為密集、頻繁、而且正面，這是一種補償現象。

　　然而，對金錢的需求並非促使母親們出外工作的唯一理由，心智與社交方面的刺激對女性的重要性並不亞於金錢，育有幼兒的母親為憂鬱所苦已是眾所皆知的事實，這種現象在勞動階級的家庭尤其常見，而且與被家庭所束縛且與外界刺激少有接觸的感受直接相關。因此關於母親是否該出外工作的討論，應該不能僅止於對子女的影響，也要考慮母親們的感受。為挫敗與憂鬱纏繞的母親，硬是違反自己的性向而窩居家中，乾望著充滿樂趣與滿足感的工作生活而不可得，也許對子女的傷害可能更大。母親們出外工作的原因各自不同，重視可能造成的影響絕對不會錯。然而，對母親本身的影響不該被忽略：過去將女性緊繫於家庭、子女的文化刻板印象，在今日越來越多母親尋求出外工作以提昇自尊與收入的社會已不再適當。

　　無論母親選擇扮演什麼角色，對角色的滿意度極為重要，因為這會導致與子女之關係的正向循環。從丈夫、親友、保姆、托兒機構得到的支援，很明顯非常重要。母親出外工作對子女的影響，在這些支援缺席的情況下，可能會最為負面。因此，提供優質托育與日間托兒機構應該被排在絕對優先。在公眾經濟利益的考量下，若政策制定者不顧母親出外工作比率日增的事實，也不去正視適當托兒安置的需求，這種眼光淺短的作法

將會非常危險，並使兒童繼續暴露在無法令人滿意的托育環境下，遭遇心理調適的困難，無論在財務上或情緒上，最後的結果都將得不償失。

建議讀物

《雙親家庭中母親在外工作的效應》

Hoffman, L.W. (1989), '*Effects of maternal employment in the two-parent family*', American Psychologist, 44, pp. 283-92.

《母親在育兒期間出外工作》

Lerner, J.V. and Galambos, N.L. (eds) (1991), *The Employment of Mothers During the Child Rearing Days* (New York: Garland Press).

《托兒與母親在外工作：社會生態取向》

McCartney, K. (1990), *Child Care and Maternal Employment: a Social Ecology Approach*, San Francisco: Jossey-Bass.

《母親自行育兒／他人代勞育兒》

Scarr, S. and Dunn, J. (1987), *Mother Care/Other Care* (Harmondsworth: Penguin).

議題 11

集體日間托育適合年幼兒童嗎？

議題背景

　　一般母親如果出外工作，多半會把不到三歲的幼兒交由親戚、保姆、或其他能提供個人托育的人來照顧，其他無法這麼做的（這在許多國家所佔的比例並不少），就必須把孩子交由某種形式的集體托育來照料。在這種情境下，孩子必須與數個兒童共享一個成人的照顧，甚至得經常面對不同的照料者，因此所能享有的親密、一對一接觸相形之下少了許多。大眾對家庭外托育的疑慮主要集中在這一類非個人化環境對子女所造成的影響，特別在孩子生命的最初三年中。

　　這些恐懼大概以下列幾種方式展現：擔心兒童的發展在缺乏成人全心關照的情形下會遭受阻礙；憂慮由多位成人分擔照顧工作的作法，會降低照顧者對兒童需要成人全心關照之需求的敏銳度，最後導致兒童的情感需求沒有辦法獲得足夠的滿足；也擔心兒童在與平常家居不同的日間托育情境中，會沒有安全感、容易焦慮或發展出侵略性。也就是將日間托育視為另一種機構收容形式，而接受日間托育的兒童必然遭受剝奪。就以一度相當盛行的類似假說來說，這個假說認為兒童的早期經

驗必然會影響其日後的心理發展，因此兒童的早期經驗最好在小型家庭單位中發生，並且以兒童與單一母親形象的穩定關係為基礎，這種想法使得如日間托育等偏離規範的經驗型式，遭受極廣泛的懷疑。

　　儘管懷疑聲浪如此之巨，仍有許多母親出於自由選擇或為個人環境所迫，將孩子送往日間托育，這些現實的考量使得我們必須去確認這些兒童是否會有心理發展上的風險，因此產生了大量探討該問題的研究。雖然研究人員在這方面的知識仍有鴻溝與不足，卻多半同意以下結論：大眾無需過度憂慮日間托育之影響，實際上，至少在某些環境條件下，這些經驗還能帶來益處。雖然，對於這個結論仍有人持保留態度，但該主題的研究卻證明了我們在其他章節所討論過的結論：在兒童最初幾年中，不需以單一母親形象在家中照顧作為提供給兒童的唯一經驗。

　　由於日間托育的相關研究數量眾多，因此很難選取具有代表性的研究，謹以下列文獻代表該領域的常見問題與典型回答。

研究摘要

《幼兒在日間托育中心的社會情緒發展》

J.L. Rubenstein and C. Howes (1983), 'Social-emotional development of toddlers in day care', Advances in Early Education and Day Care, 3, pp. 13-45.

　　第一波的日間托育研究，將問題焦點集中在日間托育經驗之影響的「好」、「壞」，也就是討論接受日間托育的兒童是否會因為非全時在家，而遭遇阻礙。本篇報告就是這種取向的實例之一，其摘錄作者們所從事的一系列研究，以比較全時居家兒童與接受日間托育兒童在經驗與發展上的差異。樣本包括 30 名中產階級幼兒，年齡在 17 與 20 個月之間，最初有半數幼兒已接受過日間托育，平均時間則不到五個月。全時居家與接受日間托育的兒童，在社會與個人變項上均經過細心的配對。

　　每個兒童接受觀察的總時間長度為 5 小時，觀察期間照顧者與兒童的互動行為以及兒童本身的行為皆被記錄下來。整體上，兩組間的相似性遠比差異性更令人印象深刻，也就是說，兩組間在口語與認知刺激方面的經驗大致相同，成人對兒童的社會行為之回應程度也相當，沒有任何一組能被判定為「較具刺激」、「較具回應性」的環境。在與旁人遊戲時，兩組兒童之社會行為的複雜度也頗為相似。然而，在兒童玩玩具的發展層次上的確有差異存在。日間托育組的發展層次似乎要高出一些，這一點可能與其他兒童的在場有關，因為研究人員發現，

全時居家的兒童在與同儕共同玩玩具時，其行爲的複雜度與成熟度都會提高。

這些兒童在 3、4 歲時，都再次接受觀察，並以不同的觀察程序、晤談與測驗（全部在兒童家中執行）進行評鑑。除了日間托育組的兒童對母親的服從度較低以外，所有的量測值都未指出日間托育組在社會與情緒發展上的普遍性損害。在語言測驗與兒童的自發性語言上，接受日間托育的兒童都有較好的表現。

至少在這個來自中產階級家庭且接受「優質」日間托育的樣本中，沒有理由去擔心集體托育的影響。

《集體日間托育與劣勢家庭：對兒童與家庭的影響》
C.T. Ramey, B. Dorval and L. Baker-Ward (1983), 'Group day care and socially disadvantaged families: effects on the child and the family', in S. Kilmer (ed.), Advances in Early Education and Day Care, vol.3 (Greenwich, CT: JAI Press).

日間托育有幾項功能：提供被隔離兒童的社會刺激、給予幼兒早期「教育」經驗、讓母親們能夠出外工作。在歷史上，提供日間托育的主因之一是爲了幫助來自劣勢家庭的兒童，以提供輔助照護的方式補償其家庭可能造成的智性刺激之缺乏。本篇報告之目的是爲了評估某項爲此目標而設計之方案的有效性。

該方案的對象是來自貧窮、低教育程度、被剝奪之家庭的兒童，由於他們的社會背景，這些兒童被認爲可能是未來學業失敗的高風險群。本篇研究所參考的對象共有 54 位兒童，其中

半數被隨機指派到不同的日間托育中心，而其他兒童在研究期間則待在家中作為對照組。這項方案除了提供經細心規劃的課程之外，同時也為家庭提供醫療與社會福利方面的服務。某些兒童早在 6 週大時，就開始接受日間托育，在滿 3 個月前，他們全部加入這項方案，以確保兒童在學齡前的福祉。

研究人員使用測驗、實驗程序、與觀察來定期監控這兩組的情形，並特別在兒童滿 12、24、36、48、60 個月時，以標準化發展與智力測驗進行智力評鑑。在滿 12 個月大的那一次測驗中，兩組間並無差異，但在接下來的測驗中，這兩組則有明顯的差異，差異主要是對照組兒童的退步，這可能是日間托育方案能避免來自高風險家庭之兒童的發展遲緩所帶來的效果，在缺乏早期介入方案的情況下，漸進性的智商衰退似乎是不可避免的，這是研究人員發現日間托育兒童之手足的智商會隨年齡而降低後，所導出的結論。正如不同認知功能的進一步測驗所示，有某幾種心理歷程最容易受這些改善措施的影響。在滿 42 個月大時，接受日間托育的兒童在語文、知覺、計數與記憶方面的功能，都勝過其對照組，唯有運動發展不然。結論是，早期的補償教育似乎能夠幫助來自劣勢家庭的兒童提昇其接受結構性任務、複雜口語指示、解決抽象複雜問題的能力。

研究人員同時蒐集兒童的社會發展資料。在嬰兒期間，接受日間托育的兒童，比起對照組而言，被評為較具人際信心且較為目標導向，同時在對同儕的興趣、友善、合作等方面，都足以與中產階級同齡兒童相比。與其他研究人員的結論相反的是，該研究認為接受日間托育的兒童既不會較具侵略性，也不會比較自私，這是因為與其他兒童共享一位教師的注意力所致。

該研究為來自劣勢家庭兒童的早期介入方案之效果，描繪出一片樂觀的景象，為避免這些兒童因閉居家中而可能導致的

智商衰退現象，他們建議的作法是，在學齡前的這段時間，以集體日間托育的環境，提供認知與語言取向的課程。

《居家看護與日間托育的兒童》

K.A. Clarke-Stewart, C.P. Gruber and L.M. Fitzgerald (1994), *Children at Home and in Day Care* (Hillside, NJ: Erlbaum).

以日間托育爲課題的研究已漸趨精緻化與複雜化。研究者探討的不再只是「好或不好」這種問題，更試著挖掘在日間托育中，能真正帶來影響的精確因素。這項頗具雄心的大規模研究，正是此股研究潮流中之一例，其目的在於檢視兒童發展與各種照護環境間的相互關係。

這項在芝加哥進行的研究，以來自各種社會背景的一百五十名二至三歲的兒童爲對象，依其托育經驗分爲下列幾組：在家由母親照顧、在家中由其他照護者照顧、托育於照護者家中、在托育中心全天或半天、以及混合上述諸條件者。研究人員爲每個兒童進行了廣泛的評量，包括智力發展與社會功能，兩次評量的時間相距一年。我們在這裡，只討論日間托育兒童的結果。

只要孩子的認知發展仍在持續中，照護者所給予的「教育性」刺激（如閱讀、談天、輪流使用不同的玩具…等），都對孩子的認知發展很有幫助，這一點在家中或在托育中心都適用。一般來說，照護的本質比起托育條件，對孩子的發展更爲重要。擁有訓練完整的教師、年齡相仿或稍長的同學爲伴、鼓勵參與其他孩子的照顧而非只讓其在一旁坐視，這些托育中心常見的特徵，任何一項都對孩子的成長有正面的幫助。但是，對這麼

小的孩子來說，每天在托育中心超過六小時，可能還是有不利的影響。

在社會發展方面，並沒有證據顯示日間托育會影響孩子與母親間的關係。親子關係的好壞，看的是親子互動的品質，而非相處的時間長短。此外，也沒有證據顯示日間托育的孩子會不服從母親等人，也沒有證據顯示日間托育的孩子會具侵略性。劣質的照護才會導致侵略性，與身處家庭照護或托育中心並無直接關聯。從某些方面來看，接受日間托育的孩子的同儕關係，由於平常大量地與同齡孩子接觸，會進展得比較好。

大致說來，無論身在何處，兒童的發展繫於過程中所獲得的經驗，沒有證據認為每天離家數小時會對孩子造成社交發展或智能發展上的不利。每個環境都會提供不同的經驗，我們實在不需擔心日間托育會降低家庭對兒童發展的影響力。

《日間托育對八歲兒童之認知發展的影響：一項縱貫研究》
G. Broberg, H. Wessels, M.E. Lamb and C.P. Hwang (1997),
'*Effects of daycare on the development of cognitive abilities in 8-year-olds: a longitudinal study*', Developmental Psychology, 33, pp. 62-9.

隨著大眾注意力由日間托育之立即性影響轉移至長期影響，這項瑞典研究正要記錄長期的影響。該研究追蹤了一百四十六個一到二歲間的兒童，時間長達七年。研究對象分為三組：小學前上過公立托育中心、在居家式托育中心由保姆照顧、只由父母親照顧。觀察著重於這些孩子的認知發展，並在八歲時，對這些孩子進行字彙及數學的測驗。

　　從這些測驗的結果看來，上過公立托育中心的孩子有最好的表現，無論在字彙或數理能力上得分都是最高，超越待在家裡的小孩。在家庭式托育中心的孩子得分最低，不過由於樣本數少，這樣的結果並不適合作進一步的詮釋。研究結果也發現，小孩在三歲半前，在日間托育中心待的時間越久，拿到的認知測驗分數就越高。在居家以外的托育環境裡，哪些品質最為重要？這些應該特別注重的品質包括：師生比、托育中心的班級規模、成人與兒童互動的品質。這些都與認知發展有正向的相關性。

《日間托育對 *13* 歲瑞典學齡兒童的認知與社會情緒能力之影響》
B.-E. Anderson (1992), '*Effects of daycare on cognitive and socioemotional competence of thirteen-year old Swedish schoolchildren*', Child Development, 63, pp. 20-36.

　　這項同樣在瑞典進行的研究之所以受到矚目的原因有二，一是因為追蹤期間長達十三年，二是因為這個研究試著去探討一個問題的核心：在嬰兒出生後的第一年內，就開始接受日間托育，是否有不良的影響。

　　本研究的總樣本數共有一百一十四位從襁褓期即開始接受追蹤的兒童，這裡面有近三分之一左右是在一歲以內就進入日間托育中心；餘下近七成的孩子則都在四歲前接受日間托育。這些孩子在八歲和十三歲時，再度接受評估（八歲時的評估是另一項稍早發表研究的主題），由這些孩子的學校教師填寫一項由八十五個項目所組成的問卷，計算出孩子們的認知成績以及在校的社會情緒能力成績，此外評估也納入學業成就。

　　若以開始接受日間托育的歲數來分組，不論是認知、社會情緒、學業成就的結果都非常類似：一歲前即進入日間托育中心的孩子成績最高、而從未接受日間托育的孩子成績最低。同時，沒有任何例子顯示提早接受日間托育的負面效應；相對地，提早接受日間托育還能獲益，他們在十三歲時進行的評估，不僅顯示學業成績優於同儕，在某幾項社會情緒項目上所得到的教師評分也較佳（稍早於八歲進行的評估亦然）。由這項研究的結果看來，及早接受日間托育非但有正面效應，而且效應至少會延伸至青春期。

《嬰兒托育、依附、「檔案櫃問題」》

L.A. Roggman, J.H. Langlois, L. Hubbs-Tait and L.A. Rieser-Danner (1994), '*Infant daycare, attachment, and the "file-drawer" problem*', Child Development, 65, pp.1429-43.

　　在嬰兒出生後早期即接受密集的日間托育，對母子關係的影響，一直都是一個頗具爭議性的課題。學者 Belsky 和 Rovine 在 1988 年發表的研究指出，若在一歲前每週接受二十小時以上的日間托育，嬰兒與母親間的依附關係會有明顯的不安全感，並可能使孩子們在日後的社會行為發展上遭遇到程度不等的困難。現在要簡介的這項研究，正試圖重覆 Belsky 和 Rovine 研究的方法，並採用相近的研究樣本，以檢視其研究成果的再現性。

　　在由一百零五名出身中產家庭背景的嬰兒裡，百分之三十九在一歲前只由母親照顧，百分之二十四在一歲前已接受過日間托育，其他的孩子則接受過臨時保姆或家庭式托育。所有的

孩子都在一歲時接受「陌生情境測試」（Strange Situation），藉由結構化的觀察程序，來評估嬰兒與母親的依附關係品質，特別著重關係中的安全感與不安全感。

該研究所得的結果，並未能重現 Belsky 和 Rovine 的研究。在日間托育與母子依附關係中，並沒有一致的相關性。事實上，有些指標顯示出，只有部份時間接受日間托育的孩子，比起全時接受日間托育或從不接受日間托育的孩子，在依附關係中的不安全感更為濃厚，然而，這些數據還不足以解釋什麼。很顯然，我們還需要其他試圖複製原始研究的努力；同時，我們也必須謹記在心，即使是 Belsky 和 Rovine 的原始研究，也只是在樣本中的一小部份孩子身上看到的負面效應而已。

《嬰兒日間托育與母子依附關係的長期後果》

E. Egeland and M. Hiester (1995), '*The long-term consequences of infant day-care and mother-infant attachment*', Child Development, 66, pp. 474-85.

目前我們一方面需要研究來澄清日間托育對母子關係的效應，另一方面，母子關係的本質，事實上也正在影響孩子對日間托育的反應。擁有安全依附關係的孩子，比起並不擁有安全依附關係的孩子，接受日間托育是否產生不同的效應？日間托育對兒童發展的影響，是否也受到家庭關係的影響？

本研究探討的正是這個效應，研究採用的樣本為二十九個在一歲前接受日間托育的兒童，對照組為四十個在家中接受撫養的孩子。所有的孩子都出身自貧窮的家庭背景。在這些孩子們一歲時，研究人員以陌生情境測驗，評估他們對母親的依附

程度；接下來在三歲半時，以結構性的觀察法評量人格的不同層面。在五歲到十一歲間，由教師定期填寫兒童的社會情緒適應量表。

這幾項評估的結果顯示，早期即接受日間托育對日後兒童心理發展的影響，的確要看母子關係的本質來決定。在一歲時的陌生情境測驗被評估為依附關係安全的孩子們，似乎會受到日間托育的負面影響；另一方面，依附關係不安全的孩子，受到的則是正面影響。也就是說，對後者而言，日間托育是一個正面的經驗，也許，這是因為母親的日間撫育責任能稍作喘息所致。另一方面，對那些在家已感到安全的孩子們來說，日後的調適並不需要日間托育來加以補償。然而，這項研究結果，在第一個時間點（孩子三歲半時）之後，差異會煙消雲散。

雖然這項研究結果仍有待在其他樣本中再現，但研究人員的確已將學界的注意力轉移到家庭經驗和日間托育環境間的關係。比起只是探問日間托育對孩子是好或壞，去找出那一類的家庭環境能從日間托育獲益，那些則否，似乎是更具建設性的舉動。

對研究結果的檢討

大致說來，在日間托育對幼兒影響這個課題耕耘過的研究人員，都有一股強烈的共識，他們並不認為日間托育對幼兒有害，甚至有許多研究都指出幼兒能從日間托育獲益。研究人員由眾多面向得到如是結論，包括智能、與其他兒童的社交能力、與母親的關係、情緒穩定度、信心、語言技巧發展…等等。眾

多研究的廣度，雖然讓我們對上述的結論更有信心，但是，從另一方面來看，這麼眾多的研究面向其實也意味著，我們很難直接比較這些研究。也就是說，所謂的共識並不那麼經得起深思熟慮：有些研究結論並不建議讓孩子在一歲以內接受日間托育，但是卻沒有得到其他研究的確認；各項研究在日間托育對兒童侵略性和專注力等功能的效應上，並沒有一致的見解；某些研究人員認為日間托育有助於兒童語言發展的樂觀看法，也並未獲得其他研究的支持。此外，由於研究方法上的困難，因此，在日間托育的長期效應上，我們仍然有許多要進一步釐清的問題，當然，這些問題會由後續的研究來解決。但在此同時，對於主要問題，我們至少已得到一些共識。

日後的研究，不再需要執迷於是非對錯立判的選邊站之論點大戰，我們可以更進一步去探討，如何將日間托育的效益最大化。研究人員不再只是比較日間托育與在家撫育，而是要能夠探討不同托兒環境的特徵與效應，並進一步整理出「優良品質」的指標。過去的舊趨勢是將事情畫分成「好」「壞」兩邊，但由於托育中心並不完全相同，這種概分法會非常地誤導，舉例來說，許多早期的研究都是在優良的托育中心進行，因此結論的代表性也就相對不足，也就是說，研究結論中所提的現狀，很可能是大半托育環境必須去努力的未來。當我們在探討兒童離開家庭後所面對的世界時，多去看看真實世界中那些不盡令人滿意的托育中心，也是必要的。研究的重心將由結果轉向過程：是非對錯將被更精確的問題所取代，托育中心裡的哪些環境會對孩子們造成影響，以及哪些孩子是最容易獲益的。

實務應用上的啓示

近年來，也許是因爲直搗家庭本質的問題，或者是觸及了女性角色這個敏感的話題，日間托育這個議題比起其他兒童教養的實務，更容易激起大眾的情緒反應。Selma Fraiberg 在 1977 年出版了《孩子與生俱來的權利：在母親的呵護下成長》（Every Child's Birthright: In Defense of Mothering），在這本影響深遠的著作中，作者述及了她對嬰幼兒像包裹般在鄰居、陌生人、「儲藏室」間運送的憂慮。到現在爲止，仍然有許多人相信：無論如何要扶植傳統，至少要讓孩子在一歲前待在家中由母親照料。然而，我們必須面對現實，大眾，尤其是職業婦女，非常需要日間托育這項服務，而這項服務並無法完全由另一半或有意願的親戚來提供。現實就是，我們需要集體性的托育服務，而且某些父母特別需要，而這些父母希望知道他們並未將小孩置於險境。

正如我們所見，某些重要的指標可以是安心的保證。至少我們現在知道，即使對還不滿三歲的孩子來說，其他的安置方式，不見得比全時在家照顧差到那裡去，甚至對孩子的社會化還有所助益。這一點，對那些無法滿足孩子全面性需求的家庭，更是如此。

我們真正需要關注的，是替代性照護安置的品質及其一致性。一致性基本上是整個組織的問題，注意不要讓你的孩子被一群照護員輪班照顧，每個孩子都應該「屬於」某位照護員，孩子可以經常接觸到她/他，這位照護員也自覺對這個孩子負有責任。日常例行事務、物理環境、以及孩子所處團體成員的一

致性，則是我們必須進一步考慮的部份。我們很難定義何為托育的品質，曾被引用的指標包括了適當玩具的易得性、遊戲空間是否足夠、教職員所受的訓練、成人與兒童的比例數字…，雖然這些都很重要，但最重要的仍是成人與兒童之間的關係與互動，口語方面的互動（特別是一對一）已逐漸被視為高品質托育的一個重點，接下來該注意的則是兒童所受到的管制程度，以及兒童個別性得以培養發揮的程度。不論那一種托育方式，極權管制是孩子會面臨的最大危機；但是，就管理方便性來說，很不幸地，將一群孩子視為一個整體，不去考慮其需求與個體上的差異，是最容易的管理方式。因此，在評估日間托育服務的良窳時，照護人員能否正視個別孩子，以及托育中心在管理上對個別性的寬容程度，會是最重要的準則。

這些研究都呈現出一個訊息：日間托育對兒童發展是非常重要的一環。可惜的是，這個訊息還未傳達至政策制定者、行政官員，以及我們廣大的大眾，甚至包括為人父母的眼前。就某部份來說，這個事實反映了一項深植人心的偏見：教養子女是母親全天候二十四小時的天職，不應由他人分擔。然而，就另外一方面來說，這也是過去托育中心良莠不齊的結果，曾身受其害的人根本不願意正視日間托育的好處。當然，以少數人的不幸經歷來論日間托育中心的好壞是太果斷了些。從這些事例，我們看到的是日間托育需要更多的資源、更好的人員訓練、更完備的組織架構，來提昇其水平。

當然，多數人關心的還是日間托育對兒童的影響。然而，我們也一定要考慮日間托育對家庭整體的影響。將孩子的撫育工作交由受過專業訓練的外人分擔，會不會降低父母的成就感或責任感？雖然有說法指出不盡如此，但這些說法卻往往只以口耳相傳的故事為根據。另外還有一個問題：在家庭之外，孩

子的生活裡充滿了許多人不同的期望、價值觀和教養方式，會不會使父母難為？會不會使孩子感到困惑？同樣的，這個關於孩子交由父母和照護者輪流照護的問題，我們還無法回答，然而，很明顯的是，多數成功的照護計畫，都不只是為孩子安排一個家庭以外的好環境而已，還包括父母親盡力讓孩子知道「我們大家都聽老師的」。當然，不論家庭本身功能多麼不健全、外來專業人士的意圖如何崇高，對任何家庭來說，要採用外來的價值觀都有風險，得要付出代價，所以，這個策略需要相當細膩的操作才行。然而，一直到最近，家庭和托育中心的相互聯結才被視為首要重點（我們可以在某些強調父母參與的規劃裡看到這個趨勢），因此無可置疑的，這是一個我們將要持續大量關注的領域。

　　日間托育在過去的社會裡一直被視為「必要之惡」，甚至只得到負面的評價；到今日，我們應該正視、承認日間托育對兒童、甚至對整個家庭的正面影響。日間托育根本不是奪走養兒育女的工作，讓家庭崩毀的源頭，事實上，日間托育彌補了家庭功能的不足，對孩子的發展上尤有益處。

建議讀物

《父母及非父母的育兒與兒童的社會情緒發展：十年來的回顧》Belsky, J. (1990), '*Parental and nonparental child care and the children's socioemotional development: a decade in review*', Journal of Marriage and the Family, 52, pp. 885-903.

《日間托嬰：欲加之罪？還是罪無可逭？》

Clarke-Stewart, A. (1989), '*Infant day care: maligned or malignant?*', American Psychologist, 44, pp. 266-73.

《兒童與日間托育：研究得出的教訓》

Hennesy, E., Martin, S., Moss, P. and Melhuish, E.C. (1992), *Children and Day Care: Lessons from Research* (London: Paul Chapman).

《當代日間托育研究的爭議、理論與社會背景》

McGurk, H., Caplan, M., Hennesy, E. and Moss, P. (1993), '*Controversy, theory and social context in contemporary day care research*', Journal of Child Psychology and Psychiatry, 34, pp. 3-24.

議題 12

兒童會不會因為父母離異而受傷害？

議題背景

在過去短短幾十年來，離婚已經是許多國家的主要社會現象。對身歷其境者，離婚象徵了生命的重大改變，影響所及包括社交、心理以及經濟財務。其中最引人關注的是，離婚影響所及也通常包括了孩子。以美國為例，有百分之四十的孩子，會在童年期間（多半是上小學前）遭遇父母的離婚。對孩子來說，離婚並不僅意味著他／她們目睹了父母關係的決裂，在大多數的情況下，離婚也意味著孩子與雙親中的一方（通常是父親），必須中止關係。父親們在離婚後不僅僅是搬離家園，相當高的比例也同時失去了與孩子的聯繫。

想想離婚一事所伴隨而來的情緒衝擊，人們會這麼關心離婚對兒童心理健康的影響，也就不那麼令人驚訝。在兒童心理疾病的領域裡，父母離婚被視為最能預測兒童精神疾病的指標之一；同樣的，也有論者指出，家庭分裂會讓兒童心理上留下永遠的印記，影響孩子在童年及成年後的關係建立。這也難怪我們要一直疾呼大眾，妥善處理離婚的問題，以減少孩子的心理創傷；而婚姻狀況緊張中的伴侶，也總是在為孩子維繫婚姻

和順其自然分手的兩極間游移。

　　科學研究在這個主題上的進展十分緩慢，早期的研究品質也不佳，充滿了先入為主的論點、取樣和臨床案例引介的偏差，也缺少實驗控制。這些研究的結論總是充滿了警語，多半都沒有論點的支持；舉例來說，只列舉離婚族群兒童的行為偏差數目，對一般族群的行為偏差值卻略而不提。然而，近年來已有更多設計良好的研究計畫得到了較可信的結果，讓我們對問題的全貌有更完整的了解，我們不僅得以了解離婚對兒童的長期和短期影響，也進一步了解是哪些因素影響孩子們對父母離異的不同反應。

　　離婚對孩子造成了哪些影響，我們問了相當多這方面的問題，也知道有那些實際狀況會發生，包括如何幫助孩子準備面對父母的離異、父母如何分配教養照護孩子的責任、如何因應由雙親過渡到單親的家庭生活、再婚所形成的繼父母關係……等等。在本章，我們只把重點放在父母離異對兒童情緒調適的影響，包括短期和長期的影響，以及年齡、性別、時遷事移、家庭關係等變數在其中扮演的角色。

研究摘要

《父母離異與兒童福祉：後設分析》
P.R. Amato and B. Keith (1991), '*Parental divorce and the well-being of children: a meta-analysis*', Psychological Bulletin, 110, pp. 26-46.

　　這篇報告，讓我們對於父母離異帶給孩子的影響之相關研究，能得到整體的概念。利用後設分析的統計技巧，本報告綜合了樣本數共 13,000 名以上兒童的 92 篇已發表的研究報告成果。樣本中，約有一半的孩子與離婚後的單親同住，另一半則繼續留在完整的家庭裡，藉由對這兩組的比較，我們得以量化評估父母離異對子女發展的影響。由於不同的研究，所採用的測量項目有很大的差異，因此在本篇報告中，各項研究所採用的測量被歸為八大類，分別是學業成就、品行、心理調適、自我概念、社會調適、母子關係、父子關係、及其他。

　　整體上，我們發現來自離異家庭的孩子，在福祉方面的得分，低於完整家庭。這些結果並不支持認為孩子會很快調適，不會發生長期負面結果的看法。然而，分做八個大類來看時，每個的效應往往也很薄弱，只有品行（侵略性、犯罪、行為不端）和父子關係受到的影響比較明顯，但比例也只是適中而已。因此，認為離婚對孩子會產生深遠之負面影響的反面觀點，也並未得到數據分析結果的支持。

　　在檢視不同因子在兒童面對父母離婚的影響程度時，我們並未發現性別能扮演重要的角色。儘管許多研究都認爲，在面對這類經驗時，男孩通常比女孩脆弱。另一方面，年齡差異的確存在，年齡中等的孩子（幼稚園畢業到青春期前）通常較容易受到影響。同樣的，在過去二年中才經歷父母離異的孩子，也比較容易展現出不良的反應。然而，影響力會隨著時間而不那麼重大：我們比較 1950 年代和 1960 年代的研究，發現較近期的研究會認爲孩子遭受到的影響，並不如想像中那麼嚴重，這也許是因爲，與過去相較，現在離婚率漸增、社會對離婚接納度提高，而衍生出的相關趨勢。

《父母離異的兒童：長達 10 年的研究》

J.S. Wallerstein, S.B. Corbin and J.M. Lewis (1988), '*Children of divorce: a 10-year study*', in E.M. Hetherington and J.D. Arasteh (eds), Impact of Divorce, Single Parenting, and Stepparenting on Children (Hillsdale, NJ: Erlbaum).

　　Wallerstein 和他的研究同仁是第一個體認到離婚「不是單一事件，而是使家庭關係發生驟變的多步驟程序」。因此，在理想情況下，要研究離婚的效應，就應該以縱貫研究的方式來進行。本篇報告是這個研究團隊所發表的文章之整理摘要，也正是他們的研究成果。

　　樣本包括來自 61 個家庭的 131 名兒童,在父母離婚前後密集的觀察，並在 18 個月、五年以及十年後,分別進行追蹤研究。這些家庭多半屬於中產階級，受過良好教育，且爲白人；夫妻平均結褵 11 年，離婚時，孩子的年齡約在幼稚園至青春期間。

在每次追蹤研究時，研究人員會與每個家庭成員進行密集的面談，並在延伸的遊戲時間觀察年幼的孩子，也由學校取得每個孩子的相關資訊。

孩子對父母離異之反應的本質，主要與年齡有關。在學齡前的孩子，通常非常沮喪，相當高的比例會產生退化行為以及嚴重的分離焦慮。在 18 個月後的追蹤時，性別差異就變得比較明顯：男孩們在許多方面都還處於混亂中，大多數的女孩看來已經恢復了。到第五年時，性別的差異就不再明顯，相對的，孩子的心理調適，與離婚後或再婚後家庭的生活品質，有顯著的連結存在。離婚十年後，這一組的孩子對原始家庭或家庭不和的記憶已然淡去，然而，仍有高達半數的孩子抱著父母將破鏡重圓的夢想。大多數在學校表現良好，比起離婚時年齡較長的孩子，這一組在日後被認為較無負擔。

在較年長的孩子中，一開始的反應也很明顯，包括面對父母婚姻失和的無力感、對雙親之一或兩者非常憤恨、嚴重的抑鬱、社交上的退縮，有幾個離開了學校。這些症狀在兩性上是類似的；然而，18 個月以後，許多女孩子似乎已踏上復原之路，而大部份的男孩還不知所措。和學齡前的孩子一樣，第五年追蹤所得的心理調適能力，主要在於離婚後或再婚後家庭的生活品質。儘管如此，第十年的臨床評估，仍然發現後遺症的差異，某些年輕孩子對父母的離婚仍然記憶猶新，到成年時還擔心自己會不會重蹈父母不愉快婚姻的後路。

因此，大致說來，無論年齡大小，一開始的反應通常都很嚴重，即使在接下來的兩年略有減輕，但長期的後遺症絕非罕見。作者相信，這些現象與離婚的關係，並不比與婚姻破裂後的父母失聯、生活品質的降低更強烈。

《處理婚姻變遷》

E.M. Hetherington and W.G. Clingempeel (1992), '*Coping with marital transitions*', Monographs of the Society for Research in Child Development, 57, nos. 2-3. Serial no. 227.

本篇報告特別著重於離婚對青少年的影響。由於相信離婚不是只發生在單一時間點上的事件,而是完整的家庭重組系列,因此本研究對樣本追蹤達兩年時間,分三次對孩子與父母個別進行評鑑,以此探討家庭的運作過程與年輕人的調適發展,以及他們的福祉又受到了轉換至單親家庭的哪些影響。

樣本包括 200 名以上的兒童,研究開始時約在 9 歲至 13 歲之間,由三種類型的家庭抽樣選出:已離婚、得到監護權並保持單身的母親,所組成的單親家庭;已離婚、得到監護權母親才剛再婚的家庭;雙親還沒離婚的家庭。三次評鑑中,研究人員都取得相同項目的資訊,目的是要評估兒童的調適程度以及家庭關係的本質,使用的技術包括觀察、查核表、問卷、與各方的面談。在所有的研究發現中,我們將著重於「離婚後保持單身」的單親家庭對孩子心理狀態的影響。

雖然研究結果在某些項目上,因爲資訊提供者、接觸時間點的緣故,而有些變異存在,但是整體上還是證實了單親母親家庭的孩子,即使在離婚四至六年後,還是有相當程度的調適困難,包括學業能力與社交能力的不足,以及較高水平的行爲問題,類似的困難也發生在孩子與母親的關係上:與其他家庭相較,離婚後的母親與孩子的衝突顯著偏高,三個時間點都是如此。雖然一般的母親在孩子進入青春期後會開始鬆手,衝突也隨之減少,但是離婚的母親並不會這麼做,特別是在對女兒

的關係上。此外，離婚及家庭重組對青少年的影響，並沒有一致的性別差異存在。

　　大致上，離婚的家庭作爲一個群組，整體來說家庭關係都受到了相當程度的損害，包括手足之間的關係。這項發現，與對較年幼孩子的研究是極爲鮮明的對照。這些家庭在最初的不良反應後，通常在離婚後的某個階段，還是會產生關係的正向改變，以及孩子的調適。然而，在這些青春期的樣本中還是有反應的變異存在，這代表著某些孩子的心理功能運作良好，以及他們的家庭關係大致上非常和諧。

《父母離異對親子關係、成年初期的調適及成就之長期效應》
N. Zill, D.R. Morrison and M.J. Coitro (1993), 'Long-term effects of parental divorce on parent-child relationships, adjustment and achievement in young adulthood', Journal of Family Psychology, 7, pp. 91-103.

　　孩子會因爲父母離婚而終身抱憾嗎？這是許多人心中的恐懼。早期的離婚研究主要探討離婚對兒童的立即性影響，現在已有愈來愈多的研究探討長期效應的可能性，本篇正是其中之一。

　　研究樣本相當大且具有代表性，爲出生於 1965 至 1970 年間，美國兒童全國普查縱貫研究的 240 名兒童，研究人員可以取得童年中期起的資料。我們探討的這一組，是由父母在 16 歲前離婚或分居的孩子所組成，這些孩子已有 18 至 22 歲，研究人員評估他們的心理狀態，並與非離異家庭的配對樣本做比較，評估項目包括關係、行爲問題、憂鬱、犯罪、學業成就。

　　在某些部份，這篇報告讀來並不令人振奮。即使父母關係
破裂已有 12 到 22 年之久，離異對孩子仍有顯著的影響，表現
出來的包括行為問題較多、退學機率高、同儕關係不佳，同時
也有較多人需要心理方面的協助。與父親關係不佳是最常見的
症狀，樣本中有 65% 的孩子如此。有 30% 的母子關係欠佳，退
學率為 25%，40% 曾在某個時候接受過諮商及心理治療。這多
少指出，在童年早期（六歲前）父母離異會造成長期調適方面
的風險；另一方面，母親的再婚，如果是在孩子早年發生並且
婚姻狀況穩定的話，可以帶來部份緩解的效果。

　　離異家庭的年輕孩子發生各種問題的機率是其他孩子的兩
倍。儘管如此，我們還是要強調，大多數孩子的福祉仍在正常
範圍之內。與父親關係品質不佳，也許是最明顯的例外，這是
唯一幾乎全組都有的特質，但也無疑是因為這些孩子的父親鮮
少與孩子聯絡，也很少提供財務協助的緣故。然而，大致上，
儘管調適困難水平偏高，但父母離婚與福祉項目的關係仍在適
中的範圍。換句話說，正如作者由研究所下的結論「我們無法
由孩子是否出自離婚家庭的事實，知道他們成年後的進展」。

《父母離異對成年初期之心理衛生的長期效應：發展的觀點》
P.L. Chase-Lansdale, A.J. Cherlin and K.E. Kiernan (1995),
'*The long-term effects of parental divorce on the mental health
of young adults: a developmental perspective*', Child
Development, 66, pp. 1614-34.

　　從離婚之可能長期效應的重要性，以及離婚對人格功能的
影響也許不是均一的可能性來看，我們可以再由另一個探討不

同結果的研究，來重新檢視這個問題。不同的研究已指出，遭遇父母離婚之當事人的心理健康，可能到了成年還會受影響，然而，這些研究在方法上多半有令人質疑之處，因此我們需要對兩者的關聯再做一次嚴格的檢視。

本研究採用的是英國全國兒童發展研究的樣本，對 1958 年某一星期出生於英國的所有孩子進行普查，之後並定期追蹤。在 23 歲時仍能取得聯絡且符合各項選取標準的樣本中，研究人員選取了 382 位進行研究，所有的孩子都是在 7 至 16 歲間，經歷了父母的離婚。研究人員使用多種施測工具取得大量資料，也包括了未離婚家庭的孩子所組成的對照組；然而，研究人員的重點主要是抑鬱量表的施測結果，這是一個篩選各種成年心理疾病的工具，例如憂鬱、焦慮、恐慌症和強迫症。

比較出自離婚家庭及非離婚家庭背景的子女，我們發現父母離婚對男女兩性都會造成負面的後果。抑鬱量表得分高於臨床門檻，也就是情緒狀態需要尋求專業協助的人當中，離婚與心理疾病之風險升高的相關性為 39%。雖然這種幅度的效應值得我們關切，我們還是要強調，父母離異的子女中，82%的女性和 94%的男性之得分都在臨床門檻以下。也就是說，儘管風險大增，但大多數在童年時遭遇父母離異的人還是能良好地因應這一切。青春期才遭遇父母離婚而母親並未再婚的人，最可能受到負面影響。然而，平均來說，童年經驗對成年初期的心理健康之影響，程度尚屬適中。

《離婚前的兒童人格：前瞻性研究》

J.H. Block, J. Block and P.F. Gjerde (1986), ‘*The personality of children prior to divorce: a prospective study*’, Child Development, 57, pp. 827-40.

　　我們到目前爲止介紹的研究，都是父母離異之效應的程度與種類之記錄。相對的，本篇報告則希望了解影響這些效應的運作過程，並且非常不尋常的探討孩子在父母離婚前後各一段時間的反應。在釐清各項因素對最後結果的貢獻程度上，是非常有價值的一項研究。樣本來自某縱貫研究中的 128 名兒童，這些孩子都是在三歲時進入研究，一直到青春期。到了 14 歲時，還有 101 名兒童能留在研究中，其中 41 名孩子在稍早時經歷了父母的離婚或分居。研究人員將他們與其餘 60 個孩子進行比較，比較項目相當多，特別是一份由教師所填寫完成，包含 100 個社會及智力特質項目的人格量表。

　　最令人驚訝的發現是，離婚組的孩子在父母真的離婚之前，就已有許多層面顯示出差異了，有些孩子甚至是在離婚多年前即已如此。在三歲時，後來父母離婚的男孩，已被視爲不能安靜、頑固、情緒不穩定；在七歲時，他們被描述爲具侵略性、衝動、不合作，與對照組相較，在面對壓力時更容易崩潰，到青春期這個型態仍然一樣。值得注意的是，這些行爲在父母婚姻破裂前多年就已經非常明顯。在女孩子的部份，這兩組的差異就沒那麼明顯：三歲時完全看不出來，在四歲時，來自日後將離婚之家庭的女孩，會有較多負面的描述（不想取悅別人、不能與其他兒童相處、情緒化），隨著年齡漸長，這些差異雖然還是存在，但同時也有許多正面特質，是和日後未離婚之家庭

的子女相同的。

我們必須做一個結論：所謂的父母離婚效應，可能在真正分離前好一段時間就已經存在了。因此，在其中運作的因子並不是婚姻破裂所象徵的關係中斷，較可能是父母仍在一起時的衝突氣氛。Block 等人（1988）對資料的進一步分析也支持這樣的想法，他們的分析指出，父母在子女管教方式上，早至離婚前的 11 年，就已經比一般夫妻更難以達成共識了。這樣的父母，顯然對孩子的支持以及以孩子為重心的傾向都較低，無論婚姻關係或親子關係上，都有不同的張力徵兆。此外，日後離婚之家庭的母親，通常會用自尊偏低（這可以假設是婚姻問題所致）來形容自己。這無疑的對孩子又是另一種壓力的來源，孩子必須在與完整家庭截然不同的氣氛之下成長。

對研究結果的檢討

關於這個領域的研究工作，我們可以清楚的歸納出下列幾點，這也是大家都能同意的部份：

一、　　離婚不該被視為是某一特定時間所發生的單一事件。對家庭而言，法律上正式分離的時刻，不過是家庭長時間之失和與爭執的一部份，即使婚姻真正破裂或配偶之一離開多年後，這個過程還是會持續著。如果我們想了解對孩子的影響，一定要透過縱貫研究的觀點來探討。只是把離婚家庭的孩子集合起來，不管他們家庭破裂已進行到那個階段的比較，是沒有意義的，這也是早期研究會得到錯誤

結論的原因之一。現在很清楚的是，由整個序列事件來看，離婚的效應主要與研究切入的時機有關。

二、　採取縱貫觀點後，我們會發現離婚在每個階段所造成的效應，無論是本質或嚴重程度上都有所不同。一開始是最為明顯的，特別是離婚後的第一年，然而，隨著時間過去，孩子會開始調適，無論一開始有那些行為問題，也漸漸開始消失。認為父母離婚的經驗會在孩子童年間不斷迴盪，這種說法的確要審慎面對；我們也再次發現了孩子的復原力，只要環境有利。然而，早期的樂觀派（認為所導致的心理失常現象只是暫時的過渡現象），面對新的研究結果，還是得作退讓：某些情況下，即使當事人已成年，即使父母離婚已長達 20 年，還是有非常明顯的負面後果。但是，雖然父母離異是一個長期的風險因子，這個風險仍然有其極限：前面摘錄 Zill 等人以及 Chase-Lansdale 等人的研究，證實了大多數的當事人不會有負作用。因此，當我們試著去解釋成人人格時，對大多數人來說，父母離異的影響其實非常有限。

三、　有一整組的因子，會影響調適能力：孩子的年齡、孩子的性別、過去與雙親之關係的品質、父母責任的分配安排、單親家庭的生活品質、父母的再婚…等等。無怪乎任何樣本的結果都有這麼高的變異存在！然而，即使我們要概論性別及年齡的影響，事實上也比過去認定的還要困難許多：部份研究發現男孩面對父母離婚的壓力，會較為脆弱的這個事實，並未獲得其他研究的確認；至於年齡，不同年齡層的反應差異主要表現在類型上，而非嚴重程度上。

四、　也許我們從研究得到的最重要發現是，家庭關係品質的全面影響性，無論離婚前後皆然。要釐清離婚經驗對孩

子所造成的影響之千絲萬縷，一點也不容易。可能的因素包括：衝突的氣氛、與父母之一分離、父母分開後的生活型態改變、對父母本身的衝擊、以及對父母提供照護能力的影響……等等。然而，許多研究都或多或少的指出家庭衝突的存在，對孩子的調適才是最強烈的。舉例來說，其他研究已指出，孩子日後的心理健康，與家庭內衝突的相關，比與離婚事件的相關更為明確。這並不代表其他因素不重要，但是 Block 等人的研究讓我們清楚的知道，許多過去歸因於離婚的效應，在父母分離前許久，就已出現在孩子身上了。離婚研究，與前幾節的兒童離家研究，在這方面有相同的結論：任何這一類事件都是孩子更廣義的家庭生活經驗的一部份，家庭生活的本質，則可以加強或消弱事件的後續影響，無論是住院療養、機構收容還是父母親的離異皆然。

實務應用上的啟示

父母親有衝突的事實，對孩子的影響更深遠也更具破壞性，這比分離本身更需要特別正視。有些父母親會想知道，是不是該為了孩子繼續在一起，這是個很難有標準答案的問題，因為每個家庭都有獨特的環境在影響著。儘管如此，如果繼續在一起，代表的是孩子將在不斷的衝突與緊張氣氛下成長的話，分開有時候可能是較好的選擇。無論孩子年齡多大，我們都無法否認分離是痛苦的事實，然而就長遠來看，也許這是兩害相權取其輕的不得已做法。有一項研究結果非常中肯的指出

其中的利害關係：在無衝突的單親家庭成長的孩子，比起身處衝突不斷之完整家庭的孩子，更少發生行為問題。儘管我們在歸納事理時，應該知道每個家庭的情境落差很大，但是離婚有時的確是正向的解決方案，孩子不是只有失去，也會從其中得到一些收穫。父母離婚子女的心理波動，往往是源自家人仍在一起的時候，而不是因為婚姻在法律地位上的消失，也不那麼是因為與父母之一失去親密接觸的緣故。

　　儘管如此，短期之內，離婚對孩子來說還是有風險的，可能讓孩子沮喪、搞不清楚發生了什麼事。最重要的是，父母必須能夠體認衝突與孩子行為問題之間的強大關聯性，特別不要讓孩子直接捲入衝突。正陷於自身難題的父母，要時時謹記孩子在此刻最需要的就是支持，這並不是一件容易的事，即使父母能體認到這點，也往往心有餘而力不足，可能需要親友來扮演支持的角色，直到父母得到了足夠的心理空間，能重新考慮孩子的需要為止。研究已經證實，壓力最大的孩子，是被父母作為私有領域及法律上爭奪監護權、探視權、分配權利義務之目標的孩子。在這種情況下，非常急需擁有心理醫療資格的專業工作人員從中調解斡旋，特別是為孩子縮短衝突發生的時間，愈快愈好。

　　父母間對於子女管教方式的明顯衝突最少，共識最大，雙親都易於親近，也投入孩子的生活，這對孩子的福祉是最為有利的情況。某些父親在離婚後馬上消失不見，不見得是不願意盡為人父親的責任，很可能是這些男性對於無法忍受之痛苦和沮喪情境的反應。只得到探視權，只能在特定時間、人為安排的情境下與孩子見面的父親或母親，並不能幫助他們與孩子建立較放鬆較自然的關係。特別是對男孩，與父親多接觸已經證實與正面的調適有關；同樣的，對缺席父母的渴望，是離婚家

庭子女常提到的辛酸話題。因此，與雙親都保持聯繫，在安排
離婚後孩子的去處時，應該是最優先的考量。愈能保持離婚前
後事務的持續性，過渡期也會顯得不那麼難受，這是在離婚後
面對搬家、轉學、財務緊縮等情況時，應該考量的因素。只要
實務上可行，應該盡量讓變化減到最小，或者在時間上錯開。
雖然孩子有適應的能力，但是在同一時間內，能夠面對調適的
項目還是有其極限。

建議讀物

《婚姻、離婚、再婚》

Cherlin, A.J. (1992), *Marriage, Divorce, Remarriage* (Cambridge, MA: Harvard University Press).

《家庭變遷》

Cowan, P.A. and Hetherington, E.M. (eds) (1991), *Family Transitions* (Hillsdale, NJ: Erlbaum).

《婚姻、離婚與兒童的調適》

Emery, R.E. (1988), *Marriage, Divorce, and Children's Adjustment* (Newbury Park, CA: Sage).

《分裂的家庭：父母拆夥對兒童的影響》

Furstenburg, F.F. and Cherlin, A.J. (1991), *Divided Families: What Happens to Children When Parents Part* (Cambridge, MA: Harvard University Press).

《婚姻變遷：兒童的觀點》

Hetherington, E.M. Stanley-Hagan, M. and Anderson, E.R. (1989), 'Marital transitions: a child's perspective', American Psychologist, 44, pp.303-12.

議題 13

婚姻中的衝突是否影響兒童福祉？

議題背景

　　我們之前在討論父母親離異之效應時已經看到一個事實：離婚本身對兒童行為問題的影響，遠不及父母真正離異前已長久存在的衝突來得更具殺傷力。我們都知道，再怎麼年幼的孩子，都能感受到週遭人士的情緒，也知道憤怒等負面情緒，會產生什麼樣的嚴重後果。因此，家庭中的情緒氛圍對兒童的心理發展，具有相當大的影響力。

　　長久以來，研究重心一直放在情緒光譜的極端值，也就是暴力。關於施加於兒童身上的體罰，會有那些效應，已有非常多的記載；此外，目擊暴力行動也經證實會有非常大的傷害。妻子連續受暴的子女，儘管只是目擊者而非直接受虐者，心理的擾動程度仍然為其他孩子的四倍之高。至於較輕微的家庭衝突對孩子的影響，雖然更為常見，我們現在仍然所知甚微。不過，由於這種輕微衝突也會影響孩子每日 24 小時所處的環境氛圍，我們所知的已足夠我們確定，即使僅是輕微程度的衝突，也應嚴肅看待。根據現代的理論，家庭應被視為一個整體的系統，某部份的運作不良，連帶其他部份也會受影響。夫妻之間

關係的不協調，會影響任一方與子女間的關係，並更進一步在孩子身上產生負面的效果。父母間的問題，會營造出一個讓孩子覺得有壓迫感、不安全感的環境，即使婚姻尚未破裂，這樣的氣氛仍然不是孩子成長的最佳環境。因此，我們必須去瞭解，婚姻衝突究竟會對孩子產生什麼影響，包括影響的種類、會不會因孩子的年齡與個性而異、哪種情況下會有哪些效應，父母失和的哪些部份對孩子最具傷害性，孩子會如何因應這些經歷。以下所摘錄的研究，正是研究者試圖尋找答案的實錄。

研究摘要

> 《幼兒對家庭中其他人物展現憤怒與情感的反應》
> E.M. Cummings, C. Zahn-Waxler and M. Radke-Yarrow (1981),
> '*Young children's responses to expressions of anger and
> affection by others in the family*', Child Development, 52, pp.
> 1274-82.

　　本研究為 Cummings 氏及同僚進行之憤怒旁觀兒童系列研究的序曲，目的是為家庭成員在家中自然暴發之怒氣，對非常年幼的孩子（年齡約一歲至兩歲半間）的影響，建立一個描述性的基礎。資料由母親蒐集，為期約數月，事先研究人員會謹慎地訓練母親如何運用觀察和記錄的技術；母親們的描述，最後會進行分類，以摘要勾勒出兒童對目擊事件的反應。

雖然多數的憤怒發生在成人與兒童之間（通常是雙親之一打另一個孩子），但也有雙親之間的衝突。大多數事件都會對孩子產生很明顯的壓力，再年幼的孩子，即使只是事件的旁觀者，都會因此覺得沮喪。孩子的情緒反應多半有其基調（如哭泣或露出關心的表情），有時候孩子也會用生氣來表示，例如搥打衝突中的雙方，或對他們吼叫。在衝突者以肢體攻擊來發洩怒氣時，孩子最容易感受到痛苦；孩子目睹雙親間爭吵的次數愈多，也愈容易以痛苦的方式來反應。因此，再三發生的雙親衝突，似乎會使孩子漸趨敏感，增加情緒沮喪的可能。

同一作者在後續研究（1984）中，在這些孩子六至七歲間，對他們再度進行觀察達三個月之久。結果再次明確的指出，兒童普遍認為週遭人士的怒氣是非比尋常之事，因此也會特別的在意。然而，他們對此的反應已與幼年時不同，他們會試著去安慰、調停，甚至來個相應不理，這些都是之前不會發生的反應。另一方面，攻擊性或怒氣的表現，也已從他們的反應中消失。

我們可以從兒童情緒反應之發展趨勢，預估到這些改變。隨著年齡漸長，兒童漸漸有能力控制情緒，並以更具建設性的方式來因應他人的情緒。然而，年紀大一點的孩子，暴露在雙親衝突下的頻率，與沮喪次數有關，這再次令人憂慮的證明了，父母親的爭吵讓孩子漸趨敏感。若我們個別比較孩子在不同年齡階段的反應，會看到沮喪反應的延續性：在幼年時最容易有情緒化反應的孩子，在日後也是最容易如此反應。這可能是因為天生氣質上的差異所致，也就是說，同樣目擊他人發怒，有些孩子就是比別人更為脆弱。

《婚姻失和與兒童的行為問題：婚姻夢碎時，哪些面向會對
孩子產生負面的影響》

J.M. Jenkins and M.A. Smith (1991), ‘*Marital disharmony and
children's behaviour problems: aspects of a poor marriage that
affect children adversely*’, Journal of Child Psychology and
Psychiatry, 32, pp. 793-810

　　在面對週遭人士的憤怒與衝突時，如果孩子產生了負面的
反應，他們是看到了怎樣的交換而促成了這樣的反應呢？這些
反應會長期持續下去？並進而長久影響兒童的情緒調適嗎？

　　本研究試著尋找上述問題的答案，參與研究的家庭多達
119 戶，子女的年齡都在 9 到 12 歲之間。研究人員分別與每個
家庭的父親、母親、子女面談，以取得所要的資訊。研究重點
特別放在兩個層面上：婚姻關係的性質與品質，以及兒童的心
理調適。前者以『協調－失和』量表來評分，此外還要詢問父
母親三個重點：明顯的父母衝突之頻率、關係中尋求轉變的張
力、雙親在子女教養上的分岐；至於兒童調適的評估上，研究
人員會就範圍廣泛的症狀來提問，可概分為內化問題（憂鬱、
焦慮、拒絕上學、疼痛等）以及外化問題（如攻擊性、不服從、
發脾氣、說謊、偷竊等問題）兩大類。

　　在探討婚姻問題的各層面時，我們會發現，明顯的衝突要
對孩子的行為問題負最多責任。父母間這一類衝突的頻率愈
高、程度愈嚴重，孩子的心理困難也愈多（尤其是外化類型的
行為問題）。另外兩個層面，對孩子行為問題的影響力則仍有疑
義：只有在明顯衝突也同時存在時，才看得出與行為問題的關
係。但是，光是明顯衝突的存在，還不足以預測兒童調適不良

的必然性：雖然身處高度衝突家庭的孩子，比低度衝突家庭的孩子，所產生的問題顯然較多，但是，我們還是會看到身處高度衝突的家庭中，卻沒有顯示任何問題的孩子。

　　非常明顯的是，當父母親的衝突昇高時，親子關係的品質也會開始惡化，父母對孩子的關心會減少，對子女的攻擊性也會增加。但是研究所要探討的第三個重點：父母親對兒童的批評，並沒有顯示出類似的相關性。我們已經知道，缺乏關懷和父母親的攻擊性，與兒童調適不良的風險昇高有關，特別是外化類型或反社會類型的行為問題。所以，負面的教養方式，可以用來解釋婚姻品質欠佳與兒童調適不良之間的關係。雙親之間的難題，變成了親子間的困難，而導致了兒童的行為問題。

《家庭變遷、父母失和與早期犯罪》

D.M. Fergusson, L.J. Horwood and M.T. Lynskey (1992), 'Family change, parental discord and early offending', Journal of Child Psychology and Psychiatry, 33, pp. 1059-75

　　許多跡象指出，婚姻衝突會影響各年齡層的孩子，包括行為的各個層面。本研究報告，把探討的年齡向上延伸至成年，主要著重對少年犯罪的影響。

　　這項在紐西蘭所進行的研究，樣本非常具代表性，包括了700 名以上的兒童。研究目的是檢視家庭變遷（包括離異、分居、死亡和雙親形象的其他改變）與家庭失和，這兩項兒童經歷的事件對青春期初期犯罪的影響程度。由於本研究採取縱貫研究法，因此以每年面談的方式，來取得研究需要的資訊，例如藉由與父母親面談的機會，所詢問婚姻關係的各層面問題，

來定期評估家庭失和的程度。兒童早期犯罪的評估，則由兒童在 12 至 13 歲間所填寫自我評估問卷來進行（大多數都是非常輕微的小罪）。

在尋找犯罪機率和其他兩項變數的關係時，我們會發現家庭變遷並沒有影響，真正有關的因素是家庭失和。離婚與其他家庭結構的變遷，本身並不影響孩子涉足犯罪行為的機率；另一方面，孩子幼年期間，父母的婚姻問題則可用以預測犯罪行為的發生。然而，並不是所有曾暴露於父母衝突的孩子都會成為犯罪者，還要再加上其他因素的共同作用，才會導致犯罪。其他因素中有兩個，一是性別（男孩子發生犯罪行為的機率比女孩子高），另一則是早期的行為問題（這可能是天生氣質上的困難所使然）。不曾暴露在雙親失和，也沒有早期行為問題的女孩子，在 13 歲前的犯罪機率幾乎為零；另一方面，曾暴露於雙親失和，早期行為問題嚴重的男孩子，發生這類犯罪的機率則將近 90%。

我們已在其他研究看到，雙親離異對兒童調適不良與行為問題的影響，遠不及雙親間的衝突來得深重。在本研究中，我們再度確認此項結論，婚姻關係的品質真的對兒童福祉極為重要。然而，本研究也發現了，兒童的反應不是一成不變的，婚姻衝突本身，若沒有其他因素來加成（尤其是孩子本身的因素），對行為問題的預測力也有其極限。

《在行為失調與社會失調上，家庭暴力目擊兒童與受虐兒童的相似性》
P. Jaffe, D. Wolfe, S. Wilson and L. Zak (1986), '*Similarities in behavioral and social maladjustment among child victims and witnesses to family violence*', American Journal of Otrhopsychiatry, 56, pp.142-6

那一種情況比較糟？是身為暴力虐待的受害人，還是身為家庭暴力虐待的目擊者？這兩種情況，在後續影響上只有「量」方面的差異？還是還看得出「質」的差異？本研究試圖探討這些問題。

研究比較了三組男孩，年齡範圍由 4 至 16 歲不等，全部來自收入水平、職業等級相近的家庭。一組由曾經暴露於家庭暴力之下的孩子組成，經由受虐婦女庇護中心轉介給研究人員；第二組則是經由兒童福利機構聯繫，是曾受雙親肢體凌虐的孩子；第三組則作為社區對照組，並沒有明顯的家庭暴力問題。兒童狀況的評估，是由家庭填寫標準化檢核表，並得出兒童的社會勝任度得分，以及內化與外化兩大領域的行為問題。

大致來說，研究結果認為，曾暴露於家庭暴力的男孩，與本身受虐的男孩，兩者之間幾無差異，心靈上遭受的凌虐程度是相當的。然而，這兩組的確與非暴力的對照樣本有明顯差異。前二者在內化領域與外化領域都有相似的調適困難：舉例來說，主要的內化問題包括依附成人、覺得沒有人愛、不快樂、嫉妒、擔憂；主要的外化問題則包括不聽話、說謊欺騙、破壞、殘忍、好鬥。受凌虐與曾目睹暴力的孩子中，與對照組相較，有相當大的比例在調適問題上得分較高，這意味著前兩組的調適不良程度比後者明顯更高。然而，這三組在社會勝任度上並

無差異。

　　雖然本研究只採用了父母自評這項評估方式，然而，見證家庭暴力與身受暴力兩者相當的結論卻非常有幫助。作者非常謹慎的指出，本研究的確無法排除一些常見因子的影響，例如家庭壓力、經濟弱勢、學校素質低落、家庭變遷、子女管教欠佳…等同樣會導致兒童調適不良的變因。事實是，暴力性的家庭氣氛，無論如何產生，對身陷其中的兒童，都是一項高風險的指標。

《系統性家庭暴力對兒童心理衛生的影響》

L.A. McCloskey, A.J. Figueredo and M.P. Koss (1995), '*The effects of systemic family violence on children's mental health*', Child Development, 66, pp. 1239-61.

　　肢體暴力的受害者和見證者，可能與一般認定的特殊兒童族群無關。本研究希望能探討，在同一個家庭中，是否會同時發生不同形式的暴力，使兒童直接或間接地暴露在週遭人士的侵略性中。

　　研究樣本包括 365 位婦女與她們 6 到 12 歲的子女，約有半數的婦女曾受伴侶暴力相向，其餘的婦女則作為同一社區的對照比較組。評估工具包括，研究人員與婦女和她們的子女進行的長時間面談、各式檢核清單與問卷；評估的項目則包括家庭中侵略性的多寡、母親與子女的心理健康、家庭中可得的支持、母親教養子女的方式。

　　結果非常清晰地顯示出，家庭中的確會同時發生不同形式的暴力。飽受摧殘之婦女的子女，遭受肢體暴力的機率很高（但

是性虐待非常罕見）；會對妻子動粗的父親，傷害孩子的機率也比其他父親高；此外，遭受暴力相向的母親，也更常虐待自己的孩子。暴力氣氛在這一類家庭高漲，構成所有關係的特色，即使手足之間也少有溫情與支持。在這種環境下，兒童罹患精神疾病的比例增加，一點也不足爲奇，完全可以歸諸家庭暴力的影響。這一類精神疾病沒有特別的型式，在廣泛的內化與外化症狀中，都可以看見它的影子。

我們與兒童的面談指出，經歷父母任何一方的暴力相向，與目睹父母間的暴力相向比起來，前者的案例明顯高出許多。目睹並經歷來自同一人的暴力相向，這兩者的組合，對心靈造成更沈重的負擔。在任何情況下，落於侵略性連續譜極端的家庭，不是事件本身，而是那股對暴力無所不在的恐懼打亂了心理發展，無論暴力的來源和對象是誰都一樣。根據這些研究結果，問題在於家庭整體，而非單一的關係。

《成人間憤怒的和解與兒童的反應》
E.M. Cummings, M. Ballard, M. El-Sheikh and M. Lake (1991), 'Resolution and children's responses to interadult anger', Developmental Psychology, 27, pp. 462-70.

在試圖了解父母間的衝突對孩子如何產生影響時，將研究情境由家庭轉向實驗室有其優勢，因爲可以在控制良好的情境下，更仔細地探討特定效應的產生方式。本研究報告正是此種研究方式的一例。同一個研究團隊中已進行的數項研究都證實，兒童對內容爲成人爭執衝突的錄影帶有所反應，而且他人的憤怒對孩子的影響除了心理上以外，還包括行爲上的效應。

孩子對熟悉人士的怒氣，反應也比陌生人士的怒氣更為尖銳。暴露於此類場景，會增加孩子的侵略性，孩子的反應類型會因年齡而異，但年齡差異不代表脆弱程度上的差異。

本篇研究檢視的是另外一個層面：在成人的衝突序曲結束後，孩子的反應方式為何。5 至 19 歲的孩子，先觀賞成人演員所演出的互動錄影帶，每一齣都有憤怒的場景，然後研究人員會問一連串的問題，了解他們的反應與感受。在設計劇本時，研究人員安排了三種結束劇情的方式：解決（道歉或和解）、部份解決（單方順從或轉移話題）、未解決（爭吵或冷戰持續下去）。劇情播映結束後進行面談了解兒童的反應，並建立與這三種劇情結尾的關係。

在研究人員要求孩子為所看到的劇情進行憤怒程度的評分時，儘管實際上這三種結局的憤怒程度相近，所有年齡的孩子仍然認為成功和解的劇情，是最不憤怒的，而衝突尚未解決的劇情，是憤怒程度最高者。和解劇情中，只有 17% 被評為「憤怒」，但未和解的劇情中，則高達 92%。在詢問到他們自身觀賞劇情的情緒反應時，也發現相似的趨勢：和解的場景激起的憤怒、難過程度、恐懼程度都較輕；部份和解的衝突，所引發的情緒反應則在兩者之間。

正如作者所指出的，這些結果若要延伸到真實的家庭情境上，應該格外謹慎。由於實驗所設定的情境並不常見，孩子們觀賞影片中的成人都是陌生人，劇情是由錄影帶播映而非在生活中真實上演。但是，無論如何，研究結果至少都指出了：衝突的結束方式，會影響孩子對整件事情的理解方式。

對研究結果的檢討

　　本節所摘錄的研究，包含了範圍完整的家庭衝突，由間歇性的口頭衝突到長期的肢體暴力。我們不需要說明後者對兒童有害，而且傷害的本質與引發傷害的情況都還有待探討。前者雖然也在同樣的連續譜上，但是到最近才成為研究課題，這是我們前一節討論的離婚研究之後續影響。目前的發現認為，這一類程度較輕微的事件，一旦再三重複，而且讓孩子全程目睹，也必須認真對待：長久下來，累積效應一樣會導致孩子的心理問題。

　　家庭成員之間的情感交流，一直都是不易探討的課題，因為這些交流往往只發生在家庭的私領域間，很難為外人察知。因此，我們必須採用其他方式，例如父母與子女的報告、母親的記錄，或者以實驗室情境來進行模擬。這些方法，每一種的缺點都很明顯，但是對於這麼重要的研究課題，除了這些未臻理想的方法外，我們別無選擇。只要不同方法的結果，能導向同一結論，我們就能對研究所得保持相當的信心。

　　各項研究所得的結論都一致認為，在特定情況下，家庭衝突會導致兒童心理上的波動。不那麼確定的項目則包括，一、所謂的特定情況為何；二、這中間的連結是如何發生的。對第一項來說，衝突的頻率與強度是非常明顯的候選因子，衝突的模式也是：至少，對年幼的孩子來說，以肢體方式表現的侵犯，比言語方式具有更高的衝擊性。衝突參與者與兒童關係的類型，也可能具有另外的影響性。因此，我們知道熟人之間的衝突，比陌生人之間的衝突更具擾動性；然而，關於親子關係類

型如何影響兒童對父母間衝突的詮釋方式，我們知道的就少得多。我們還知道，衝突以何種方式告結，也是非常重要的訊息：正如最後一個研究所顯示的，以某種和解形式告終的衝突，終將在孩子的記憶裡中和掉。建設性衝突能幫助孩子習得這種情境下的行為規範，這種衝突與懸置未決之破壞性衝突的差異，是這個領域的最新研究所得出的訓誡。

至於第二個問題，關於家庭衝突是透過什麼方式導致孩子調適不良的問題，仍有多種可能答案。一是模仿：因為成年典範建立了這樣的行為模式，孩子也學會了侵略性行為；另一是藉此宣洩情緒波動：運用生理測量的研究已證實，在目睹他人的憤怒時，心跳、血壓、皮膚導電性都會受到影響，如果這種過程是長期性，就會干擾正常的心理運作。以上都是直接的影響，我們要介紹的第三個因素則是間接性的影響，主要是親子關係本質的改變所致。婚姻中的衝突，誘發了父母的沮喪、緊繃、挫敗感或者全神貫注於自身上，於是疏忽了為人父母的責任。在婚姻破裂家庭中長大的孩子，不僅常常目睹憤怒的場面，父母的態度往往也是前後不一致、過度溺愛、不敏銳。因此，研究除了解釋直接效應之外，也必須能夠解釋這一類間接效應；到目前為止，仍只有極少數的研究同時探討這兩種效應，並試著去釐清個別的角色。

一如往常，孩子們對這一類經驗的反應有很大的差異，有些孩子就是比其他人更脆弱一些。反應類型也有很大的差異：隨著侵略性不斷升高，有些孩子會變得沮喪、缺乏安全感、恐懼不安，有些孩子卻會採取更主動的方式，例如試圖介入父母之間。然而，在所有情況下，孩子們的立即反應都是沮喪與情緒的波動，並沒有證據指出那一個年齡最脆弱。很明顯的是，即使才一歲大的孩子，就已經能受到婚姻衝突的影響，即使進

入童年、青春期亦然。

實務應用上的啓示

　　在衝突氣氛下成長的孩子，其實是需要特別關注的高風險群。根據估算，這一類孩子中，約有 40 至 50%展現出某種形式的心理病態，這個比例是一般大眾的 5 至 6 倍。也許令人驚訝的是，這個比例應該更高才是；但是，對所謂「例外」的研究，至少讓我們知道爲什麼有些孩子可以避開負面的效應。到目前爲止，我們只掌握了一些線索，包括：與家庭以外的某位人士建立支持性關係；父母親有能力翼護孩子，免於暴露在明顯的爭吵下；孩子採取了某種形式的因應策略，並因而遠離週遭的情緒波動。這些都是可能的逃避管道。

　　明顯的是，在試圖進行干預時，要以家庭作爲一個整體來運作。在整個家庭出問題的時候，光是隔離孩子，或是集中探討親子關係，可能都只是徒費時間的作法。正如我們所見，父母間關係的本質、親子關係的本質、孩子的福利、運作不良，這些因素之間都互相影響。婚姻中的不當對待與兒童虐待也往往一起發生，雖然後者常被認爲對兒童影響較大，但是前者又何嘗不是如此。父母親對於婚姻關係與兒童福祉間的相互關連，必須早有覺悟。儘管如此，許多人還無法體認到一件事實，即使父母的爭吵與孩子沒有直接關係，但孩子們對爭吵的反應是很強烈的。此外，也還有許多人誤以爲，年幼的孩子不會受影響。這些都是應該納入親職教育的重點，研究結果也發現，常常暴露於父母口角下的孩子，非但不會習慣於此，相反地，

長期累積之下會因此更趨敏感。

　　當然，不和這件事，本身就是人類社會互動的一部份，也沒有人能翼護孩子永遠免於此事。然而，正如我們才從研究結果得知的，暴露在父母爭執下不是只有負面，正面效應還是存在的：衝突本身並不是壞事，在某些條件的配合下，甚至能為目睹衝突的孩子帶來好處。正如我們所見，「建設性」的衝突，能教導孩子在不和的情況下，如何以不那麼具破壞性的方式來為人處事。硬是要將所有衝突都隔離在孩子的世界外，非但不切實際，也絲毫沒有好處，因為這種作法會剝奪了孩子學習如何在衝突情境下行事、如何以兩全的方式解決衝突的機會。衝突管理，是婚姻雙方處理不和時必須具備的能力，也是孩子面對衝突場景是否會產生負面行為的關鍵。因此，干預計畫的目標，並不是消除所有的衝突，而是鼓勵雙方採取正向策略，這在面對人際關係中常見的暴力情緒時，是非常困難的功課，但也是一項絕對值回票價的功課。

建議讀物

《婚姻衝突與兒童的運作》
Cummings, E.M. (1994), '*Marrital conflict and children's functioning*', Social Development, 3, pp. 16-36.
《兒童與婚姻衝突：家庭爭辯與和解的衝擊》
Cummings, E.M. and Davies, P.T. (1994), *Children and Marital Conflict: The Impact of Family Dispute and Resolution* (New York: Guilford Press).

《家庭暴力》

Emery, R.E. (1989), '*Family violence*', American Psychologist, 44, pp. 312-28.

《兒童與青少年發展的衝突》

Shantz, C.U. and Hartup, W.W. (eds) (1995), *Conflict in Child and Adolescent Development* (Cambridge: Cambridge University Press).

議題 14

兒童能與新來的父母建立親情嗎？

議題背景

　　從出生開始，兒童就成為一個家庭的成員，也就是在這個家庭中，此生第一個情愛的關係於焉形成。然而，接下來因為離異、死亡、或父母虐待忽視而離開原生家庭，許多孩子得經歷家庭分崩離析所帶來的創傷。在這些情況下，孩子首先必須去處理既有關係的情緒意義。此外，許多孩子還要再面臨一項挑戰：成為另一個新家庭的成員，與另一個新的個體（繼父母、養父母、收養家庭或寄養單位的父母代理人）建立關係。孩子們真的有能力與這些人形成「真正」的關係嗎？這些後來建立的關係，能提供與原生家庭關係同樣的愛與安全感嗎？或者這不過是差勁的替代品而已？由新父母撫養長大的孩子，後來的心理功能運作是不是比其他孩子差呢？是不是因此而落居人後呢？

　　這些疑慮之所以會升起，是因為一般人相信，孩子與母親或其他原始依附對象間形成的連結，是最具全面性的。一般人認為，初始的連結關係，構成了日後所有關係的基調，也是所有的替代父母都得去面對的難題，讓孩子把他們當成「親生」

的爸媽，似乎是遙不可及的夢想。儘管如此，爲數可觀的孩子必須要能調適到這種地步：舉例來說，離婚後的雙方再婚的比例相當高，孩子便自動成爲新父親或新母親所建立之新家庭的一員。某些得到孩子監護權的父母，也因爲擔心孩子調適不良而對再婚卻步不前。擔心與孩子沒有感情的男女，會將孩子視爲婚姻感情的敵人。在這種描述沒良心的繼父母之刻板印象的加油添醋下，這樣的恐懼更是揮之不去。也無怪乎在這個議題的早期研究，都先預設新建立的親子關係會帶來困難，並無可避免的導致長期問題。這樣的基本假設也無怪乎研究人員除了發現符合預期心理的負面後果之外，挖掘不出新的結論。

最新的研究避開了這一類陷阱，採取另一種較平衡的立場，但可惜的是，這類研究的總數仍然有限。理論上，我們還有許多需要下結論的問題，例如不同年齡層的孩子，要如何調適自己與新的父母建立關係；哪些因素會促進或阻礙調適過程的進行；與原生父母維持聯絡的渴望程度（例如沒有拿到監護權的離異父母，或安置在寄養家庭的孩子之親生父母）；新建立的家庭如何運作；孩子在不同家庭間流動的長期後果……等等。然而，到目前爲止，這個領域的研究工作，對這些問題只能夠提供暫時性的回答。儘管如此，這個議題仍然十分重要，即使是目前僅有的資訊，也十分值得我們一起來關心。關於替代性關係的較佳研究工作，都是以繼父母爲研究對象，我們稍後將一一檢視。

研究摘要

《繼子女：國家研究》

E. Ferri (1984), *Step Children: A National Study* (Windsor: NFER-Nelson).

這項大型研究，是針對 1958 年某一周在英國出生的 17,000 名兒童所進行的追蹤研究。這項同期族群的研究，在孩子童年期間定期調查，發現在孩子 16 歲時，因為父母親之一死亡或離異使原生家庭破裂，有 5.1%與繼父母同住。與繼父同住的孩子，約為與繼母同住的三倍。

研究蒐集的數據，囊括兒童生活的多個層面。在這當中，數據指出，就物質層面來說，與繼父同住的孩子的待遇，較與繼母同住或仍與原生父母同住的孩子為差，這可能是因為繼父的家庭原本就有較多孩子的緣故。即使如此，縱貫分析證實，原本由失婚母親照顧的孩子，在得到繼父後，物質環境都有明確的改善。當這些 16 歲大的孩子被要求評估自己與父母親（親生父母與繼父母）關係的好壞時，再婚家庭的大多數孩子都給了正面的評價；然而，與家庭未破裂的父母相較，較多孩子認為與繼父母的關係不甚滿意，尤以女孩子與繼母的關係為然；男孩子與繼母間也有同樣的情形，但程度較輕微。無論男孩或女孩，都認為自己與繼父的關係良好，當然認為關係不甚滿意的比例仍然比家庭未破裂者略高一些。值得一提的是，在這兩種繼父母家庭類型中，因離婚而形成的繼父母家庭，比因死亡

而形成的繼父母家庭，更常見不甚滿意的關係。社會階層也有影響：在體力勞動階層中，未破裂家庭與繼父母家庭的差異較為明顯。然而，並沒有證據指出，生長在繼父母家庭中孩子與同住的親生父母會有關係上困難。事實上，尤其是與親生父親同住的孩子，跟父親的關係反而更密切。

　　一般來說，大多數生長在繼父母家庭的孩子，與其他孩子並無多少差異。教師們也都認為這些孩子的適應能力與同儕相當，16 歲時進行學業成就測驗的結果，也未顯示差異。但是，兩種繼父母家庭的家長，認為自己的子女有行為問題的比例，比家庭未破裂的家長更高。當然，從教師們並沒有這類反應的事實看來，這可能反映了家長本身的態度與感受，作者因此必須推論，繼父母家庭中的家長通常較為焦慮、對孩子的發展更為敏感，因此看到的問題也比較多。離婚比喪偶更容易有這種傾向。雖然我們檢視了繼子女與一般兒童在各方面的差異，但是，這些差異通常程度不大，也只在一小撮孩子身上會造成真正的發展困難，這才是真正需要關注的部份。

《新延伸家庭：再婚後的父母與子女之經驗》
F.F. Furstenberg (1987), 'The new extended family: the experience of parents and children after remarriage', in K. Pasley and M. Ihinger-Tallman (eds), Remarriage and Stepparenting (New York: Guiford).

　　本報告的數據同樣來自大型研究，也就是美國在 1976 年首度進行的全國兒童普查，具代表性的樣本數由 2,279 名 7 至 11 歲的兒童組成。五年後，研究人員對其中父母離異的兒童重新

檢視一遍，同時也隨機抽取父母未離異的兒童來對照。數據來源是由與兒童及父母親的面談，以及寄給教師填答的問卷取得。

在第二次的調查中，研究人員要求與繼父母同住的兒童，就不同層面來評估自己的家庭生活（親密度、緊張、分享…等），大多數的孩子勾勒出的都是正面的景象。但我們也必須承認，這些孩子的描述，並不像一般核心家庭的孩子所述的那麼甜美，尤其是與繼母同住的孩子特別明顯，較常出現負面的評分；而與繼父同住的孩子，評分基本上與親生父母同住的孩子相差無幾。父母的評分也確認了這個現象：仍在首次婚姻中的，對家庭生活的評分較為正向，不過這個差異很小，還未達到統計上的顯著水準；大多數的繼父母則以較樂觀的方式，來描述自己的家庭生活。此外，在家庭的例行運作方面（游戲、運動、購物、看電影…等項目上，親子共同參與的成份），發現繼父母家庭的生活與其他家庭並無大異。

在面訪時，大多數的父母都多少承認繼父母難為，尤其在給予愛、關懷及管教上。孩子的報告也反映了這一點，認為與繼父母的親蜜程度不如與親生父母。然而，在繼父母家庭中，大多數父母親與孩子的關係都相當正面，大多數的孩子都表達出善意，而不是浮濫的一廂情願。然而，明顯的，孩子與繼母的關係往往比孩子與繼父的關係更充滿壓力。研究人員也發現，即使孩子持續定期與生父見面，仍然會對繼父產生依附關係。但是，另一方面，夾在兩個母親間的孩子，要同時處理雙方的關係則較為困難。

作者認為在他的研究中，浮現出的是一幅交雜的圖象：孩子在與繼父母建立關係的過程中，常會遭遇困難，但只要給予足夠的時間，大多數都能建立相當密切的連結，特別對繼父更是如此。然而，另外還有為數不少的少數孩子，到青春期時仍

與繼父母相處困難。

《繼父家庭中的親子關係》

J.W. Santrock, K.A. Sitterle and R.A. Warshak (1988), 'Parent-child relationships in stepfather families', in P. Bronstein and C.P. Cowan (eds), Contemporary Fathers (New York: Wiley).

　　研究人員的興趣主要集中在，對爲數有限的繼父母家庭進行分析，並以更近的角度觀察其運作，特別是人際關係的部份。爲了勾勒出一幅完整的圖象，研究人員運用多種評估技術，由每個家庭的所有成員身上取得資料。

　　共有 69 個家庭參與本項研究，包括 26 個繼父家庭（本項研究特別要探討的部份）、18 個繼母家庭、25 個對照組家庭（父母未離異），所有的家庭都是中產階級的白人，居住在德州，孩子在 7 至 11 歲之間。繼父母家庭都已共同生活至少一年，平均值爲三年。研究人員除了與繼父母面談之外，也與孩子的親生父母面談，兩者都要填寫一系列的問卷；孩子們則在面談時接受各種紙筆測驗。此外，研究人員還必須取得孩子與父母、繼父母、其他孩子互動的觀察資料。

　　大量的數據，所累積出來的是非常有趣的發現：大多數的繼父認爲自己參與了繼子女的照顧與管教工作，大多數的繼子女對繼父也表達出正向的感受。繼父母家庭與未離異家庭，兩者的成員對家庭生活的整體描述，幾乎沒有差異。然而，許多繼父認爲在親職上某些方面有困難，問題尤其出在管教上。這些報告，都點出了緩慢漸進建立親子關係的重要性，以及一開

始期望過高的危險。整體來說，在孩子與同住的親生父母的關係上，未離異家庭與再婚家庭並沒有差異。另一方面，孩子對生父與繼父的感受確實有所不同，後者與完整家庭的父親相較，似乎關連較少。

儘管如此，繼父母家庭的孩子多半仍十分良好，在肢體、社會、認知技能等能力的評估上，繼父家庭的孩子，進展並不遜於與生父母同住的孩子。教師們也認為，與繼父同住的孩子在學業及同儕接受度上，與未離異家庭的孩子相當。這一點，也同樣被兒童在玩伴間的行為觀察所證實，行為問題的出現頻率並無差異，然而，繼子女對自己的觀感，遠比其他孩子更為負面（不過，我們並無法確定這種感受是源自自己是繼子女的身份，還是之前家庭離異的影響所致）。

本項研究還有一項值得一提的發現：孩子的母親認為，再婚對於自己與孩子的關係有正面且穩固的影響，推測這可能是因為脫離了單獨監護子女時，工作負擔過重、個人混亂、問題重重的單親生活，而反映出來的感受。孩子的調適狀況，基本上是隨著母親的心理狀態而改善，繼父只有間接的影響。

《繼母家庭中的親子關係》

J.W. Santrock and K.A. Sitterle (1987), '*Parent-child relationships in stepmother families*' in K. Pasley and M. Ihinger-Tallman (eds), Remarriage and Stepparenting (New York: Guilford).

這篇研究報告同樣取材自上一篇報告的研究，但主體則由繼父轉移至繼母身上，這其實是比較罕見的情況，因為在離婚

案例中，監護權判給父親的比例其實較低。Santrock 與同僚深入研究了 18 個這一類家庭，研究方法則如上文所述。

　　繼母與繼子女建立關係的努力其實是非常明顯的，然而，子女們往往對新媽媽抱以負面觀感，認為新媽媽感情淡漠而且不夠關心自己。不足為奇的，繼母們對彼此關係的描述也如出一轍：與完整家庭的母親們相較，她們認為自己與孩子不夠親、與孩子的關連也較少。整體來說，這些女性在面對繼女時，比面對繼子更有信心能扮演好母親的角色，在人格教養上，對女孩比對男孩更能主動教養。這些孩子主要的安全感，無庸置疑的，當然來自他們的父親，遠比繼母更慈愛更親近；這一點與繼父家庭之子女對母親的親密程度之觀察恰巧平行。與同住之親生父母的關係，似乎是幫助孩子渡過離異、再婚的混亂經驗之關鍵。

　　其他因子也會影響調適過程，舉例來說，在繼母家庭中，如果孩子是父親從更前一段婚姻帶來的，也會有較好的發展；如果這孩子還要面對處理新的手足關係，情況會更為困難。同樣的，如果父親與繼母孕育了新的弟弟妹妹，調適過程也會產生挫折：原本是普通的嫉妒，會因為孩子之前的壓力與不平衡所留下的不安全感而被放大，並對繼母與孩子間的關係發展造成負面影響。大致說來，同住子女的總數，無論是那一方的孩子，都有關係：總數愈大，再婚後的衝突次數也會增加。

《繼父母家庭作為兒童發展背景》

E.M. Hetherington and K.M. Jodl (1994), '*Stepfamilies as settings for child development*', in A. Booth and J. Dunn (eds), Step-families: Who Benefits? Who Does Not? (Hillsdale, NJ: Erlbaum).

　　本篇研究報告的範圍，囊括了近年來對繼父母家庭的三個主要研究，因此對現今的知識能供極佳的概觀。正如作者所指出的，與其他家庭相較，這一類家庭必須面對因應的挑戰大為不同；繼父母與繼子女間關係的建立也更為重要，然而，因為缺乏社會的典範，這條路格外迷茫。

　　本報告所取材的三個研究，雖然在各方面均有不同，但均為縱貫研究，追蹤調查樣本家庭的期間，為期 2 至 11 年，也都包括了未離異家庭來作為對照組。加起來，參與研究的家庭超過 1,000 個，為數可觀的研究技術運用於每個繼父母家庭的不同成員上，以取得所需的數據。藉由這種方式，勾勒出這一類家庭在不同發展階段之運作與形成的大致樣貌，包括重新建立一個家庭所需調整的各種關係（婚姻、擁有監護權的父親或母親、沒有監護權的父親或母親、繼父母、手足）。我們最有興趣的，還是繼父母與繼子女之間的關係。

　　研究結果指出，在成立繼父母家庭的初期，建立親密且建設性的親子新關係會遭遇許多問題。無論再婚時，孩子年齡多大，孩子與繼父或繼母的交流程度都很低，即使繼父母有心藉由共同活動來建立較正向的關係，也往往會遭到拒絕；這使得繼父母只好保持距離，對孩子行為的控制或負責的意願也因而降低，對於有剛踏入青春期的孩子之家庭更是如此：在這個時

期再婚，會因為孩子對新爸媽的負向行為，而遭遇更多困難。

　　然而，隨著時間過去、新家庭穩固後，這些問題多數會緩和下來。我們也必須承認，比起未離異家庭的父母，繼父母的投入程度還是比較低，也不那麼具權威性，而孩子自己也認為與同住的親生父母相較，與繼父母比較沒那麼親密。然而，若孩子非常年幼，而且是繼父對繼子的話，真正的調適會發生，並在關係中注入溫情與關愛的成分。較容易達此境地的繼父，往往一開始不會試著去控制孩子，而是在一旁支持母親的管教。然而，我們必須再次提到，這樣的調適較難在青少年身上發生；此外，即使是在孩子年幼時再婚，到了青春期一樣會有新的衝突出現，特別在繼父與繼女之間。

　　這些研究結果，突顯出新親子關係成形時的壓力，與孩子的年齡、孩子的性別、繼父母的性別、再婚已有多長時間有關，而青春期的繼女往往會產生最多問題。此外，一點也不令人驚訝的是，這椿新婚姻的初期，是最難過的時刻。然而，這一切也與繼父母的策略有關，願意退一步及溫情的結合，是最容易說服一開始抱持負面態度的孩子共同建立信賴關係的方式。

對研究結果的檢討

　　在新關係的成形這個議題上，整體來說，相關的研究數量仍然有限，特別是被帶離家庭，安置於寄養家庭或機構，將在此渡過相當時間並接受新的父母形象照料的孩子，這方面的研究更是少之又少。雖然我們對於在這一類情境下，特別是寄養家庭，影響關係破裂的因子略知一二，但對於與新父母形象的

關係如何建立、維繫的方式，我們真的是一無所知。相對的，對繼父母的研究數量就多了些，而由於再婚率年年高升，因此相關議題的研究也更顯得急迫。然而，系統性的研究數量仍然有限，因此，以目前微薄的基礎，若要做出普遍化的概論，應該要非常謹慎才是。

由於這個領域（本書討論的許多其他領域也是）的初期研究工作受到方法不足的限制，而使得結論頗值得懷疑，因此更應該謹慎爲之。關於繼父母關係的臨床報告，雖然已有很多，也已有效的將大眾的注意力轉移到相關現象上，但只看少數非典型的案例，卻會讓我們產生極具誤導性的觀念。較近期的研究，例如本書所摘錄的部份，在方法上就完善多了，舉例來說，方法完善的研究，應該囊括未離異家庭來作爲對照組。我們可以再舉個例子，光是說某些青春期的男孩與繼父關係困難是沒有意義的，因爲可能在整個族群中，本來就會有相近比例的青春期男孩與父親相處困難。另一件同樣重要的事是：不要只依賴自陳報告，無論自陳報告的結果多麼有用，但是沒有一個方法能提供完整的圖像，除了問卷和面談外，還要加上觀察資料、測驗、教師報告等較客觀的方法。研究中面談的家庭成員數目也是一樣：光只靠其中一個人的報告，充其量只能得到一個片面的圖像，我們應該納入家庭中所有相關成員。另外一個重要的方法，則是採用縱貫研究：正如我們在討論離婚的影響時所瞭解的，只在一個時間點對某個家庭進行研究，並不能讓我們知道在其他時間點會發生什麼－畢竟，繼父母與繼子女的關係本來就在不斷的發展，在穩定下來之前，可能必須歷經多階段才會完成。

比較近期的研究，多半都已採納這些方法。我們前面摘錄的研究正是如此，這也讓我們對這些研究的結果更具信心。即

使如此，驟下結論仍然有危險，因為還有許多變數能影響研究得到的結果。現在已經很明顯的是，結果往往與下列因子有關：繼子女的性別、繼父母的性別、新家庭的結構複雜性、家庭成員的總數、孩子與未獲監護權之父母的關係、家庭之建立已有多久的時間。此外，驟下結論常見的風險，還包括來自對高特定性樣本的推論：舉例來說，前面摘錄的 Santrock 與其同僚的研究樣本，全都是居住在德州的白種、中產美國家庭，只要想想可能影響離婚、再婚、家庭運作的諸多文化因子，很明顯的，我們必須仔細考慮，來自這一類特殊研究的結論，是否也能套用到其他族群身上。

然而，有意義的是，不同研究的結果，彼此之間顯示出相當程度的一致性。不光是這些研究都點出了各項變數的影響，讓我們知道在哪些環境下，孩子的調適會比較容易，哪些環境較不利；還因為這些研究，在繼父母與繼子女的關係上，掃除了舊有的集中於問題面的負面觀點，將焦點轉向關係中的正面部份，指出在許多情況下，這樣的關係長久看來還是利多於弊。為了證實這個看法，我們要進行的比較有二，一是與離異的單親家庭比較；二是與雖未離異但衝突不斷的家庭來比較。現在已有足夠的數據指出，生活在繼父母的家庭中，比生活在上述的兩種情境下，對多數的孩子都較為容易。

實務應用上的啟示

我們對晚期收養的討論已經指出，即使在童年晚期，孩子仍然有能力與新的父母形象建立依附關係。然而，這些證據是

來自未曾與他人形成情感連結的孩子。我們在這裡關心的是，與父母之一的原始鍵結已受損壞（或鬆散），並在後來又得到了替代人物的孩子。這樣的孩子，已經歷了原生家庭破裂與單親家庭可能引發的所有問題，並不是以完整無瑕的姿態進入新關係，而任何在關係形成過程間的困難，都可能是過去經驗的反映。很清楚的是，孩子們能夠形成正確的關係；人性中本來就沒有任何事物能阻擋這一切的發生。在適當的環境下，可以形成令人滿意且親密的關係；由於存在著某些無法如上述般理想的案例，使得尋找阻礙其發展的因子更為重要，也唯有如此才能採取適當的行動。

身為繼父母並不容易，也的確需要協助與理解。與親生父母不同，他們並不是與孩子一起成長，也沒有機會從中學習。孩子在來到他們面前時，已經處於半完成的狀態，在許多方面都需要更好的親職技巧來應對。此外，每個繼父母也都要解決角色衝突的問題，也就是：一個新來者如何成為「真正的」父母，該涉入多少？該展現多少關愛？如何拿捏管教的分寸？這些對其他父母不是問題的問題，卻常讓繼父母們迷惑不已、躊躇不前，也因此極度需要諮商與家族治療的相關服務。然而，繼子女也有自己的困難，尤其是這些孩子在成為新家庭的一員前，通常都有那麼一段父親或母親只屬於自己一人的單親家庭時光，現在卻得與其他人分享，這也需要相當程度的調適，但這樣的心路歷程卻往往不受重視。

儘管如此，對繼父母家庭的研究仍指出，我們還是有保持樂觀態度的理由。我們必須承認，這一類家庭發生人際關係困難的機率，的確比未破裂的家庭還高，但是並沒有必要將所有繼父母與繼子女的關係污名化：大多數的繼父母還是努力與希望贏得孩子的愛與溫情，多數的繼子女也會在適當的時刻對新

父母發展出真正的依附。再婚父母心理狀態的改善，也會反過來對孩子造成正面的影響。光是因為擔心再婚對孩子的效應就不加以考慮，顯然沒什麼道理。

即使許多孩子都能成功渡過這段期間，但仍有一些孩子會有負面的反應。研究已經指出一些會產生負作用的環境因素，也能提醒我們去避免。某些因子的組合原本就容易產生困難，也指出了較脆弱的族群，舉例來說，原生家庭因離婚而破裂，無法與親生母親繼續保持聯絡，而繼母進入家庭的青少年（尤其是女生）就是其中一例。比起男孩子，女孩子普遍來說都覺得融入新的家庭更為困難。同樣的，幾位研究者也都發現，繼母關係比繼父關係更是問題重重。當然了，大部份還是要看繼父母願意給同住的親生父母多少程度的支持。事實是，多數的孩子都還是把與同住的親生父母之長久關係當作安全感的來源，因此，繼父母對這種感受的支持體諒程度正是關鍵。這一路上，很明顯需要繼父母這一方面的耐心：在新家庭建立的初期，猜忌、困惑、憎恨幾乎都必然要發生的；新的情愛關係並不會在某一刻瞬間湧出，而是在一次又一次的遲疑間緩慢增長。我們不能期待這一切發生得太快太強烈。甫為人繼父母者，愈能了解這一點會愈好。

頗令人驚訝的是，某些研究指出，如果能讓孩子與非同住的父母保持長久的關係，孩子對新的繼父母家庭的調適程度就會愈好。我們可以了解人們對忠誠遭到離間的擔心，這也常被作為永遠切斷連繫的理由。然而，孩子們似乎遠比我們想像的更能夠分清生命中不同人物的角色，並與每個人都保持良好的關係。這一點在孩子與繼父及生父的關係上，看得最清楚；同時與兩位母親保持有意義的聯繫，似乎就較令人質疑了。很明顯的，一切還是有賴於各方的善意，以及他們是否準備好不去

破壞孩子們心中對另外一方的信任：在離婚的案例中，成人的妒意往往淹沒了孩子理解一切與調適的努力。在這個重點上，我們需要更多的研究。然而，要強調的是，並沒有證據支持與親生父母斷得一乾二淨是與繼父母建立良好關係的必然前提，我們也毋需擔心新的關係會摧毀舊的關係。相反的，即使在另一方再婚後，讓未同住的父母能定期與孩子接觸才是道理。雖然乍聽之下，讓孩子擁有三個父母親，是蠻怪異的想法，但事實上孩子是能處理這種情況的，只要每一方都抱持著善意。

在某些方面，這些繼父母研究的結論，可以延伸至孩子與其他替代性父母形象的關係，例如寄養父母。有用的結論包括：較年長兒童與女孩較難對新的照護者產生信任感；需要時間來贏得孩子的信心；過去驚嚇經驗的回響；成功有賴於替代父母的行動；除了非常年幼的兒童之外，所有孩子都有能力與非同住的父母維持熟悉的關係，即使已與繼父母產生關愛的鍵結亦然。然而，這樣的類比關係還是不能扯得太遠，畢竟，繼父母與繼子女的關係是要永久維繫的，而寄養父母收容孩子卻通常只是暫時性的，即使時間較久，寄養家庭的最終目標還是要讓孩子能回到原生家庭去。在這樣的前提下，寄養家庭的雙方，包括寄養父母與孩子，知道寄養關係的短暫，對關係的投入程度更是不可能和預定要建立永久關係者一樣。

建議讀物

《繼父母家庭：誰能得利？誰不會得利？》

Booth, A. and Dunn, J. (eds) (1994), *Stepfamilies: Who benefits? Who Does Not?* (Hillsdale, NJ: Erlbaum).

《再婚的家庭關係》

Ganong, L.H. and Coleman, M. (1994), *Remarried Family Relationships* (London: Sage).

《繼父母家庭中的父親》

Hetherington, E.M. and Henderson, S.H. (1997), '*Fathers in stepfamilies*', in M.E. Lamb (ed.), The Role of the Father in Child Development, 3rd edn (New York: Wiley).

《繼父母：理論、研究、實務的議題》

Pasley, K. and Ihinger-Tallman, K. (eds) (1994), *Stepparenting: Issues in Theory, Research and Practice* (Westport, CT: Greenwood).

議題 15

父母的精神疾病會遺傳給孩子嗎？

議題背景

　　在孩子可能暴露其下的所有種種風險中，父母親的精神疾病顯然是影響最大者之一，而且很可能是雙重風險：一是疾病本身可能有遺傳性，會一代傳下一代；另一則是因為父母脫軌的行止與扭曲的關係，所導致的不良家庭經驗。這些恐懼有多少根據？事實上，各種形式的精神問題非常常見，也因此應該會有為數可觀的父母受到影響。有任何證據可以證明他們的孩子正處在風險中嗎？

　　長久以來，人們一直在懷疑精神疾病是否有親子間的關連，但到目前為止，我們的了解也還在起步階段而已。必須回答的問題包括：一、這種關連的強度，也就是父母之心理疾病與孩子之心理疾病在統計機率上的相關性；二、如果真有關連，這種關連有一致性嗎？也就是說，孩子所遭遇到的疾病會和父母一樣嗎？三、如何解釋這種關連？也就是說，何種機制讓這些父母的孩子比正常父母的孩子更為脆弱？過去在探討這幾個問題時，重點都放在精神分裂或失智等嚴重的精神疾病上，然而，最近以來，由於體認到當今社會中憂鬱症盛行的程度，大

多數的焦點已轉移到憂鬱症，包括非常輕微的類型。以下摘錄的研究報告，就是這些趨勢的反映。

研究摘要

《患憂鬱症雙親的子女：漸增的心理疾病與重度憂鬱症的早期發作》
M.M. Weissman, G.D. Gammon, K. John, K.R. Merikanagas, V. Warner, B.A. Prusoff and D. Sholomskas (1987), '*Children of depressed parents: increased psychopathology and early onset of major depression*', Archives of General Psychiatry, 44, pp. 847-53.

　　關於患精神疾病之父母的子女與一般父母的子女之比較，本研究提供了一些有用的描述性資料。研究樣本中，前者的父母親都因爲重度憂鬱症正在接受門診治療，他們的子女與對照組的孩子則由兒童心理學家進行評估，面談對象包括孩子與他們的母親。樣本總數共爲 220 個孩子，年齡在 6 至 23 歲之間。
　　患憂鬱症父母的子女，同樣得到憂鬱症的比例爲 38%，與對照組的 24% 相較，這個數據是偏高了。前者發生濫用藥物、需要專業治療的情緒問題之機率也較高；此外，研究人員也發現，儘管智商水平與控制組的孩子相當，這樣的孩子在學校和學習上都遭遇到更多問題。
　　憂鬱症在十歲以下的孩子非常罕見，罹患率在十歲以後才會逐漸攀升，在女性身上尤其明顯，並在青春期末期達到高峰。

然而，憂鬱症父母的孩子，遭受重鬱症首次來襲的年齡則爲 13 歲，比對照組孩子的 17 歲明顯提早了許多。

　　精神狀況不佳且遭受憂鬱症侵襲的父母，他們的孩子的確有較高的風險會發生各種問題，包括憂鬱症，而且會提早發生。然而，我們也不要忘記那些無論如何都不受影響的孩子，事實上，大多數的孩子（幾達三分之二）並沒有任何憂鬱症的症狀。因此，父母親的精神疾病不見得必然導致孩子的疾病。

《家庭病理學與兒童精神疾病：長達四年的前瞻性研究》
D. Quinton and m. Rutter (1985), ‘*Family pathology and child psychiatric disorder: a four-year prospective study*’, in A.R. Nicol (ed.), Longitudinal Studies in Child Psychology and Psychiatry (Chichester: Wiley).

　　這項頗具企圖心的研究提供了相當豐富的資訊，以長達四年的時間，追蹤來自城區的 137 個家庭，其中有 292 個孩子，探討父母親之精神疾病與兒童調適間的關係。樣本中的每個家庭，父母中至少有一個正因某種程度的心理疾病接受治療，包括精神病、人格失調、以及（比例最高的）憂鬱症。取自一般族群的對照組則作爲比較之用。在追蹤研究期間，研究人員選取了幾個時間點，對父母進行面談，並請家長與孩子的老師填寫標準化問卷，其中包括與孩子騷動有關的項目。

　　由於樣本取自城區，因此在對照組與精神疾病組的孩子中，都有相當高的行爲脫序比例，這也許不足爲奇。然而，前者的行爲脫序往往都是過渡性；在四年的研究期間，持續不斷的行爲問題，發生在精神狀態不佳之父母的孩子之比例，是一

般家庭孩子的幾乎兩倍，主要是品行上的問題，而且男孩子比女孩子更常如此。若父母的症狀經診斷為人格失調，則更容易發生品行上的問題：這一類父母的孩子中，有四分之三發生品行問題，而其他症狀父母的孩子中，發生品行問題的比例不到一半。然而，父母親心理疾病的類型與孩子行為問題的種類，彼此之間並沒有明確的關係。

儘管心理狀況不佳之父母的孩子，發生行為問題的比例的確明顯偏高，但我們必須強調，這其間的關係離「必然如此」還遠得很。其中有三分之一的孩子沒有任何行為問題，另外有三分之一的行為問題只是過渡性質，只有剩下的三分之一才是真正持續性的問題。此外，研究結果也指出，孩子所面對的主要風險，並不是完全來自父母親的心理疾病，而是家庭中的心理性與社會性的騷動。在這些案例中，婚姻失和、父母親的敵意、暴燥易怒、對孩子產生侵犯性的比例都偏高，這些因素都比生病父母的心理或情緒症狀更為重要。因此，父母親的心理疾病對孩子的影響，透過父母親偏差行為而導致的家庭關係扭曲，基本上還是一種間接的影響。

《母女間精神疾病的世代聯結》

B. Andrews, G.W. Brown and L. Creasey (1990), '*Intergenerational links between psychiatric disorder in mothers and daughters: the role of parenting experiences*', Journal of Child Psychology and Psychiatry, 31, pp. 1115-29.

這裡要探討的，同樣是親子精神疾病之關連的強度與性質，但是所選用的樣本則是母親與她們正值青春期或甫入成年

階段的女兒，樣本數共為 59 個母親與她們的 76 個女兒（年齡在 15 至 25 歲之間）。研究人員進行精神疾病篩檢的結果發現，18%的母親與 12%的女兒，患有某種程度的心理疾病。

若母親的心理疾病是單一且短暫的事件，通常與女兒的心理疾病無關。然而，若母親的疾病是長期或容易復發者，女兒也罹患某種程度的心理疾病之傾向也會提高。與正常母親的女兒相較，前者的發病率為 25%，而後者只有 9%。但是，因為樣本數量有限，所以我們不能確定這樣的連結是否與病情診斷有明確的關連。

對女兒們初期生活史的調查指出，患長期或再三復發疾病的母親，女兒們在童年期間遭受負面家庭生活經驗的比例，是一般女孩的三倍。這些不快的家庭經驗可能來自母親不夠盡職、遭受體罰或性虐待、或兩者皆有。舉例來說，患有精神疾病的母親，女兒感受到父母不夠盡職的比例高達 60%，而樣本中其他的女孩則只有 16%；前者中，有 45%曾受父母虐待，而後者只有 4%。女兒們對初期生活史的說明指出，母親的疾病多半比親職問題更早發生，這意味著母親的疾病導致了盡母職本分的困難，同時也降低了保護女兒不受父親施暴的能力。

這些結果，確認了患有心理疾病的父母親，在建立的家庭中會產生負面教養，這遠比母親本身的精神狀況，更能夠解釋為什麼女兒也會有心理方面的問題。

《母親的憂鬱症狀與青少年的憂鬱症狀》

D.M. Fergusson, L.J. Horwood and M.T. Lynskey (1995),
'*Maternal depressive symptoms and depressive symptoms in adolescents*', Journal of Child Psychology and Psychiatry, 36, 1161-78.

以紐西蘭某個為數約千人的出生同期群為基礎，本研究探討母親的憂鬱症與正值青春期孩子的憂鬱症之關係。研究人員從這群孩子出生開始便進行追蹤研究，定期蒐集孩子與家庭的資訊，並在孩子滿 16 歲時進行心理檢查，注意是否有憂鬱的症狀；所得到的診斷結果，則與標準化憂鬱症問卷取得的母親憂鬱症資料進行比對。

比對的結果發現，情況很明顯的有性別差異現象。女性的相關係數明顯較高，母親憂鬱水平高的女孩，較容易發生憂鬱症；但對男性就不是如此了，男孩的心理狀態看來似乎並不會受到母親的影響。造成這種性別差異的理由還不明朗，我們只能說女孩子對母親的影響較有感受力，但是背後的原因還需要其他的解釋。

目前已很明顯的是，女孩與母親症狀間的相關，並不能訴諸直接的因果關係，而是由一組與家庭情緒氣候相關的因子之媒介而產生，包括婚姻衝突、不快樂、人際劣勢、負面的家庭生活事件。因此，最可能的解釋是，母親的憂鬱症導致了家庭衝突與負面事件發生的機率提高，暴露在這些衝突與負面事件之下，反過來也提高了青少女發生憂鬱症狀的風險。我們再一次的注意到，父母疾病對家庭所造成的結果，才是最重要的決定因素。

《精神分裂與憂鬱的母親：親職中的關係缺陷》
S.H. Goodman and H.E. Brumley (1990), '*Schizophrenic and depressed mothers: relational deficits in parenting*', Developmental Psychology, 26, 31-9.

如果我們認為患有精神疾病的父母，他們家庭中的事件對孩子有重大的影響的話，我們當然就需要仔細探討這一類父母在教養兒女工作上的特性，這也就是本篇研究報告的重點，探討罹患精神分裂、憂鬱症、正常母親在兒女教養上的差異，以及這些差異如何影響孩子的智力與社會發展。

研究樣本主要來自低收入的單親黑人女性，她們的孩子都還沒有到可以上學的年齡，其中 53 位患有精神分裂、23 位患有憂鬱症，比對用的對照組則沒有任何精神方面的疾病。研究人員使用各項量表來評估母親的狀況，分別包括個人獨立生活與擔任母親的功能。此外，在一個半結構化的游戲時間中，研究人員觀察母親與子女的互動，並以經過特別建構的常用量表，在受試者家中進行育兒環境的評鑑。此外，研究人員也評估孩子的智商與社交能力。

結果顯示出，這三組確有持續且明顯的分別。患有精神分裂的母親，由於常表現出抽離、情緒不投入、無法提供多樣刺激，在親職品質上多半得分最低。養育幼兒這件事，似乎無法引動她們的正常行為，她們的表現與一般我們對精神分裂患者的期望並無二異。患有憂鬱症的母親在所有親職的評估項目上，得分都落於兩組之間，然而，她們在表現上的差異，遠較精神分裂組或正常組都有更大的變異。儘管如此，她們特別不擅於提供有結構的教養、指導、也不擅於執行規定，有迴避處

罰及管教的傾向，對孩子的需求和溝通之反應性也不佳。

　　母親所提供的親職品質，似乎是影響孩子智力與社會發展
的關鍵。大致說來，得到足夠照護的孩子，比無法得到足夠照
護的孩子有更好的表現。然而，從母親的精神疾病本身來看，
卻看不出明顯的差異：因此，母親的疾病本身只是其中一小部
份，主要是會影響母親的親職活動性質。心理疾病影響了親職
品質，而親職品質再進一步的影響了孩子的發展。

《精神分裂症的芬蘭收養家庭研究：家庭研究的啟示》
P. Tienari, L.C. Wynne, J. Moring, I. Lahti, M, Naarala, A.
Sorri, K. Wahlberg, O. Saarento, M. Seitamaa, M. Kaleva and
K. Laksy (1994), '*The Finnish Adoptive Family Study of
Schizophrenia: implications for family research*', British
Journal of Psychiatry, 164, (suppl.23), pp. 20-6.

　　無論親職品質與其他環境因素多麼重要，在精神分裂這一
類疾病中，導致代代相關的遺傳因素仍然不可輕忽。這篇相關
報告，是芬蘭一項仍在進行中的研究所發表的諸多文獻之一。

　　研究人員先從 20 年前確診為精神分裂且住院治療的所有
女性患者，篩選出生有孩子並在孩子四歲前交由他人收養的案
例。本報告並將 155 名這樣的孩子（指標性被收養人），與 186
名「對照用被收養人」（被收養但親生父母並沒有精神疾病的孩
子）進行比較。研究人員盡可能地找到這些孩子的親生父母，
並進行個別面談及測試；並對所有的養父母進行密集的接觸，
評估他們現在的心理狀況，以及過去是否有心理方面的病史；
還評估收養家庭的整體功能；此外，被收養人也接受觀察、測

試與面談，以評估診斷當事人的心理狀況。

　　在指標性被收養人當中，有 8.4%被診斷有精神疾病（主要為精神分裂），而對照用被收養人的比例只有 0.5%。這麼看來，即使從小就被帶離原生家庭，精神分裂患者所生的子女患有類似疾病的比例，仍然比正常父母所生育的子女來得高，這個現象點出了遺傳的影響。在健康的收養家庭中（經評估在溝通、與收養父母之關係兩方面都運作良好的家庭），即使是指標性收養人，得到心理疾病的機率仍然少之又少（數據為 3.4%，還低於對照性被收養人的 4.1%）。另一方面，在騷動不安的收養家庭中，指標性被收養人發病的比例則驟昇至 61.6%，而對照用被收養人的發病率則高達 34%。

　　這些研究結果，非常能夠說明精神分裂症如何受到遺傳與環境因素的共同影響。當兩者皆處於不利狀態，孩子的親生母親患有精神分裂，而孩子的收養家庭又無法提供良好的環境時，罹患心理疾病的機率非常高。另一方面，健康的家庭環境卻足以保護有心理疾病遺傳體質的脆弱孩子。對這些早年即被收養的孩子之研究，讓我們看到在這種情況下，必須藉由「遺傳－環境」的互動，才能得到令人滿意的解答。

對研究結果的檢討

　　基本上大多數的研究都同意，親子間的精神疾病的確有相關性。父母患有某種形式精神問題的孩子，較可能產生問題，然而，我們必須再次強調，這裡的關連離「絕對」還有一段距離。

讓我們回到在這個議題開始時，我們列出研究人員要探討的三大問題，並以這些研究的結果，來試著一一回答。首先，雖然每個研究對親子間精神疾病之關連的強度，估計出的強度略有不同。然而，不可避免的是，精神疾病父母之後代的行為問題發生率雖然為數不多，但的確有較高的趨勢。明顯的是，風險程度來自許多因子的共同參與，包括父母的病情、疾病的症狀、另一個父母的健康狀況、家庭可取得的社會資源等等。在這種情況下，硬要指出單一的因子並沒有太大意義：我們只能說，比起對照組風險是高了一些。

至於第二個問題，也就是兒童若發生疾病，是不是會與父母有相同的形式？目前仍然沒有足夠數據可以明確回答這個問題。部份原因是多半研究的只探討親子的同一疾病，並不足以勾勒全貌。雖然有人指出父母的精神分裂症、抑鬱、人格失調比其他疾病，更容易也在孩子身上看到相似的疾病，然而，也有夠多的例外顯示，即使有關係，也絕對不是一對一的簡單相關。

第三個問題則有較多進展，也就是連結關係背後的產生機制。大部份人都同意，不同的疾病種類有不同的產生機制：舉例來說，精神分裂比其他較輕微的心理疾病，更可能是因為兩代之間的基因傳遞所致；對較輕微的心理疾病來說，環境因子可能是最重要的部份。讓大眾把注意力轉移至環境影響，也許是近期研究的最大貢獻：前面摘錄的研究結論，明確指出兒童的行為問題是因為父母疾病所導致的家庭功能失調所致，而不是疾病本身的影響。即使父母親患有精神分裂，孩子所處的家庭環境仍然與遺傳因子有所互動；然而，在抑鬱及人格失調的例子中，導致兒童行為問題的主因顯然是人際關係的扭曲，以及這一類家庭不當的教養方式。當然，還有其他因素也會影響

連結，例如父母因為住院長期在家中缺席、患憂鬱症的母親可能也無法幫助孩子融入同儕的活動中。然而，這其中還是有間接影響，指出父母的精神疾病很少單一運作，我們還要考慮疾病本身對兒童日常生活經驗之各層面的衝擊與影響。

實務應用上的啓示

在面對精神疾病患者的父母案例時，很明顯，我們需要採取具有家庭廣度的觀點。他們的疾病很可能會影響其他家庭成員，特別是他們的孩子。由於這些孩子是行為問題的高風險群，因此若父母的疾病得到確診，就應強制檢查孩子是否有相關的疾病，特別是因為即使非常年幼的孩子，也會受到父母脫序行為的負面影響。探討抑鬱症母親與嬰兒互動關係的研究，一再證實了這個事實。即使在剛出生的前幾個月，嬰兒就已對母親情緒上的無行為能力非常敏銳，我們可以觀察到他們抑制對他人反應的徵象；此外，親子之間的日常交流若缺乏互動，孩子就失去了學習社會應對進退規則的寶貴機會。因此，即使對很小很小的孩子，我們也要考慮父母之心理狀態可能造成的影響，尤其在產後憂鬱症盛行的今日，更應當去考量。

在規畫干預措施時，親子關係的扭曲可能是一個重要的切入點，但並不是唯一。研究人員一再發現，患有精神疾病父母在家庭生活中發生婚姻衝突的機率特別高，這反映了此類疾病所帶來的緊張與壓力。我們在前面討論的議題中曾發現，對孩子來說，最具干擾性的經驗正是父母親長期的嚴重衝突，而且會讓孩子產生各種情緒問題。為了孩子著想，也為了父母親著

想，我們應該慎重考慮為精神疾病父母所組成的家庭，提供婚姻諮詢服務的可行性。

　　一如往常，孩子對患有精神疾病的父母之反應程度，本身就有很大的差異。孩子恢復力的差異可能有幾種原因，有些與孩子本身的氣質性格有關，有些則與環境中所能取得的協助及支持有關。如果我們真的想提供有效的幫助，探討這些原因究竟是什麼，顯然非常重要，有些研究已指出了部份因素，但我們在這方面需要了解的地方還有很多。某些因素，我們將在後續的議題中討論，在此我們只指出一個重點：一個好的關係能彌補一個不良關係所帶來的所有不良後果。舉例來說，某個母親的憂鬱讓自己在情緒上無法作到一般母親能提供的親密，至少父親的關愛能夠減少這種情緒剝奪所帶來的負面效果。同樣地，面對父親的精神分裂行為，母親的努力也能保護孩子免於負面影響。若雙親都患有精神疾病（這並不是不可能），孩子正常發展的風險最大，而且也最需要其他能提供情緒支持的來源。

建議讀物

《憂鬱雙親的子女：整合性回顧》

Downey, G. and Coyne, J.C. (1990), '*Children of depressed parents: an integrative review*', Psychological Bulletin, 108, pp. 50-76.

《雙親憂鬱症之影響的焦點與過程》

Rutter, M. (1990), '*Some focus and process considerations regarding effects of parental depression*', Developmental Psychology, 26, pp. 60-7.

《雙親心理疾病與嬰兒發展》

Seifer, R. and Dickstein, S. (1993), '*Parental mental illness and infant development*', in C.H. Zeanah (ed.), Handbook of Infant Mental Health (New York: Guilford Press).

《雙親與遺傳對行為與發展的影響》

Wachs, T.D. and Weizmann, F. (1992), '*Parental and genetic influences upon behavior and development*', in C.E. Walker and M.C. Roberts (eds), Handbook of Clinical Child Psychology, 2nd edn (New York: Wiley).

議題 16

童年問題會不會持續到成年？

議題背景

　　童年初期的行為問題絕非罕見，盛行率估計值約在 7%至24%之間。甫出生的孩子就會有行為問題，可能源自出生前或出生時的併發困難。嬰兒期的行為困難，包括餵食、睡眠障礙、過度哭鬧；學齡前也同樣會發生行為問題，影響情緒及社會功能，例如侵略性、恐懼、脾氣特別暴燥、特別害羞、過度敏感、或缺乏注意力。每一種情況都可能讓父母憂心忡忡，也必須花費大量心力當成自己的問題來解決。

　　在這些憂心之外，更令人煩惱的是這些早期的行為問題，會不會對未來造成影響。無疑地，有些人總是懷疑自己是不是童年「缺陷」的不完美產物，是童年的缺憾導致了後來的心理問題。孩子早期的狀態，真能夠預測後來的情況嗎？兒童時期的困難與成年調適不良之間，真的有連結嗎？還是說，發展初期的行為問題多半屬於過渡性質，並不具任何預測上的意義？

　　目前，就這個課題上，我們可得的資料仍然支離破碎，從方法學上的難度來看，這是一點也不令人驚訝的。必須進行縱貫研究才能提供可信的資料，這些研究卻因為費時且昂貴，因

此也非常罕見。此外，任何與人類發展的持續性或中斷相關的因素，在詮釋上一定會變得非常的複雜。問題不見得一成不變，很可能換了一種形態來展現，也很可能根本就是另一個與昔日問題無關的新問題。此外，可套用在一種心理困難的說法，到另一種心理障礙卻不見得說得通：不同的症狀在預測上的意義各異，也都應該個別研究。最後，首次出現問題的年齡、當時採取的改善行動、孩子成長環境的本質和穩定性，這些因素與其他因素一樣都會影響最後的結果，所以也要納入考量。因此，要說我們的所知離理想還很遙遠，這一點都不令人驚訝。

　　然而，我們可以考慮這些研究對於提供服務方面的啟示。假設早期問題並不是過渡性質，而是具有預測性意義的話，那麼就應該更被正視，因為早期干預對預防後續困擾是非常有效的。因此，辨認出哪些種類的問題會散發長久影響力，哪些情況會導致這類問題延續下去，是非常有其必要的。這方面的知識，能幫助我們更有效的對準目標進行干預措施。此外，這個議題背後還有一個更基本的問題，那就是孩子本身的彈性應變能力和調適能力。知道了這些，我們才有足夠的資訊，去了解人類之人格發展的本質。

研究摘要

> 《學齡前到小學：行為研究》
>
> N. Richman, J. Stevenson and P.J. Graham (1982), *Preschool to School: a Behavioural Study* (London: Academic Press).

　　本研究探討由三歲持續至八歲的行為問題，受試者由 705 個家庭組成，代表倫敦附近區域家庭四選一的隨機抽樣結果。研究人員透過面談和標準化行為篩選問卷，由母親處取得資訊。從特定的干擾標準來看，約有 7%的三歲兒童有中度至重度的行為困擾，還有 15%為輕度困擾。性別、社會階層、母親工作狀態，與這些現象的關係都不強。

　　後續的追蹤研究對象，主要為 94 個問題兒童以及 91 個非問題兒童（對照組）。研究人員再次與孩子的母親進行面談，並實施標準化問卷來篩檢。結果發現，三歲時為問題兒童的 61%，到五年後還是有顯著的障礙。對問題組與對照組的比較結果指出，前者到八歲時，障礙水平還是長期偏高。某些症狀特別有長期持續的現象，例如無法安靜下來和高活動性，都是不良後果的徵兆，會在年齡更長時導致反社會行為；同樣地，早期的恐懼與後期的神經質問題有關。大致上，男孩子的問題比女孩子來得持久；中度或重度的問題，也比輕度問題更為持久。研究結果也發現，在後續追蹤期間，與對照組相較，問題組必須因應更多的外部壓力。此外，問題兒童的母親，在那五年中，同樣有心理困擾的比例也較高，有較多的婚姻問題，健康狀況

也較不佳。

　　作者的結論是，行爲問題從學齡前到入學初期的持續性非常高：「一旦孩子行爲已養成調適不良的模式，就很難改變……即使是年幼孩子最輕微的障礙，在某種程度上都是未來障礙的溫床。」同時，作者也提醒道，即使持續的現象明顯，但是對學齡前進行篩選，並無法幫助我們找出在八歲會出現困難的所有孩子，因此，還是需要長期持續的觀察。

《對學齡前流行病學樣本的後續研究》

M. Fischer, J.E. Rolf, J.E. Hasazi and L. Cummings (1984), 'Follow-up of a preschool epidemiological sample', Child Development, 55, pp. 137-50.

　　Richman 等人研究的結論之一是，行爲問題的持續性隨問題的種類而異。本篇研究只著重於行爲問題的兩個向度「內化」、「外化」，研究的發現更加強了這個看法。內化指的是壓抑、退縮、個人內在的行爲問題；外化則指侵略性、敵意、對抗環境或社會的行爲。已有人將其各別稱爲神經質傾向以及反社會傾向，同時已有足夠的證據指出區分這兩大群行爲的重要性。

　　本研究以 541 名二歲至六歲間的兒童爲基礎，研究人員在七年後再次與他們聯繫，進行追蹤。在兩次的調查中，孩子的父母都要填寫一份由 100 個項目所組成的行爲查核表，包括不同種類行爲的發生頻率，指出問題所在及嚴重程度，特別是落在內化及外化這兩個範圍的行爲問題。

　　在這兩者之間，外化性的行爲問題較具穩定性。無論男孩或女孩，學齡前的外化症狀與七年後的外化症狀有顯著的持續

性。內化行為與年齡間，並沒有這樣的穩定性。由總樣本依照兩個向度得分偏差所選取出的臨床困擾組，也有相同的結論：結果指出，有嚴重內化症狀的學齡前兒童，在幾年後，比起其他孩子並不會特別羞澀或退縮；另一方面，外化行為問題嚴重的孩子，在間隔長時間後，仍然可能表現同樣的困擾。

由於不同症狀的持續性各異，因此我們無法一概而論。然而，在此必須強調，即使外化類型的行為問題在持續性上已有統計顯著性，但程度仍然只能算是中等而已；強制進行早期干預，對某些會「自己走出來」的孩子是不必要的浪費，也可能忽略了某些初期看來「正常」，但稍長卻發生困擾的孩子。作者關心的是，「令人印象深刻的是，發展過程所蘊含的彈性；行為表現方面的中止，比行為表現的顯著持續，似乎更為常態。」

《幼兒行為問題的穩定性》

S.L. Rose, S.A. Rose and J.F. Feldman (1989), '*Stability of behavior problems in very young children*', Development and Psychopathology, 1, pp. 5-19.

來自受剝奪社會背景的孩子特別容易產生行為問題。這些孩子的行為問題會一直持續下去嗎？

本篇研究檢視了一群來自低社經背景的 46 個孩子，其中許多生活在相當貧窮且受剝奪的環境中。研究人員在三個時間點對他們進行研究，分別是孩子二歲、四歲、五歲的時候，同時評估他們的行為調適程度，利用標準化的查核表，由父母提供相關資訊，並以此分別計算出外化症狀及內化症狀的得分（如上述 Fischer 等人的文獻），以及行為問題的總分。此外，研究

人員也請母親們填寫憂鬱感受及家庭面對生活壓力程度的相關
問卷。

在三個年齡點，特別是後二個，孩子們的行為困擾比例都
比剝奪較少的樣本來得高，分別為二歲的 26%、四歲的 34%、
五歲的 37%。從查核表的總得分來看整體心理疾病，每年之間
有很強的持續性；這個年齡的外化得分主要反映的是侵略性及
破壞性的社會行為；另一方面，也和前一篇文獻一樣，本研究
並沒有發現內化症狀有持續性，然而作者認為，這可能是因為
內化行為型態本身在觀察和測量上的困難所致，不見得是真的
不具穩定性。

雖然孩子的行為問題，受到母親為憂鬱所苦的程度以及家
庭生活壓力的強烈影響，然而，研究結果並未指出這兩項影響
力足以解釋長期的行為問題。行為問題似乎有自身的生命；最
後，作者也建議我們應該正視二歲孩子的行為問題，不要只當
作「過渡期」來處理；這個時期的問題已指出了長期問題的可
能性，因此亟需早期臨床干預。

《學齡前的行為問題：穩定性與變化因子》

B. Egeland, M. Kalkoske, N. Gottesman and M.F. Erickson
(1990), 'Preschool behavior problems: stability and factors
accounting for change', Journal of Child Psychology and
Psychiatry, 31, pp. 891-909.

本研究的目的在於探討學齡前到入學間，兒童行為問題的
持續程度。研究人員將四歲半的孩子分為三組（付諸行動組、
退縮不前組、正常調適組），從孩子上學第一年追蹤到八歲為止

（分組中的付諸行動組，相當於其他研究的「外化組」；退縮不前組，則相當於其他研究的「內化組」）。

在研究開始時，將孩子分組的依據是孩子們的幼稚園老師根據各種量表項目的評分，以及獨立觀察員的評分所綜合的結果。追蹤期間的評估主要仍然依賴教師在查核表上的答案，以及教師們對孩子在自尊及社交能力上的評分，同時也採用觀察員所提供的各量表評分。此外，研究人員也評估在孩子的生活環境中與孩子的接觸點，例如孩子的家庭生活經驗、家庭受到的生活壓力、母親的精神狀態等。

研究結果發現存在著相當程度的持續性。一開始被分到付諸行動組及退縮不前組的孩子，在就學的前三年內，大致仍有相同的問題；而正常調適組的孩子也沒有什麼變動。特別是付諸行動組的孩子總是會持續相同種類的行為問題，這一點再次確認了其他研究對外化症狀持續性的看法。沒有任何徵象指出，孩子會在度過學齡前階段後，自然「走出」原本的問題。

然而，有些孩子的確會往改善的方向移動。解釋這種中斷現象的主要理由是因為母親憂鬱症狀的改變：當母親的憂鬱減輕時，孩子的功能通常就會改善；當母親的憂鬱加重時，孩子也很可能會惡化。同樣的，在孩子發展的中斷及家庭生活壓力改善或趨惡之間，也有一定的關係。因此，孩子在學校中的調適，與他們在幼稚園的調適有關；然而，這條路並非一成不變，根據這項研究的結果指出,會受到孩子之家庭生活經驗的影響。

《難以駕馭的學齡前兒童之後續研究：9歲兒童的調適與持續
症狀的預測因子》
S.B. Campbell and L.J. Ewing (1990), ‘*Follow-up of hard-to-manage preschoolers: adjustment at age 9 and predictors of continuing symptoms*’, Journal of Child Psychology and Psychiatry, 31, pp, 871-90.

　　本篇報告源自對持續性最具企圖心也最徹底的研究計畫，焦點主要在「難管的」幼稚園孩童，也就是其他研究所指的外化或付諸行動兒童。本篇報告描述了到九歲爲止的追蹤結果。

　　研究人員從孩子三歲時開始，依照父母親的報告，辨識出29個「過動、叛逆、難管教、注意力時間短暫」的孩子，並搭配被父母認爲沒有上述問題的對照組。經由與母親的面談、父母親填寫的人格屬性查核表、兒童遊戲、及與母親互動的觀察，以及家庭本身的資訊，得到非常大量的數據。

　　兩組孩子在六歲和九歲時再次接受評鑑；在此我們只著重在後面的這一次。同樣的，透過與母親的面談、問卷、查核表，再次取得了大量的資料；同時也測量了家庭壓力及擾動的程度；此外，研究人員也請孩子的教師填寫記錄表格，提供心理特質方面的資訊。然後進行不同年齡的比對。

　　結果顯示，被視爲難管的三歲孩子到了九歲的時候，與對照組相較，仍然比較有行爲探制方面的困難，包括侵略性及作對的行爲、過動、不專心、衝動，由父母及教師的報告看來，這些行爲無論在家中或在學校都非常明顯。在極少數的例子中，孩子的情況已經嚴重到必須接受醫療。研究人員發現，許多症狀在這六年間都還是有持續性：具侵略性及過動的三歲孩

子們，通常（並非總是如此！）到了九歲時仍然具侵略性，也仍然過動。此外，根據母親在孩子三歲時的報告，其實孩子在嬰兒期就已經非常難纏，易怒、睡眠少或不規律、生氣時很難安撫。研究也發現，難管組比對照組，在家庭方面有更高的不穩定性。

同一研究者對更大樣本、更多測量值的進一步研究（Campbell et al., 1994），確認並延伸了外化症狀在不同年齡的持續性。並非所有孩子都有這樣的持續性，早期問題較嚴重的孩子才較可能持續，特別在家庭環境紛紛擾擾且不具支持性時更是如此。

《行為異常的遺傳與演化：從嬰兒時期到成年初期》

A. Thomas and S. Chess (1984), 'Genesis and evolution of behavioral disorders: from infancy to early adult life', American Journal of Psychiatry, 141, pp. 1-9.

由 Thomas 和 Chess 主持的紐約縱貫研究，從孩子嬰兒初期開始追溯行為發展的種種努力，非但廣為人知，而且備受景仰。這個研究為各種主題添加了新的知識，包括與本議題相關的材料。由於該研究延伸至成年階段，因此更令人興味盎然。

定期取得 133 個孩子的資料，評鑑項目包括孩子在家中的行為、在學校的行為、在標準心理測驗情境的行為，同時也包括父母的態度及教養孩子的方式。由於兩位共同主持人都是兒童心理學家，也難怪這項研究特別著重在兒童行為問題的系統化臨床研究，這部份主要透過與父母親的面談，以及孩子遊戲時間及面談來完成評估。

　　研究中，辨識出 45 名有臨床問題的孩子，大多數（41 名）診斷為調適困難，其中 26 名為輕度、10 名中度、5 名重度，多半在三歲到五歲間首次出現這方面的問題。進入青春期前，多數（25 名）已復原，有 2 名已改善，3 個維持不變，11 個反而惡化。成年初期生活中，復原的人數增為 29 名，另外有 5 個從青春期算起有改善；未復原也未改善的孩子多半惡化，而非維持原狀不變。此外，在 13 到 16 歲間，增加了 12 個臨床案例，之前並沒有任何徵象。

　　因此，童年發生的行為問題，許多到最後的結果是不壞的。然而，為數相當的案例並沒有改善，有些甚至還會惡化。根據這項研究，我們發現要預估早期臨床問題的後續發展，一點都不容易。

對研究結果的檢討

　　在對持續性這個現象有適宜的了解之前，還有許多工作要進行。正如上述研究所顯示，預測孩子的發展是高度複雜的問題，因為持續性其實受到許多條件的影響：我們試圖預測的年齡範圍、發生時間的長短、樣本的本質、兒童家庭生活的情況以及這些情況是否穩定、行為問題的類型與嚴重程度，這些原因加上其他因素，都可以解釋為什麼研究結果有這麼大的差異，也解釋了為什麼我們很難對持續性提出一個概括的看法。

　　幸運的是，由於這個問題在理論及實務上都非常重要。已經有愈來愈多的研究投注於此，也得出了一些正面的發現：重要的是，我們了解早期的行為問題不見得只是不用正視的過渡

現象，在某些情況下，代表的可能是長期持續的嚴重困擾。特別在我們已經知道哪些行為問題類型必須考量後，現在需要探討的是，所謂的*某些情況*究竟為何。外化和內化的分別，已經被研究證實是很好的區別方式，而前者也再三被證實比後者更可能持續。我們必須承認，某些行為問題的發展過程，一定與其他的行為問題有很大的不同。

到目前為止，這個主題的研究仍然以描述性研究為主，主要目標是確定持續性是否存在。不過，研究人員也開始嘗試著探討持續性或沒有持續性之背後的原因。舉例來說，我們並不知道為什麼外化症狀比內化症狀會持續得更久；也不知道為什麼某些孩子會被困在問題中，而有些孩子卻能「走出來」；我們也不知道，孩子經驗中的哪一部份會影響到某些行為問題的持續性。現在的研究探討的多半不止於孩子本身，還包括環境的層面，例如母親的心理狀況、家庭所面對的生活壓力；多數的研究發現問題的持續性，與這些情況有或多或少的關係。而且，某個條件的改善，往往另一端也會有所反映；同樣的，惡化也會在兩端同時發生。我們所不了解的是其中的因果關係，舉例來說，是不是因為孩子自發性的改善，才使得母親的感受得到裨益，並減輕了母親的負擔；還是因為環境壓力的抒解，使得孩子走上復原之路。明顯的，了解其中過程是非常重要的，特別當我們希望能有效的幫助孩子時尤然，這些，都必須是未來工作的焦點。

實務應用上的啟示

　　如果在生命初期就展現出特定行為問題的孩子，日後也比較容易發生困難的話，我們就該把這些孩子當作「高風險群」，並且應該安排早期的治療性干預措施，這一切不只是為了提供一時的協助，更是為了防患未然。我們必須承認，針對所有這類孩子設計干預方案，對於會「走出來」的孩子，的確是一種資源的浪費（同時也錯失了原本沒有問題，卻在日後產生行為困擾的孩子）。明顯地，我們有必要將「高風險群」定義得更精確一些；然而，在我們知道夠多之前，有些人認為（如 Thomas and Chess 所提出的），正由於我們很難由早期的診斷，預測出失調的發展情形，因此更應該準備積極地介入每一個案例。早期所提供的治療協助，也許可以幫助當事人因應相關的因素，而不是坐待困擾發生或消失，相關的因素包括可能長期持續並帶給孩子各發展階段負面影響的家庭失和。在這樣的案例中，孩子環境條件的改善，也許可以中斷讓孩子童年的困擾延續至青春期、成年階段的惡性循環。

　　然而，若要進行有效的干預措施並避免後續疾病的發生，我們必須知道哪些因子要為心理困擾的持續性負責，我們知道在這方面我們還是一無所知。一般人對內發性失調的解釋，例如心智障礙或精神分裂，多半認為這是孩子本身的問題，環境的影響力有限，也因此不值得以環境為改善目標。然而，在行為問題的案例中，情況絕非如此。無論遺傳因素扮演了什麼樣的角色，已有足夠徵兆指出家庭情境等外部因子絕對曾參與其中。特別要點出的證據就是，孩子行為問題的持續性與家庭不

良環境的持續性之間的相關，確認這一點之後，我們可以說後者的改善會帶來前者的變化。也就是說，我們要把孩子放在整個家庭情境中來看待。

雖然早期困難的孩子，較可能在日後也遭遇困難，然而，不同縱貫研究所發現的持續程度，也並沒有大到足以對個別孩子進行預測。目前，我們無法確定某個早期有行為問題的孩子，必然在日後會產生臨床問題。當然，許多這一類困難純粹屬於暫時性的發展失調，或者只是對特定壓力的短期反應，並沒有任何長期後果上的意義。沒有必要造成父母的驚慌：在大致滿意的家庭情境下所產生的單一症狀，並不足以作為未來問題的指標。即使像過動和侵略性這種外化症狀，究竟會不會延續到以後，也還是未定之數：這些孩子的風險在於他們未來比較可能表現類似的問題，但是我們到現在還無法針對每一個個案來作預測。此外，我們也可以從日後發生心理失調的孩子身上，看到非持續性的現象，這些孩子不必然都是早期就受到干擾者：有些臨床症狀就是突然出現，事前毫無徵兆可言。

大致說來，持續性的說法一直是探討人類發展過程中，最令人感到興味的焦點。日後的人格特質可以追溯到生命早期的行為表現和事件，也就是孩子是造就成年之父，這種說法在直覺上有一定的可信度，自從弗洛依德的作品問世以來，一直受到學界的景仰。但是，事實上我們愈來愈清楚，發展過程的複雜性之高，根本無法讓我們對持續性作出一個明確扼要的結論。少數人會質疑在發展過程中是不是真的有某種脈絡存在，各年齡間是不是真的有連結。孩子環境劇變和我們所不了解的內在力量所導致的非持續性的確存在，而且使得利用早期反應預測日後發展成為一件危險之事。至於早期偏差的治療能預防日後困難的相關證據（背後的動機也許是一個不那麼受支持的

想法：病患愈年幼，治療愈容易），到目前為止還不能導出什麼
結論，在多數的情況下，這個只是假說而不是得到證實的事實。

建議讀物

《學齡前兒童的行為問題：臨床與發展上的議題》
Campbell, S.B. (1990), *Behavior Problems in Preschool Children:
Clinical and Developmental Issues* (New York: Guilford).
《行為調適不良的持續性》
Caspi, A. and Moffitt, T.E. (1995), '*The Continuity of maladaptive
behavior*', in D. Cicchetti and D. Cohen (eds), Manual of
Developmental Psychopathology, vol. 2 (New York: Wiley).
《由童年通向成年的羊腸小徑與康莊大道》
Robins, L. and Rutter, M. (eds) (1990), *Straight and Devious
Pathways from Childhood to Adulthood* (New York: Cambridge
University Press).

議題 17

家境困難會影響心理發展嗎？

議題背景

　　一項自相矛盾的事實是：某些世界上最富裕的國家，卻有令人難以安心的高兒童貧窮率。1991 年的美國，就有 22%的18 歲以下兒童具有官方認可的貧窮資格，也就是與他們生活的家人，現金收入低於貧窮門檻。更甚的是，在各年齡層中，兒童是最貧窮的，不但比整個成年族群貧窮，甚至還比 65 歲以上的族群更貧窮。基本上，貧窮並不是平均分佈於社會各階層的現象，最容易受貧窮侵襲的團體則是種族弱勢團體和單親家庭，這些族群的孩子是我們最關切的部份。

　　關於貧窮的定義，向來一直爭論不休，該把貧窮定義成一種剝奪的絕對水平？還是要和當今（所以會浮動）的社會標準來比較？無論如何定義，共同的擔憂是，這個問題，即使在西方國家，也可能對孩子的發展造成長遠的影響。當然，貧窮會直接影響孩子的身體狀況，影響所及包括營養不良、疾病；然而，貧窮如何影響孩子的心理發展，卻是直到不久前才成為研究的主題。我們已經知道，在某些情況下，貧窮的孩子較可能發生學習困難、智商偏低、行為問題、犯罪問題；然而，一直

到最近，才有人試著去確定發展方面之負作用的精確範圍，並探討背後發生的因素。哪些層面的社會情緒行為會受牽連？在哪種情況下，最可能發生負面的後果？用什麼機制來解釋貧窮和心理失調之間的關連？哪些人最脆弱？哪些人能逃過一劫？這都是目前社會科學非常重視的問題，希望能在政策及行動的層次上，提供答案及協助。

研究摘要

《兒童在長期與突發性家庭經濟困難中的心理調適》
K.E. Bolger, C.J. Patterson, W.W. Thompson and J.B. Kupersmidt (1995), '*Psychosocial adjustment among children experiencing persistent and intermittent family economic hardship*', Child Development, 66, pp. 1107-29.

貧窮的經驗不見得人人皆同，不同的貧窮經驗可能造成不同的影響。本篇研究比較的是長期貧窮及間歇性貧窮的區別，也就是一直處在貧窮狀態的家庭，以及在貧窮狀態進進出出的家庭。只在單一時間點研究這些家庭的橫貫研究，可能會錯失這個區別，因此我們需要進行縱貫研究。

共有 575 個兒童分為三組：分別來自長期貧窮、間歇性貧窮、沒有經濟困難的家庭。在第一次接觸時，孩子們都在八至十歲之間；並在隨後的三年每年定期評鑑，評鑑主要集中在孩子之學校競爭力的幾個領域，例如行為調適能力（特別包括侵

略性、付諸行動等外化問題，以及焦慮、羞怯等內化問題），孩子在校是否受同學歡迎的同儕關係，與自我價值和自尊相關的自我概念。研究人員分頭取得相關資訊，包括教師、同學、父母與孩子本人。

結果很明確的指出，在所有學校競爭力的評估範圍中，來自長期貧窮家庭的孩子，得分是最差的；來自間歇性貧窮的孩子得分稍佳；而未曾經歷經濟問題的孩子，得分最佳。第一組的孩子也遭遇了範圍廣泛的心理困難，在所有領域的起步都落後於其他孩子，通常在就學期間也仍然長期居後。這些孩子的調適程度沒那麼好，無論外化或內化問題的發生率都較高；比起其他孩子，他們受歡迎的程度較差；自我價值和自尊的感受也較低。此外，研究發現，若母親對孩子在校表現毫不關心也不參與的話，孩子負面效應的發生率會最高；也有徵象指出，長期經濟困難與心理調適之間的連結，在男孩身上比女孩更為明顯。

由這些研究結果，我們可以得到的結論是，貧窮會造成孩子心理社會化各方面的負面影響，而且可能是非常徹底的影響。然而，貧窮的效應並非千篇一律，要看貧窮持續的時間、孩子的性別、父母親的反應來決定。

《經濟匱乏與早期的兒童發展》

G.J. Duncan, J. Brooks-Gunn and P.K. Klebanov (1994), 'Economic deprivation and early childhood development', Child Development, 65, 196-228.

本研究試著揭開貧窮這個普遍性標記背後的意義，並檢視究竟孩子經驗中的哪個層面，會影響在經濟剝奪環境下的心理

發展。在此，研究人員的考量，同樣包括家庭問題發生的時間
（與時機）。此外，研究人員一方面試著去評估收入有限的相關
影響，另一方面也試著去評估單親、種族、社會階層等相關因
素的影響。

　　數據來自一項縱貫孩子生命前五年的研究中，處境居劣勢
且出生體重偏輕的大型樣本。期間除了定期評估家庭收入之
外，也包括居住社區的貧窮水平。此外，研究人員也取得兒童
在家中所接受的刺激量、母親的心理狀態、母親的因應能力。
在五歲時，並評估孩子的智力發展（智商）和行為調適能力。

　　和前一篇研究一樣，再次證實貧窮的持續性是一個重要因
子。家庭經濟困難的時間點，是在五年的前半還是後半，則對
孩子的 IQ 和行為調適得分都沒有什麼影響。因此，貧窮的效
應是累積性的。此外，貧窮的效應是真實的，收入的短缺遠比
其他相關因素造成更長遠的影響。前一篇研究所述的來自女性
單親家庭的孩子智力表現較差，可能是因為這些家庭收入偏低
所致。另一方面，研究也發現，居住社區的貧窮水平在某些層
面上的影響力還超過家庭本身的貧窮：舉例來說，居住社區的
低收入戶愈多，孩子產生行為問題的機率也愈高；另一方面，
富裕鄰居的聚集則似乎能增加孩子取得較高 IQ 得分的機會。
儘管如此，父母在家中的行為才是最重要的：如果任由貧窮影
響父母提供有效學習環境的能力，或母親因此憂鬱而無法因
應，孩子的心理調適也會遭殃。

　　貧窮似乎透過非常複雜的方式來影響孩子的發展，本研究
清楚的指出，即使孩子不滿五歲，成長在經濟困難條件下，仍
然會產生明顯的傷疤。

《雙親工作狀態的改變與青少年》

C.A. Flanagan and J.S. Eccles (1993), '*Changes in Parents' work status and adolescents' adjustment at school*', Child Development, 64, pp. 246-57.

本研究將經濟困難的時間向度區分為四種：研究進行的兩年期間長期失業的家庭（剝奪組）、在這段期間內曾失業的家庭（衰退組）、期間內一直有工作的家庭（穩定組）。一開始失業但在研究結束前終於找到工作的家庭（復原組），研究興趣主要集中在這些家庭的青春期子女，特別是正值學校轉換期間的子女（例如小學升中學），因為這段期間普遍被認為對許多孩子都是壓力極大的時期。研究要探討的問題是，孩子因應壓力的能力，是否受父母親的工作狀態之影響，也就是同時必須因應家庭及學校雙重壓力的孩子，是否比同儕更容易產生不良的影響。

883 名 11 歲孩子，在進入新學校前進入試驗，並在之後的兩年接受追蹤研究。這些孩子來自當時美國官方失業率為 8% 至 27% 的地區，並在二年結束時，才分類成上述四組。研究人員對孩子在兩個學校時，都進行相同的評鑑；社交能力，也就是孩子與同儕相處的技能、以及處理壓力及沮喪的能力，由孩子的教師評分；至於破壞行為的程度，例如拒絕用功、打架、破壞學校財產，則由孩子自陳。

多數孩子在適應新學校時，或多或少都有困難，這一點可以由在第二個學校時的評鑑得分較低看出。然而，除了剝奪組的孩子之外，衰退組的大多數孩子惡化的情況最嚴重。據教師的報告，比起穩定組或復原組的孩子，這些孩子較不具社交能力，在學校的行為也較具破壞性。適應家庭的新財務情況的壓

力，與適應新學校的壓力同時發生時，對衰退組的孩子造成更
多的調適干擾程度，比其他各組都高，甚至包括追蹤研究期間
家庭經濟情況穩定不佳的剝奪組。

《經濟困難的家庭處理模式與青少年的調適》
R.D. Conger, K.J. Conger, G.H. Elder, F.R. Lorenz, R.L. Simons
and L.B. Whitbeck (1992), '*A family process model of economic
hardship and adjustment of early adolescent boys*', Child
Development, 63, pp. 527-41.

　　1980 年代橫掃美國中西部的農業危機，影響了無數的家
庭，造成了相當大的經濟困難以及大規模的失業，本篇正是研
究團隊探討此事件對家庭影響的系列報告之一。藉由對走過這
場危機之家庭的研究，研究團隊找出了家庭如何在心理層面上
受到影響，以及這些效應是如何層層傳遞影響了他們的子女。

　　研究樣本超過 200 個家庭，每個家庭至少都有一個青春期
子女。這些家庭居住於重度依賴農業的地區，雖然全屬中產或
中低產階級，但是有爲數可觀的家庭其收入在官方的貧窮界線
以下。研究人員以漫長的面談、各種問卷、家人互動的錄影記
錄，作了詳細的探討。由這些資訊衍生出的大量數據，主要集
中在個人特質、家庭成員關係的品質、家庭的精確財務環境。

　　得到的資訊指出，效應其實是一系列反應的結果，始於父
母的工作況態劇變、收入銳減，進一步導致父母的憂鬱沮喪，
對未來感到悲觀、情緒也較不穩定，結果使家庭關係品質惡化。
一方面婚姻衝突開始升溫，另一方面也對子女管教造成負面的
影響。對青春期孩子越見疏離、不像從前那麼支持、更冷酷、

更易怒的雙親，使孩子心理調適惡化，發生各種行為問題的機率也隨之增加。

對這一系列反應的探討，讓我們能證實父母對待子女方式的改變，正是貧窮對子女產生的最主要效應。財務壓力本身因為造成子女生活型態的轉變、降低購買力，與父母爭論金錢的使用成為日常生活的一部份，的確也會造成衝擊。然而，主要還是因為父母管教子女方面的變化，這一點在父母身上是相等的，而且使孩子產生各種情緒及行為方面的問題，家庭中劍拔弩張的氣氛，更影響了在學校的行為及學業表現。

《貧窮、親職、兒童的心理衛生》

J.D. McLeod and M.J. Shanaban (1993), '*Poverty, parenting, and children's mental health*', American Sociological Review, 58, pp. 351-66.

本篇報告的研究人員也發現，家庭貧窮歷時的長短是很有用的指標。對某些家庭而言，貧窮是一輩子的事；對某些家庭來說，貧窮為時短暫。研究人員將貧窮分為兩個向度：一是現在的貧窮水平，另一則是現在水平的持續時間（以孩子在這種情況下已度過生命的百分比來表示），並建立這兩者與兒童心理健康、家庭功能等指標的連結。

數據取自美國一項仍在進行中的普查，對象為 1,344 位母親，以及她們四到八歲的孩子共 1.733 名。研究人員每年定期與母親面談，每次都取得收入、家庭關係、兒童行為的資訊。研究人員特別挑出管教子女方面的兩個層面：母親對子女在情緒上的回應程度、體罰的使用。研究人員也要求母親填寫評分

表，爲子女各種行爲問題打分數，包括外化項目（主要與品行及反社會行爲有關）及內化項目（憂鬱及焦慮）。

研究結果顯示，貧窮的兩個向度似乎會造成不同的效果。持續性主要與內化問題有關：孩子在經濟困難下生活愈久，愈可能覺得不快樂、憂鬱、焦慮，由於這些孩子年齡還小，而且即使排除了現有的貧窮水平，這個效應還會持續下去，因此這個相關性非常值得注意；後者則與外化問題相關：愈窮困的孩子愈可能產生破壞性行爲、過動、同儕衝突、反社會活動。

母親的行爲也受到這兩個向度不同的影響。現在的貧窮水平愈強，母親愈容易體罰孩子，對孩子的情緒反應性也偏低，這個現象可以假設，貧窮的壓力使她們無能力以支持性的方式回應孩子的情緒需求。出人意料的是，貧窮的持續性卻有相反的效果，至少從體罰的數量來看是如此：已經貧窮很久的母親，打孩子的機率比其他母親都還少，這個現象可能是因爲她們已經適應現在的狀況，因此不像才遭遇貧窮的母親那麼緊繃。到目前爲止，這項發現的型態對樣本內所有種族都一樣，我們因此必須做這樣的結論：所有貧窮的孩子，無論種族爲何，所得到的管教在某方面都必然與其他孩子有差異，也因此導致較不利的心理狀態。在此，如果真的想要了解貧窮對孩子的衝擊，我們必須正視家庭的運作過程。

《生於貧窮之低出生體重、早產兒的恢復力之早期指標及其
與家庭環境之關係》
R.H. Bradley, L. Whiteside, D.J. Mundfrom, P.H. Casey, K.J.
Kelleher and S.K. Pope (1994), ‘*Early indications of resilience
and their relation to experiences in the home environments of
low birth weight, premature children living in poverty*’, Child
Development, 65, pp. 346-60.

　　面對貧窮，不是每個孩子都受到相同的影響。有些孩子就
是更能迅速恢復，因此必須知道迅速恢復的來源為何，這也正
是本研究的動機。

　　研究樣本為 243 名兒童，他們不只是出生於貧窮家庭，還
要因應早產且出生體重不足的生理壓力，這是常與貧窮一起出
現的障礙。研究人員追蹤研究至他們三歲為止，到三歲的時候，
只有 26 名這樣的孩子在健康、生長、行為、認知發展上都堪稱
正常。這些孩子被定義為「具恢復力」，並拿來與樣本中其餘孩
子比較，比較項目包括父母親所提供的刺激、支援、結構，家
中是否有學習教材，家庭中是否有適當的經驗，家庭環境是不
是安全、穩定、不會過度擁擠。

　　研究結果發現，具恢復力的兒童與其他孩子的不同之處在
於，他們能從父母身上得到更多的回應、接納、刺激、有組織
的照護；他們的家庭環境也較安全、不那麼擁擠。這些孩子的
家庭經驗中，有六個層面構成了所謂的「保護性指標」：父母親
的回應、接納、刺激變化、提供學習材料、安全遊戲區域、不
過度擁擠。這些保護性指標少於三個的孩子，基本上毫無成為
具恢復力的機會；指標數目超過三個的孩子，較可能顯示恢復

力的早期徵兆。

由研究結果看來，貧窮與早產結合所產生的雙重風險是非常明顯的。不管如何，看到某些同樣暴露在這些不良風險下的孩子，的確克服了障礙，而且（在三歲時）功能正常，探討恢復力來源的努力就值得了。

對研究結果的檢討

對貧窮之心理效應的探討，已有更精緻的傾向，不再只是單純比較不同收入水平的孩子，然後討論「貧」是否真的與「富」不同。現在已進展到標籤背後的真實面，探討經濟剝奪與經濟安全這兩種情況，對孩子日常生活經驗的影響。

這個問題，需要動態而非靜態的研究方法。除了將貧窮視為多少固定的因子之外，現在研究人員已體認到家庭財務狀況的變化，而不只是財務來源的絕對水平，影響了家庭成員的心理立足點。上面摘錄的幾個研究都指出，收入突然下滑的家庭會每況愈下，即使衰退後的收入仍高於其他長期貧窮的家庭亦然。貧窮和心理影響之間的關係是相對的。此外，貧窮造成的心理影響主要出自家庭關係的品質，對孩子來說更是如此。貧窮的確有直接影響，例如學習機會受限、缺乏教材而影響孩子的智力發展，或因為消費能力不如其他青春期同儕，而對青春期子女的自我價值觀造成影響。然而，正如各項研究不斷指出的，對孩子來說，最重大的影響仍來自於家庭關係的改變，他們可能目睹更多的婚姻衝突，父母的管教方式也處處設限、日漸嚴苛。因此，若想了解貧窮對孩子的影響，我們應該由家庭

的觀點來引導未來的研究。

同時，貧窮也顯然不會以均一的方式作用：貧窮的後果與決定孩子實際貧窮程度的因素有關，包括貧窮的程度、屬於暫時性還是永久性、居住社區的普遍貧窮程度、貧窮對父母親的影響、家庭的社會支持、孩子的年齡及性別，除此以外沒有別的。找出這些因素，並了解這些因素如何影響孩子的日常貧窮經驗，是這個領域研究的主要任務。

實務應用上的啓示

貧窮並不是一種對所有孩子都有相同的影響力。首先我們需要進行診斷，才能知道某個孩子或某群孩子對貧窮經驗會有什麼反應，唯有如此，我們才能提供有效的協助。

在所有影響孩子反應的因素中，最需要正視的無疑是父母對貧窮的反應。家庭觀點不僅是最適宜的研究切入點，在實務及政策上更是如此。失業和經濟困難如何影響父母的心理狀態，如何影響婚姻中的關係，如何改變父母對待孩子的行爲，這一切都可以解釋後者的心理發展。父母親的心理健康受影響時，孩子的心理也要受到折磨；光是幫助孩子，不考慮整個家庭的環境，很可能只是浪費時間。這的確是研究得出的眾多重要訊息之一：貧窮會改變家庭關係的整體氣候，除了物質上的剝奪之外，也爲孩子帶來需要克服的種種困難。Elder、Conger和他們的同僚證實了，貧窮的效應的確會由父母層層傳遞給子女（前面已提過），父母親所提供的心理支持可能是幫助孩子最有效的單一方法。貧窮的家庭之所以陷於混亂，是因爲父母正

陷於自己的困境而無法自拔；對孩子的敏銳程度降低、照顧不足的結果，孩子比較容易受到同儕的不良影響，產生反社會和品行上的問題，這又回頭來使得家庭關係惡化。在這個序列反應的任一點上，進行外力干預措施都是合理的，但是我們必須從整體來考量，包括父母本身的心理狀態。

　　無疑地，貧窮對孩子的心理健康是一個風險因子，更由於貧窮會帶來其他的風險因子，包括不良的居家品質、危險的社區環境、醫療照護不足、學校品質低落、生命中的機會受限等等。舉例來說，出自貧窮家庭的子女，更可能在較差的學校就學，甚至連幼稚園都比較差，然而，這正是貧窮中成長的孩子即將遭遇的諸多困難的一項指標。在這些情況下，如果希望能設計有效的協助方式，我們對問題所在應進行多角化的攻擊。我們也要在此強調，在這種環境下長大的孩子中，有相當比例非但能逃過一劫，而且還能發展成為功能良好的個體。他們如何能辦到這一點，是我們還必須去探討研究的，這樣才能將這寶貴的教訓運用在其他沒那麼幸運的相同境況孩子。無疑的，穩定且支持性的家庭扮演了重要的角色，然而，這也引發了另一個問題：某些父母如何能因應貧窮所帶來的長期壓力，並為他們的子女維繫這樣的家庭，關於這個問題，我們仍然需要進行研究。

建議讀物

《脫離貧窮：什麼使兒童造成差異？》

Chase-Lansdale, P.L. and Brooks-Gunn, J. (eds) (1996), *Escape from Poverty: What Makes a Difference for Children?* (Cambridge: Cambridge University Press).

《生於經濟大衰退的兒童》

Elder, G.H. (1974), *Children of the Great Depression* (Chicago: University of Chicago Press).

《生於貧窮的兒童：兒童發展與公共政策》

Huston, A.C. (ed.) (1991), *Children in Poverty: Child Development and Public Policy* (New York: Cambridge University Press).

《經濟壓力：對家庭生活與兒童發展的影響》

McLoyd, V.C. and Flanagan, C. (eds) (1990), *Economic Stress: Effects on Family Life and Child Development* (San Francisco: Jossey-Bass).

議題 18

哪些孩子會發展出反社會人格？

議題背景

反社會行為有很多種形式，但是在定義上，反社會行為指的是對社會正常功能有破壞性並干擾他人福祉的行動。無怪乎人們花這麼多力氣試著去控制！

如何控制一直都還是一個未解的問題，然而，一般來說，大部份的人都同意預防是最有效的方式，也就是確保孩子的成長不會投向任何不法的活動。根據在各國進行的各種自陳調查結果指出，大多數的年輕人都曾在某個時候犯下社會所不容許的行為；然而，這些現象往往被視為特定發展階段的常軌（通常是青春期初期），孩子通常很快就會走出來，因此這些行為並不具預測上的意義。當違反社會規定變成具有吸引力的生活方式，也變成一種慣性，特別是導致成年犯罪時，我們不禁想知道這一類過程的根據為何，也想知道早期的步驟是否能夠有預防的效果。

任何相關行動都必須建立在諒解上；我們需要特別去了解哪些因素會導致反社會行為的發生。大多數的假設認為，個人的早期生命史可以解釋日後的結果，因此任何不良的行為都可

以追溯到早期生命史的某個點。我們也耗費了不少心力在追索犯罪的蛛絲馬跡，特別是當事人的家庭經驗、父母親的態度、人格形成年代所受到的管教。也因為如此，一般的假設是反社會行為多少是由父母為孩子植入的，所以父母親應該為此負責，也應該受到責備。許多較早期的研究想要確定，這樣的父母與守法子女的父母有何不同，希望對這些父母所採取的行動，能預防他們的孩子產生反社會行為。

然而，與發展的許多其他領域相同，先天後天的爭論在這裡還是會插上一腳，認為罪犯是先天如此，而非後天造成，反社會行為的種子就在當事人的遺傳組成中。這樣的說法可追溯至數個世紀前，然而近幾十年來，關於這方面的爭論已擺盪到環境主義者這一端，鮮少有人探討先天因素是否在反社會行為佔有影響性地位，即使只是一丁點。一直到最近，由於行為遺傳學的科學研究，人們才再次去面對犯罪可能不只是「後天學習」的結果，其起源其實更為複雜，是先天與後天多重影響力交纏作用的結果。

過去二三十年來，技術上更精緻的新研究，已為這個問題找出一點方向，特別是縱貫研究更為有效，一方面直接取得早期事件的資訊，另一方面也可以由當事人後續的生活經驗中追尋這些早期事件的後果。現在我們已能取得這些縱貫研究的結果，證實我們是否能由早期發展的事件預測後續結果，對反社會行為根源的追索上也特別有幫助。

研究摘要

《侵略性在不同時代與世代的穩定性》

L.R. Huesmann, L.D. Eron and M.M. Lefkowitz (1984), '*Stability of aggression over time and generations*', Developmental Psychology, 20, pp. 1120-34.

　　在所有形式的反社會行為中，人際暴力特別受到關切，也特別費力去了解其根源。一個可能是，侵略性是相當穩定的傾向，直到引起社會注意前，很難隨著時間修正。本篇研究追蹤大規模樣本長達 22 年之久，探討是否能夠從童年初期的侵略性程度，預測成年的嚴重反社會行為。

　　由超過 600 名當年八歲的兒童取得原始數據，以同儕提名的指標，也就是同學對孩子不同情境之行為的評分，評估孩子的侵略性。在這些孩子當中，約有 400 名孩子繼續追蹤至 30 歲，此時的侵略性則由常用的人格量表之自我評分來評估，也包括受試者配對家庭暴力行為的評分、過去十年是否有官方定罪的記錄，以及每次犯罪嚴重程度的評分。

　　結果指出，在這 22 年中，侵略性是非常穩定的特質，男性尤其明顯，穩定表現的程度和智力差不多。就學初期所顯示的侵略性很可能會轉變成成年初期嚴重的反社會侵略性行為，例如犯罪行為、肢體侵犯、對子女或配偶施暴。當然，侵略性的實際形式及量會因年齡而異；然而，當事人與他人的相對定位則非常穩定。八歲時位於分佈頂端的孩子，到三十歲時很可能

還是位於分佈頂端，這意味著侵略性是相當穩定的特質。此外，在不同世代間也有相似的穩定性：由當事人父母取得的數據，以及（如果可以的話）由當事人子女取得的數據都指出一個明顯的趨勢：具侵略性的父母親通常也有侵略性的子女。因此，一定有某些作用機制在跨代特質傳遞中運作著。

《影響犯罪率的社會與父母因子》

I. Kolvin, F.J.W. Miller, M. Fleeting and P.A. Kolvin (1988), 'Social and parenting factors affecting criminal-offence rates', British Journal of Psychiatry, 152, pp. 80-90.

人們有一個信念，無論當事人的本質在反社會行為發展上扮演什麼角色，在社會剝奪的情況下成長，本身就是舉足輕重的風險因子。Kolvin 和同僚們藉由檢視一個樣本超過千人的縱貫研究數據，有機會一探這個信念的虛實，探討在剝奪家庭成長的孩子，比起非剝奪家庭的孩子，日後犯行的風險是不是較高。

受試者構成了完整的出生同期群，全部都是在英國 Newcastle1947 年某二個月間所出生的孩子，研究人員在不同的時間點評估這些孩子以及他們的家庭，直到孩子 33 歲為止。評估項目之一是家庭遭剝奪的程度，根據六項指標來測量：婚姻不穩定性、父母親的疾病、家庭及孩子照顧不力、社會依賴性、過度擁擠、母親無能力教養。從這些指標看來，57%的家庭並沒有任何遭剝奪的徵兆；在至少有一項受剝奪的 47%中，14%經評鑑遭受多重剝奪，他們至少在三項指標上得分。

　　從官方犯罪記錄看來，我們可能會認為當事人童年及成年初期的反社會行為與遭受剝奪的家庭背景有關。在所有樣本中，10.2%在十五歲生日前曾有犯行，15.9%在 15 至 33 歲間有犯罪行為，其中男性的比例偏高得驚人。犯罪率隨著受剝奪程度而成長：分析指出，犯罪率增加的幅度高達四倍以上，由未受剝奪組的 6.3%到遭多重剝奪組的 29.2%。某些剝奪形式似乎比其他形式更為有害：特別是反映父母照顧品質的指標，更是具有本質上的重要性。

　　本研究的主要發現是，犯罪率的急劇成長與原生家庭受剝奪的程度有關。來自高風險的重度剝奪家庭背景的男性，約有 60%會產生犯罪記錄。其他連結剝奪與犯罪的可能機制，根據作者的說法，可能是受剝奪家庭中充滿壓力及脫序的氣氛，使當事人從小就缺乏自我約束的觀念，因此便向反社會活動靠攏。然而，作者也承認，家庭的影響力也很可能透過孩子個人的人格特質而傳遞的，這些都必須納入考量。

《城市貧窮與青少年的家庭背景》

R.J. Sampson and J.H. Laub (1994), ‘*Urban poverty and the family context of delinquents*’, Child Development, 65, pp. 523-40.

　　1950 年時，Sheldon 和 Eleanor Glueck 發表了一篇青春期犯罪的研究報告，現在已被視為經典之作。他們詳細探究 500 名少年犯罪者及 500 名非少年犯罪者的生活，這些孩子全都在經濟大蕭條年代，成長於波士頓的貧民窟。研究目標是找出造成兩組間差異的影響因子，並進一步了解反社會行為的起因。

　　本篇報告以不同的理論取向重新分析 Glueck 的數據，並重新給予詮釋的觀點。特別是，作者相信家庭對子女的社會控制會削弱少犯罪的風險，希望探討哪些家庭運作過程可能使貧窮有導向犯罪的可趁之機。Glueck 對這兩組兒童，已蒐集了大量的社會、心理、生理方面的特質資訊，當時這些孩子都在 10至 17 歲間，全為白種男性；研究人員也藉由面談及觀察（在盡可能的情況下）取得家庭方面的資訊，建立家庭運作過程及輕罪間的連結。輕罪的確定以父母親、教師、男孩本人的報告以及官方記錄為基礎。

　　結果指出，父母親的三種特質特別重要：嚴苛且喜怒無常的管教、缺少督導、親子連結薄弱。這三項全都與孩子的輕罪有明顯的關係：舉例來說，被認為缺少督導的子女中，有 83%犯下輕罪；但督導部份得分高的孩子中，只有 10%如此。作者認為，家庭的貧窮並不會直接造成犯罪；貧窮的效應是間接的，主要在於抑制家庭對子女進行非正式社會控制的能力，讓家長管教過嚴、減少督導、削弱他們示愛的能力。這三個父母親的特質，對孩子的確會造成直接的影響，並導致反社會行為的發展形成。

　　然而，根據研究結果指出，孩子的本質在犯罪行為的產生上也有影響。從小就明顯易怒、不能安靜、即使在前幾年就有高度侵略傾向的「難管」孩子，也會挫敗父母在管教方面的努力，使父母管教更傾向過度嚴苛，也減少督導及情緒依附的表達。由於孩子本身的特質，孩子也影響了父母對待他們的方式；同時，無論孩子天性如何，父母親的管教也對青春期犯罪造成影響。想要完整了解反社會行為，似乎需要著重於兒童的本性與家庭社會化技術這兩種影響力間，極度複雜的互動關係。

《始於兒童期的侵略性與反社會行為之發展：青少年發展之
劍橋研究的關鍵發現》

D.P. Farrington (1995), 'The development of offending and
antisocial behaviour from childhood: key findings from the
Cambridge Study in Delinquent Development', Journal of Child
Psychology and Psychiatry, 36, pp. 929-64.

最初由 Donald West 主持，並由 David Farrington 接手的劍
橋研究，是探討始自童年的反社會行為發展過程，並指出某些
孩子特質中風險因子的最具企圖心的研究之一。研究樣本為
411 名來自倫敦市區的八歲孩子，並定期評鑑至 32 歲為止。在
每次後續追蹤時，研究人員透過面談及測驗，得到居住環境、
關係、教育、職業、人格特質、休閒活動、犯罪行為等方面的
大量資訊。總體來說，在為時 24 年的追蹤期間中，共進行了 8
次資料蒐集工作，期間的樣本流失率則是罕見的低。

研究以城區男性為樣本，產生了大量犯罪自然史的相關資
料。舉例來說，到 32 歲時，超過三分之一曾有官方犯罪記錄，
犯罪高峰年齡則為 17 歲。17 歲前即有犯行的孩子中，將近四
分之三會在 17 至 24 歲間再度犯罪；青少年輕罪犯中，將近一
半會在 25 至 32 歲間再度犯罪，這代表了反社會行為的持續性。
此外，早歲即有犯行的孩子，往往是最持續的犯行者。青少年
罪犯也往往有其他「偏差行為」，例如抽菸、酗酒、濫用藥物、
賭博、不負責任的性行為。

在樣本尚無任何犯罪的八歲時，與未來的非犯行者相較，
未來的犯行者在許多層面上，已有顯著的差異。舉例來說，他
們在校被評為愛惹事生非、撒謊、過動、缺乏注意力；他們通

常來自較貧窮且成員眾多的家庭；他們較可能也有犯罪的雙親；父母親的管教方式通常也是過度嚴苛且喜怒無常、督導不週、執行規定也往往較鬆懈。在許多孩子必須離校的 14 歲時，這些差異仍然存在。

　　總之，在八歲時，對日後犯行最重要的預測指標主要有六個領域：一、童年的反社會行為，二、過動及注意力不足，三、智商偏低及學業成就欠佳，四、家庭犯罪，五、家庭貧窮，六、家長管教方式欠佳。第一項指標，指的是教師對孩子惹事生非的評分，結果證實這是後續青少年犯罪的最佳預測因子。早期惹事生非與日後犯輕罪的持續性，很少受到轉學、被判有罪等生活事件的影響；持續性應該是來自個人，而非環境。然而，我們必須再次提醒，持續性並非絕對，因為即使這項研究也發現，多數少年輕罪犯者到 32 時都可以過著成功的生活。

《暴力及非暴力犯罪的氣質與家庭預測因子：從 3 歲到 18 歲》
B. Henry, A. Caspi, T.E. Moffitt and P.A. Silva (1996),
‘*Temperamental and familial predictors of violent and nonviolent criminal convictions: age 3 to age 18*’,
Developmental Psychology, 32, pp. 614-23.

　　多年以來，紐西蘭的一項縱貫研究（the Dunedin Multidisciplinary Health and Development Study）已發表多篇寶貴的報告，研究樣本是約 1000 名孩子的出生同期群，從童年起至成年初期，每兩年進行追蹤研究，評估一系列心理、醫療、社會方面的狀態。所取得的數據對於尋找反社會行為的根源特別有用，本報告的目的在於描述環境及個人差異的互動，如何

產生反社會行為。

以 18 歲前是否曾被法庭定罪為依據，從樣本中抽選出三組：從未被定罪者，曾被定罪但非暴力犯行者，曾因暴力被定罪者。本研究只探討男性，因為適用最後一組定義的女性少之又少。組間比較所用的量測項目包括童年早期氣質的評估（情緒傾向和瞬間注意力），母親及家人的各種特質，如父母態度、母子互動、父母變動、及居所變動次數。

研究結果引發的主要結論是，在 18 歲以前是否已被定罪，主要是受到家庭因素的影響，例如父母變動的次數、居所變動的次數、是否單親。然而，從犯罪類型來看，暴力及非暴力型的區別，主要是當事人氣質的問題，這在早年就已經是非常明顯了。作者對此的詮釋是，一定有兩個不同的程序在運作：一方面是社會約束，由家庭有效的社會化能力來決定；另一則是自我約束，也就是孩子先天的情緒控制能力。這兩個程序中，某一個無法適當運作，當事人就會採取下列路徑之一而產生反社會後果：第一，孩子開始投入相對輕度的犯罪行為，可能到童年晚期都還沒開始，後因家庭破壞等環境壓力才引發；第二，也是較不祥的後果，孩子從很早開始就投入頻繁的暴力活動，並持續至成年。

社會約束的崩解，通常從家庭開始，會增加反社會行為的風險；而孩子的個人特質，則決定了反社會行為的形式是暴力或非暴力性。不管如何，缺乏社會約束及自律能力這兩者的結合，正是最嚴重犯行的最佳舞台。

《始於童年及始於青春期的男性反社會行爲問題：從 3 歲到 18 歲的自然史》

T.E. Moffitt, A. Caspi, N. Dickson, P. Silva and W. Stanton (1996), 'Childhood-onset versus adolescent-onset antisocial conduct problems in males: natural history from age 3 to 18 years', Development and Psychopathology, 8, pp. 399-424.

和前篇報告一樣，本報告的數據也是來自 Dunedin 的縱貫研究，目的是希望確定一個說法：我們必須將反社會的年輕人，作出童年早期即已有明顯問題以及青春期才發生問題的區分。

樣本中以當事人的生命史爲基礎，在 18 歲時選取出兩組，一組是從五歲起即持續表現反社會行爲的男孩，另一組則是青春期有反社會表現，但之前從未有此跡象。不同來源（父母報告，教師、自陳報告、警方及其他官方記錄的資訊）的資訊，都證實了這個區分的有效性。童年早期即持續表現反社會行爲的男孩，他們的心態直至成年似乎都完全不會改變，這輩子就這樣走上行爲問題的不歸路。另一方面，到青春期才表現出反社會行爲的男孩，童年的風平浪靜後卻緊接著青春期的犯罪歲月，這可能只是過渡階段，不會成爲普同的生活型態。與青春期才表現出反社會行爲的男孩相較，童年早期即持續表現反社會行爲的男孩，到青春期中段前各年齡的反社會得分都顯著偏高；到青春期中段時，前者才突然偏離常態水平，開始展現與後者相同的犯罪行爲。然而，即使到這個時候，童年早期即持續表現反社會行爲的男孩，暴力犯行的發生率仍然高於前者。

這兩組在其他方面也有差異，童年早期即持續表現反社會行爲的男孩在第一次進行評估的三歲時，即已令人擔憂，報告

的陳述是他們有氣質上的缺陷，出現過動、衝動、情緒化的傾向、注意力不足、極端的侵略性等症狀。此外，這些孩子也遭遇父母不盡職及負面的家庭社會條件，在各種認知、語言、運動領域上也有明顯缺陷。到 18 歲進行人格評估時，這些孩子對社會抱持著極端敵意、疏離、質疑的態度，對他人的感受麻痺不仁，偏好衝動魯莽而非三思而後行的生活型態。這些特質沒有一項會在青春期才表現出反社會行爲的男孩身上出現，因此後者的心理與社會特質與非犯罪者無異。

目前爲止，本篇報告只追溯這些男孩的生活史到 18 歲爲止，因此關於他們成年後的調適，也只能以推測的方式進行。然而，中肯的說法是，許多童年早期即持續表現反社會行爲的男孩，受到許多反社會特質的影響，相關因素包括與家人疏遠的感受、提早離開學校、失業機會偏高、酗酒嗑藥、認爲自己的犯行永遠不會被抓到…等等。在這樣的基礎上，作者預測反社會行爲會滲透到不同的生活區域，包括不法活動、工作失敗、伴侶及子女成爲犧牲品。另一方面，到青春期才表現出反社會行爲的男孩，非但較不具有負面的人格特質，也較能逃過多數可能讓他們走上反社會行爲不歸路的影響力。作者的預測是，這些孩子成年後，在與伴侶建立關係及守法傾向的協助之下，會開始復原。這些預測，可以用未來的追蹤研究加以驗證。

對研究結果的檢討

找出反社會行爲的成因，已成爲最複雜的工作。即使這方面的成就仍然有限，然而，如果我們有心了解反社會人格的發

展過程，各項長期追蹤研究也已累積出不少有用的資訊。近年來發掘的各種複雜發現仍然需要再次確認，舉例來說，Henry 等人認爲家庭方面的力量，解釋了個人是否會成爲犯行者；而人格特質則解釋了犯行的類型。同樣地，許多研究報告認爲遺傳因素在某些類型的犯罪中扮演著某種角色，但是在其他類型的犯罪中沒有，這種想法也必須證實。確定的是，反社會行爲並不是均質化的實體，舉例來說，童年早期即持續表現反社會行爲的男孩，與青春期才表現出反社會行爲的男孩之間的區別，也意味著對不同類型的反社會行爲，我們需要採用不同的解釋。

　　研究也指出，要回答哪些人會產生反社會傾向的問題，總是要同時考慮個人與環境特質。前者指的是遺傳傾向、性別、先天氣質，後者指的是家庭運作、父母親的行爲、社會背景。這些全部都可能與反社會行爲的引動有關，沒有任何一個可以完全負起全責。舉例來說，社會剝奪已被證實是一個風險因子，然而即使在受到多重剝奪的孩子中，也只有少數會走上犯罪之路。遺傳或先天氣質的情況也是如此：這些都只是一種傾向，可能會也可能不會使當事人踏上犯罪之途，結果要看其他力量來決定。我們可以把早期就有無法控制行爲型態的孩子，當作高風險群，與負面的家庭成長背景結合後，風險就會增強，但是在安全的家庭情境下，風險就會削弱。到目前爲止，我們應該已找出大部份與反社會行爲相關的當事人因子；想當然的，不同研究報告指出的因子清單一定有相當程度的重疊（舉例來說，上述報告中 Sampson 和 Laub 舉出的三種父母特質，也有其他研究者認爲與反社會行爲有關）。然而，這些因子如何互相作用，怎樣的結合會導致反社會行爲的發生，是我們還不清楚，也是需要更進一步研究的工作。

實務應用上的啓示

我們不能假裝反社會行為的解答就在前頭的轉角等著我們，很明顯的，我們必須拋掉單一因子的解釋方式，不能認為一切都是缺乏父母管教或單親家庭所造成的，因為這種說法非但於事無補，也無法將我們對問題的了解提升至行動的層次。舉例來說，童年中段高水平的侵略性足以作為後續犯罪生涯的風險指標，知道這件事本身並沒有多少實際的用途：這些孩子絕不是全部都會成為罪犯，反過來說，也不是所有的罪犯在小時候都有高度的侵略性。只憑單一特質進行預測，會造成太多的偽陰性及偽陽性反應，因此並不適合作為預防措施的基礎。

然而，當事人的早期生活史，仍然是目前我們對後續犯罪的最佳預測因子之一。根據計算，從事嚴重及持續反社會行為的孩子中，約有 40 至 50%的孩子成年後會繼續從事反社會行為；成年犯中，曾為反社會兒童的比例還更高。前面引用的研究中，童年早期即持續表現反社會行為，比起到青春期才表現出反社會行為，對未來更有中肯的預測意義：這些孩子在三歲時即已風波不斷的事實，意味著預防應該盡早開始。預防方程式還需要進一步的調整，加入環境因子，特別是孩子所處的家庭環境；然而，風波不斷的孩子與不良家庭狀況的結合，已是我們就目前所知，能以干預措施切入的最接近案例了。

孩子先天的氣質與其他個人特質，也必須納入反社會行為發展的考量，這個事實是研究對實務工作的重要貢獻之一。一般人的觀點是，犯罪行為是由「此處以外」的力量所致，指的就是某些父母並未善盡管教之責，也因為如此，一般人都認為

笨拙或心不在焉的父母，或本身即為罪犯的父母，要為孩子的
不當行為負全責；背後的假設是，只要父母教養子女的方法能
夠改善，孩子就能夠正常的發展。當然，不良的教養和家庭環
境的確與大多數的青少年犯罪有關，這是毫無疑問的，然而，
我們卻很難證明其間真的有因果關係存在。特別是父母過度嚴
苛的管教、督導不週、親子關係薄弱，也發現與孩子長期的反
社會行為有關，不安全的居住環境和家庭組成的經常變動也有
關係。然而，另一個事實是，即使父母親的教養方式十全十美，
還是有孩子會發展出反社會的傾向；就像出自可怕教養環境的
孩子，也可能會成為高貴守法的公民。這之間並沒有一對一的
直接相關：環境對孩子的影響，會因為當事人個人特質而異。
因此，只針對父母採取預防措施，事實上用處有限，還是得考
慮孩子的個人情況才行。對每一種親子組合的合宜行動，必須
考慮牽涉在內的所有人物才行。

建議讀物

《童年與青春期的行為異常》

Kazdin, A.E. (1995), *Conduct Disorders in Childhood and Adolescence*, 2nd edn (Beverly Hills: Sage).

《行為異常》

Robins, L.N. (1991), '*Conduct disorders*', Journal of Child Psychology and Psychology, 32, pp. 193-212.

《少年犯罪與行為異常：潮流、型態、因果關係的解釋》

Smith, D.J. (1995), '*Youth crime and conduct disorders: trends, patterns and causal explanations*', in M. Rutter and D.J. Smith (eds), Psychosocial Disorders in Young People: Time Trends and their Causes (Wiley: Chichester).

議題 19

體罰會造成心理傷害嗎？

議題背景

　　我們已經知道，父母過於嚴苛的管教是許多日後發展出反社會傾向者之典型童年經驗的一部份。我們很難證實這樣的處理，是不是真的會導致孩子的行為：一方面，父母的行為也同樣可能是由於孩子人格中既有的特質，例如侵略性所引發（也就是說，因果的方向是孩子→父母）；另一方面，嚴苛的管教方式往往與其他情況同時出現，例如父母親冷淡或排拒的態度或督導鬆懈，很可能就是這些因素對孩子造成了重要的影響。儘管如此，一般的說法是，暴力本身正是暴力的溫床，當父母親對孩子嚴苛以對時，他們正在扮演角色典範，讓孩子以為暴力是一種適當的自我表達方式。

　　無論如何，將嚴苛管教延伸至所有形式的體罰，包括大多數的父母（根據英美進行的各項普查，比例約在 80 至 90%之間）毫不遲疑的偶發性輕度責打。已有幾個歐洲國家立法禁止父母進行任何肢體性的懲戒，無論多輕微都不行，瑞典早在 1979 年就已如此立法。有一些壓力團體提議道，這項禁令應延伸至其他國家，理由是這麼做可以降低孩子的侵略性行為，並

減少社會上的暴力。也有人認為,這麼做可以降低兒童肢體受虐的機率。

顯然的,這是非常重要的提案,已有證據指出父母對待孩子的方式,往往正是他們童年被對待方式的反映;如果從小被對待的方式只有嚴厲,那麼我們應該認真考慮任何可以切斷暴力循環的措施。儘管如此,會如此嚴厲的父母應該只佔了少部份;大多數的父母只在認為體罰有效且無害的情況下,才會偶爾責打孩子。這些父母錯了嗎?這麼做會不會讓孩子覺得拳頭才是老大,蠻力是解決問題的合法管道,並助長暴力的氣氛呢?對肢體受虐兒童的研究,大多數的證據都指向體罰及日後調適不良或反社會行為之間的連結;然而,關於「正常範圍」體罰與其效應,我們很難取得相關的證據。但是,我們正需要這方面的資訊,才能作出是否所有的體罰都應立法禁止的結論,因此,下列摘錄了檢視非虐童性體罰對兒童影響的極少數研究。

研究摘要

《家庭體罰與兒童之後對幼稚園同儕的侵略性》
Z. Strassberg, K.A. Dodge, G.S. Pettit and J.E. Bates (1994),
'*Spanking in the home and children's subsequent aggression toward kindergarten peers*', Development and Psychopathology, 6, pp. 445-61.

已有研究檢視了體罰對兒童心理發展的立即性影響,另外有些研究關心的則是較長期的效應。本篇報告正屬於前者,主

要目的是記錄父母責打學齡前子女與子女對幼稚園同學之侵略行為的關係。

樣本總數為 273 名五歲大的男童及女童，來自美國中部某兩個州的不同背景家庭。研究人員與孩子的父母面談、進行問卷調查，以了解他們最近 12 個月以來最常用的管教方式。研究人員小心的區分體罰的嚴重程度（「打屁屁」、「責打」、「揍一頓」），並以定量指標表示用力的程度。這些孩子的父母被分為三組：未使用體罰組、打屁股組、暴力組。約在六個月後，個別觀察孩子在遊戲場和學校教室的行為，以評估他們對其他孩子的侵略性程度，這些觀察是在幾週內，選取六天來進行。

大多數的家長都屬於「打屁股組」，只有少數為「暴力組」，更少數為「未使用體罰組」。打屁股組的子女，比未使用體罰組的子女，有更多人表現出侵略性行為；然而，最具侵略性的孩子，還是暴力組家長的子女。最不具侵略性的孩子來自雙親皆未使用體罰的家庭，如果雙親中只有一方不使用體罰，而另一方仍使用的話，孩子的侵略性水平會提高。到目前為止，最具侵略性的孩子，正是來自雙親都歸在暴力組的家庭。

本研究發現了父母親管教型態與孩子侵略性水平之間的關係，然而，我們也要提出兩項警言：一是孩子侵略性與是否遭受打屁股懲罰間，的確呈現正向關係，然而侵略性與被打屁股次數間並無關係，也就是說，無論孩子在之前被打一次還是很多次，其實並沒有多大關係；二是這一類研究在建立親子行為之因果關係時，常遭遇到的問題，正如作者所指出的，這些研究結果只呈現了相關性，並不能證明父母親對待孩子的方式，的確會導致孩子的侵略性水平。

《美籍非裔與美籍歐裔母親的體罰紀律：與兒童外化行為的聯結》
K. Deater-Deckard, K.A. Dodge, J.E. Bates and G.S. Pettit
(1996), '*Physical discipline among African American and
European American mothers: Links to children's externalizing
behaviors*', Developmental Psychology, 32, pp. 1065-72.

　　上篇報告的相同研究團隊，進行了本篇所引用的研究，同
樣是要探討父母親以肢體方式管教與孩子行為之間的關係，採
用的是不同的研究方法及不同的樣本，研究目的之一是想知道
以單一種族群組（白種歐裔美籍人氏）所得到的結論，能不能
推廣到其他種族群組。

　　樣本由 466 個歐裔美籍家庭及 100 個非裔美籍家庭組成，
在孩子五歲和八歲時進行評估，評估項目包括以各種方式評估
母親對肢體管教的使用，例如呈現幾個孩子行為不當的假設性
插曲。各種來源的資料合併計算出一個綜合得分，以表示母親
依賴體罰管教孩子的程度。對孩子的評估項目主要在於他們的
外化行為，也就是他們的侵略性、敵意及一般品行問題，資訊
來源包括教師、同學、母親，同樣也合併計算得到一個整體得
分。

　　本項研究的主要發現摘錄如下：這兩個綜合得分在歐裔美
籍樣本中，有很顯著的相關性，但在非裔美籍樣本中卻並非如
此。前者樣本中，父母親體罰程度愈高，孩子外化問題的發生
率也愈高；後者在兩者間並無關係。對非裔美籍的孩子來說，
甚至有嚴苛體罰降低侵略性及外化得分的趨勢。

　　我們很難解釋為什麼會有這種型態上的差異，作者提出的
一個可能是：體罰的意義，在這兩個文化群組中是不同的。對

至少為數可觀的非裔美籍家庭來說，不使用體罰會被視為未盡父母的職責。此外，這些家庭的孩子並不認為父母的體罰代表缺乏溫暖和關心。另一方面，在歐裔美籍家庭中，父母任何權威的表示通常會受到負面的看待，包括子女本身和整個白人社會都是如此，也因此更可能導致孩子行為的不良效應。

無論如何，要推廣體罰相關影響的研究是有限制的，對某個群組成立的結論，對另一個群組並不見得如此。我們將接著看到，還有其他必須考慮的限制因素，會進一步削弱父母管教與子女發展間的直接關係。

《激烈體罰與父母的關心品質，孰能解釋青春期適應不良問題》
R.L. Simons, C. Johnson and R.D. Conger (1994), '*Harsh corporal punishment versus quality of parental involvement as an explanation of adolescent maladjustment*', Journal of Marriage and the Family, 56, pp. 591-607.

這項研究已轉向體罰機率較過去降低的青春期，也因為如此，這個時期的體罰，非常明確的通常是嚴苛且極具侵略性的管教方式。此外，在青春期的孩子屁股上輕拍一記，已被視為是不適合這個年齡的舉止，因此這個時期的體罰往往是另一種更嚴重的形式。本篇研究報告檢視了青春期體罰對青少年調適之各層面的效應。

研究人員對 332 個青少年的家庭定期蒐集資料，這些青少年在研究開始時約為 12 歲，研究結束時為 15 歲。在前三年中，研究人員每年拜訪各個家庭兩次，進行面談與問卷調查，同時錄影記錄各種互動情形，錄影結果進行不同評分量表的編碼，

評估各成員的互動品質。主要想評估的兩項教養項目，分別是體罰及父母親參與的程度，前者得自父母親對手摑或以其他物體打孩子的自我評分，並與青少年對同樣問題的答案併計得分；三年的得分再合併成一個指標，代表父母親過去三年來使用體罰的情形。在這三年中，依照親子關係品質、特別是溫情、關愛、督導、穩定性，同樣得到父母親的參與程度之綜合得分。最後，研究人員挑出三個項目來代表青少年的調適程度，分別是侵略性、犯罪、心理健康，資訊取自第四波由青少年自己提報的資料。

　　為數不少的青少年曾受過體罰，然而，在研究進行的三年中，體罰發生率的確有下降的趨勢。比起女孩，男孩更多人受過體罰，但是父母親在體罰的使用上，並沒有差異。至於效果方面，體罰並不會導致調適程度之三個層面惡化（侵略性、犯罪、心理健康）。對比鮮明的是，這三個層面全都與父母親的參與程度有顯著關係，對男孩和女孩都有相同的發現。因此，我們並不能從體罰的數量，來預測青春期任何的負面後果，很可能父母參與程度中的兩個變數：興趣缺缺、虎頭蛇尾，才是該為此負責的。雖然這些負面的父母特質也往往併有體罰的頻繁使用，然而很可能是這些特質影響了孩子的發展，而不是處罰的形式。也就是說，只探究處罰的角色，卻不考慮情境中的關係類型，很可能會呈現出誤導大眾的圖象。

《父母親的懲罰：其影響的縱貫分析》

M.M. Lefkowitz, L.R. Huessmann and L.D. Eron (1978), '*Parental punishment: a longitudinal analysis of effects*', Archives of General Psychiatry, 35, pp. 186-91.

現在，我們的焦點將從立即性的效應，轉至長期的效應，也就是懲罰子女的父母，會不會將子女造就成日後的苛刻父母？本研究的團隊曾進行多項侵略性發展的矚目研究，多數為縱貫研究。

該研究基本上仍屬縱貫性質，資料取自大量的受試者，時間間隔為十年：第一次蒐集資料時，孩子只有八歲大；第二次時，孩子已是高中畢業一年後的小大人了。在第一個時間點上，研究人員由父母、同學、孩子本人蒐集大量的資訊，其中包括父母使用體罰的程度。處罰量表的設計，包括父母親對假設性的輕罪之反應，研究人員將反應程度區分為低（例如：好好告訴他別這麼做）、中、高（如：揍到他哭出來為止）。在第二個時間點上，研究人員與這些小大人面談，並請他們填寫父母親十年前填寫過的相同量表，請他們想像自己已經有了一個八歲大的孩子，請他們指出在每種叛逆行為中，他們會使用的體罰程度。此外也由自陳量表，取得這些小大人所習慣的侵略性及反社會行為的資訊。

研究人員沒有辦法揭露嚴苛父母與他們成年子女之間的直接關係，這部份是由於另外兩個變數：IQ 和社經階級，在十年之久當中，對孩子嚴苛與否的影響，遠遠凌駕於父母親當年所採用的處罰種類。舉例來說，若身為低 IQ 且低社經階層的男孩，再加上高侵略性的助威，可能會讓當事人相信嚴格處罰的

效果；父母親的行為型態其實意義不大，只是在女孩的案例中會更有力量一些而已。至於父母親處罰對子女日後侵略性的效果，我們在男性中可以看到某些關係，但在女性中則沒有。

再次的，我們發現，在父母管教對子女發展的課題上，無法建立全盤通吃的結論。一方面是因為性別差異的存在，另一方面是因為結果可能要看所探討的發展結果之類別而異（嚴苛→侵略性）；更重要的是其他變數，例如 IQ 和社會階層的凌駕性影響。

《日常生活的體罰：世代間的觀點》

H. Stattin, H. Janson, I. Klackenberg-Larsson and D. Magnusson (1995), '*Corporal punishment in everyday life: an intergenerational perspective*', in J. McCord (ed.), Coercion and Punishment in Long-Term Perspectives (Cambridge: Cambridge University Press).

這項始自 1950 年代的瑞典研究，是對 212 名孩子由出生至青春期的長期追蹤研究。在這段期間，研究人員每年至少定期拜訪這些家庭一次，每次都取得相當多的資訊，這些資訊包括從孩子六個月起至 16 歲為止，父母的教養方式，以及父母本身童年時的處罰經驗。因此，我們可以同時檢視樣本中的體罰盛行率，以及父母親受管教的歷史對自己對待孩子方式的影響，以及這些處罰對孩子的效應。

在追蹤這些年來處罰進行的情形時，作者區分出輕微責打與狠狠揍一頓的差別，責打通常從孩子六個月時就開始，在四歲時達到高峰，到 16 前即已一直衰退。然而，經常性責打的高

峰出現的時間則更早，約在 18 個月大時，有三分之一的女孩及將近一半的男孩幾乎每天受到母親的責打。在四歲的時候，幾乎所有的母親以及 75%的父母曾責打過他們的孩子。到 16 歲時，所有的孩子都曾經過過最少某種程度的體罰。另一方面，揍一頓的發生機率就低得多，也有不同的年齡趨勢。揍一頓的高峰發生在九歲。即使如此，70%的父母報告道，他們曾在孩子 6 到 14 歲間，紮紮實實的揍過孩子一頓。

檢視父母自身的歷史，我們發現母親責打女兒的頻率，與她們自身在童年時期挨打的次數有明顯相關性；然而，這個相關性在兒子身上並不明顯。對父親來說，他們童年受管教的經驗對他們管教子女的方式，影響就小多了，而且無論對女兒或兒子都一樣。在這個樣本中，世代間的持續性其實相當有限。

在重複進行的面談中，研究人員由母親處取得她們子女的品行問題資訊，也就是子女之破壞性、侵略性、不聽話的程度。這些問題的程度與父母親的處罰有顯著相關性：其中之一愈高，另一個也會攀升，然而男孩的相關性比女孩還高。當然，我們必須再強調一次，在進行因果關係的推論時要格外小心。本研究的結果並不能幫助我們區分出，究竟是父母要為孩子的行為負責，還是孩子的行為問題造成了父母的管教方式。

對研究結果的檢討

目前已發表的研究中，對於體罰是否會造成孩子不良的影響，我們只得到一個較確定的結論：我們還不知道。目前為止的這些結果，還無法幫助我們勾勒清楚：有些似乎說即使是「非

凌虐性」的處罰也會加重侵略性；有些卻又認為，在考慮其他相關變數後，這樣的處罰其實沒有效應；還有一些研究結果認為，處罰的效果只在某些環境下成立，在其他環境就不是如此了。明顯的，目前沒有任何經證實的裁定，我們還需要更清晰的研究才能取得答案。

會造成這令人沮喪之現象的背後原因，其實正是因為進行這一類研究在方法學上的難度。很明顯的，我們需要一定的條件控制，才能得出可信的研究結果。一方面，我們必須區別嚴苛的凌虐性處罰，以及在「正常範圍」內的輕微處罰：從前者得出的結果，並不能概括後者。另一方面，這個問題的探討必須仰賴縱貫研究，才能梳理出因果關係。更重要的是，親子的資料必須分開獨立蒐集：如果由父母親提供雙邊的資訊，很可能使資料受到污染。最後，我們必須能控制管教方式中可能與處罰相關的其他變因，例如父母親對子女的情緒參與程度，這可能比處罰本身對孩子有更深的影響。可惜的是，目前已發表的研究都缺乏這樣的防衛機制。

在對 35 篇父母的非凌虐性處罰之結果的相關研究進行評論時，Larzelere（1996）指出有 9 篇文章（26%）主張對孩子有益、12 篇文章（34%）主張對孩子有害，剩下的 14 篇（40%）則認為是中性的（非益非害）。雖然許多研究都有方法學上的缺失，然而，方法愈健全的研究，往往也是那些發現正向結果者。儘管如此，整體的結論還是，這個主題需要更多品質更好的研究。

實務應用上的啓示

由於目前得出的證據還不能幫助我們作出什麼結論，因此也無法爲父母提供確定的準則，但這本身就已經是非常有用的結論了：每個國家都有一些壓力團體，致力於廢除父母體罰子女的合法權利，但是他們往往引用斷章取義的研究結果，認爲這些研究結果已證實各種輕重不一的體罰，都會對孩子造成情緒上的傷害。特別是宣稱這些研究，在處罰以及體罰接受者在童年及日後的肢體暴力間，已找出正面的相關性。這並不是合理的結論：正如前面摘錄的研究以及 Larzelere 的評論所指出的，整件事其實極爲複雜與混淆。

因此，目前並不能確定立法通過禁止父母以肢體方式處罰子女的作法是對的。並沒有任何指標顯示，摑打會造成心理上的傷害；即使在已立法的歐洲國家，也沒有證據指出肢體受虐兒童的社會暴力已因此而降低。光是立法，的確不可能阻擋那種會凌虐子女的父母繼續拿孩子來出氣；也沒有證據指出，責打孩子會造成更嚴重的結果。在任何情況下，在阻止父母責打孩子時，我們應該小心父母是不是會轉而採取其他也並不好的管教方式：口頭凌虐、孤立、冷嘲熱諷，都可能比啪的一聲更具破壞力。

我們已經知道，大多數的父母都是自然而然就啪了那麼一下，立法者不應該干預這種自發性行爲，除非能夠證實父母親的這些行動的確有害。然而，我們在文獻中並看不到這樣的證明。除非未來的研究能證明這麼作有害，我們才能以法令的方式禁絕父母親這種自發性的行爲。

建議讀物

《對父母使用非凌虐式或慣常式體罰之檢討》

Larzelere, R.E. (1996), '*A review of parental use of nonabusive or customary physical punishment*', Pediatrics, 98, pp. 824-28.

議題 20

哪些孩子天生性格脆弱易受傷害？

議題背景

　　每個人對壓力的反應各不相同。面對顯然相同的環境，有些人就是會被打敗，有些人卻毫髮無傷。孩子與成人都一樣有這種差異，也因此引發了這個問題：什麼叫做性格脆弱？

　　事實上，這個問題在近年已轉為：什麼會造成性格脆弱？或者現在一般人比較喜歡的問法：什麼會造就恢復力？我們曾經只把注意力集中在受害者，也就是被剝奪、適應不良、忽視被其他這一類壓力給壓垮的孩子。這一點都不令人驚訝，因為這些孩子原本就極需協助，更何況原本就是因為他們的痛苦，才讓整個社會開始檢討暴露在某些經驗下是否會產生有害的影響，也因此正視預防措施的重要性。舉例來說，一旦確定在某些情況下，失去母親會導致子女人格發展上的嚴重缺陷，甚至可能是長期的效應時，就可以採取矯正和預防行動，前提是這樣的經驗一定會影響孩子。

　　到了最近，一個現象已變得更明顯，某些遭遇相當創傷的孩子，仍然能夠完整的走了過來。因此，並不是每個失母的孩子都會變得沒有感情，我們應該說比起在一般家庭中成長的孩

子，這些孩子之心理疾病的發生機率可能偏高。當然了，這一點對於任何致病因子其實都是適用的：並不是所有抽菸的人都會得肺癌，抽菸和肺癌的相關性，只是建立於抽菸者得肺癌的機率高於非抽菸者的事實。這樣的統計連結，已足以讓社會針對菸品消費採取必要的行動。然而，在個人的層次上，我們根本無法只是從有沒有抽菸，就預測出誰會得肺癌。其他因素也必須加入我們的預測方程式，才能讓我們知道誰會被擊垮，誰能存活下來。

尋找這些其他因素的研究，正是現在關心兒童對不同壓力之反應者所在意的，也是我們在此要介紹並討論的。另一方面，有些脆弱因子會讓某些當事人更脆弱，也有些緩衝性的影響力能產生保護效果。這些因素可能就在孩子身上（例如先天氣質、性別、出生狀況…等等）或外面（例如貧窮、不穩定的生活型態、家庭失和）。無論本質為何，若能夠分開探討這些影響力，我們就已經比「剝奪是有害的」這類概括性的推論更前進一步，也更能夠知道在何種環境下會讓剝奪產生有害的效果。與其被大多數人的反應和團體的平均值所左右，我們還可以探討這些例外，也就是逆著機率而行能夠毫髮無傷地因應負面事件，卻不用付出慘痛代價的人們。了解每個人抗壓性不同的理由後，可能更可以幫助我們進行預防。

研究摘要

《克服機率：從出生到成人的高風險兒童》
E.E. Werner and R.S. Smith (1992), *Overcoming the Odds: High Risk Children from Birth to Adulthood* (Ithaca, NY: Cornell University Press).

　　本篇報告衍生自在夏威夷可愛島進行的優秀研究，是眾多系列報告之一。針對某一年出生的所有兒童（約 700 名）由出生開始追蹤至成年，資料蒐集的時間點分別為一歲、二歲、十歲、十八歲、三十二歲。這些孩子中，為數可觀的孩子暴露於不良因素下，例如出生時的併發症、長期貧窮、家庭不穩定、父母親的心理疾病。因此，一點都不令人驚訝的，許多孩子發展出某些嚴重的行為問題；但是，我們換個中肯的角度來看，就會發現其他孩子（約為暴露於不良因素之孩子的三分之一）顯然毫髮無傷，最後仍然成為有信心、有能力的年輕人。從每個孩子提供的資訊中，作者把握機會探索與恢復力相關的因素。

　　其他作者也注意到的相關因子之一是：孩子的性別。在面臨各種心理及生理壓力時，整體上，男孩的恢復力較女孩差。在作者 Werner 和 Smith 的樣本中，與女孩相較，更多男孩曾發生中度或明顯的出生困難，在併發症最嚴重的孩子中，男童在嬰兒期死亡的比例也偏高。脆弱性的性別差異在生命中第一個十年依然如是：比起女孩，更多男孩有學習和行為方面的問題，需要治療服務或安置於特教班；也有更多男孩發生需要醫

療照護的嚴重身體缺陷或疾病；面對貧窮、家庭不穩定、家庭缺乏教育刺激，也有更多男孩產生負面反應，需要教育、心理健康、犯罪防治當局的注意。然而，進入人生的第二個十年後，這個型態改變了：比起女孩，更多男孩在 18 歲前開始改善，女孩的新問題比男孩子多。儘管如此，從整個童年來看，女性面對貧窮、家庭不穩定等壓力的因應方式，似乎比男性為佳。

從生命中的前二十年來看，我們可以找出幾個能區分具恢復力與脆弱性格之兒童的心理特徵，特別是先天氣質上：舉例來說，具恢復力的嬰兒在照護者眼中，是比較活躍、對社交活動有所反應，能引發也得到較多成人注意力的孩子。這些特徵會持續進入第二年，這時孩子已具有良好的技巧，能參與正向的社交互動、顯示相當程度的獨立性、反應快、熟悉需要處理資訊的任務。也因為如此，這樣的孩子較可能融入父母之支持性且提供足夠刺激的互動，演變出結合提供自己意見與需要時要求協助的因應型態。

雖然恢復力的早期特質也能夠預測日後的恢復力，但是在孩子對壓力之反應的相關因素上略有變化。嬰兒期的相關因素主要是健康和先天氣質；到童年中期時，主要是家庭功能，例如親子關係的品質、管教方式是否一致、情緒支持的多寡；到青春期，則主要是個人內在的問題，特別是自尊。即使到這個階段，社會環境還是一直有影響性，具恢復力的青少年通常在家庭中遭遇到的累積壓力也較少。這些孩子到成年時的成就，與出生同期群中其他生於較富裕穩定環境的低風險群相比，完全可以相提並論。

大致上來說，若要以脆弱性格來區分孩子，生理及社會因子的結合是最佳的預測物。舉例來說，出生時的併發症，通常只在長期貧窮的環境下，才會導致日後不健全的心理及生理發

展。然而，作者仍然要強調，我們不應該低估每個孩子自我矯正的傾向，這能幫助孩子即使處於最惡劣的環境下，仍能正常發展。

《學齡前兒童的恢復力與脆弱性：家庭功能、氣質、行為問題》

J.M. Tschann, P. Kaiser, M.A. Chesney, A. Alkon and W.T. Boyce (1996), ‘*Resilience and vulnerability among preschool children: family functioning, temperament, and behavior problems*’, Journal of the American Academy of Child and Adolescent Psychiatry, 35, pp. 184-92.

上述 Werner 及 Smith 的研究報告指出，不同的保護機制在不同的發展階段中運作。因此，本篇研究主要關心的是學齡前的兒童，目標是希望找出兒童先天氣質的特質會使壓力的效應緩解還是加重，而影響孩子的行為調適能力。本報告所選取的壓力為問題家庭的運作，特別是父母親之間的衝突。

研究樣本為 145 名二歲到五歲的孩子，主要來自受過高等教育的家庭，研究人員對父母及孩子的托兒所老師實施一系列的問卷，此外還在托兒所的遊戲場中，進行為時七個月的觀察。研究人員還測量家庭功能、孩子的先天氣質、孩子的行為調適。

研究結果指出，大致上，比起先天氣質從容（easy）的孩子，先天氣質較敏感（difficult）的孩子會有較多的行為問題。值得一提的是，在高度壓力的情況，也就是孩子暴露於大量的家庭衝突時，這個差異會更為明顯。在這樣的情境下，先天氣質敏感的孩子會更脆弱，而先天孩子從容的孩子則較能忍受充滿壓力環境的負作用。此外，從容的孩子似乎能自自由表達情

緒的家庭中獲益,但另一方面,敏感的孩子則會有負面的反應,會比氣質相近卻生於不那麼隨時表達情緒之家庭的孩子更具侵略性。

　　這些研究結果指出,檢視兒童及家庭之聯合特徵的重要性。在面對父母親的衝突時,有些孩子因為先天的氣質,會比其他孩子更為脆弱。不管如何,即使在一般人認為正面的家庭環境下,例如自由表達情緒的環境,對某些孩子還是會造成負面的影響。

《不和諧家庭中的兒童保護因子:來自母親的報告》
J.M. Jenkins and M.A. Smith (1990), ‘*Factors protecting children living in disharmonious homes: maternal reports*’, Journal of the American Academy of Child and Adolescent Psychiatry, 29, pp. 60-9.

　　本篇報告討論父母親衝突的效應,但是針對的樣本是較高的年齡層--九歲到十二歲的孩子,並且考慮的保護性影響因子,比之前摘錄的研究更為廣泛。

　　樣本包括經與雙親進行半結構化面談後,評估為婚姻不和諧的 57 個家庭,與 62 個和諧家庭作比較。研究人員由母親處取得孩子行為及情緒狀態的詳細報告,以及各種不同、可能的保護因素,這些保護因素大致可分為三類:親子關係、與父母外其他人之關係的影響、孩子投入嗜好及其他活動的程度。

　　某些因素似乎在所有的家庭環境下,都會散發正面的影響,無論父母婚姻和諧與否都對孩子有益。這些因素包括良好的母子(女)關係、良好的父子(女)關係、擁有好朋友、與

其他孩子之友情的品質。這些因子只在壓力環境下能看出保護性效果，也就是說，這些因子能幫助孩子面對父母婚姻的失和，但對身處和諧家庭的孩子則幫助不大。以如此方式運作的因素包括與家庭外之成人（通常是祖父母）的親密關係、投入能讓兒童獲得肯定與讚美的活動。光是擁有活躍的嗜好，並沒有什麼幫助，擁有好朋友或者與其他孩子關係良好也是如此。

因此，我們能區別「真正的」保護性因子（作者如此稱呼）與一般因子的差異，這非常重要。前者只在孩子身處壓力下時能夠獲益。舉例來說，與祖父母的親密關係可以讓孩子在衝突不斷的家庭外，擁有一個避風港，但對和諧家庭的孩子則沒有什麼影響。另一方面，後者則較具有普遍的重要性：與父母的親密關係對所有的孩子都很重要，會在所有環境下都會影響孩子。

《*4 到 13 歲間，改善風險的兒童及家庭因子*》

R. Seifer, A.J. Sameroff, C.P. Baldwin and A. Baldwin (1992), '*Child and family factors that ameliorate risk between 4 and 13 Adolescent Psychiatry*, 31, pp. 893-903.

本篇報告描述一項縱貫研究，樣本為 50 名在四歲時，因為暴露於父母心理疾病、父親缺席、劣勢的少數族群背景、低社經階層、低品質的母子互動等不利因素下，被鑑定為高風險群的孩子。這些孩子與 102 名在同樣項目上被判定為低風險群的孩子作比較，研究人員在這些孩子 13 歲時評估他們在認知與社會情緒功能上的變化，探討哪些因子使得某些高風險群的孩子能在九年間改善，而其他高風險群的孩子非但沒有改善卻甚至

可能惡化。

研究人員在兩個時間點都對孩子和他們的家庭進行詳盡的評估，包括多種項目，對孩子實施智力測驗、社會能力量表、情緒調適評量；藉由面談、問卷、觀察取得家庭及雙親功能的相關特徵。這些資訊中包括了數種可能有保護力的因素，可分為三類：孩子的人格傾向（包括先天氣質）、家庭的凝聚力、每組家長及子女可取得的社會支援。

結果指出，儘管身為高風險群，仍在心理功能上有所改善的孩子，有下列各種特色，第一是孩子的個人特質，例如高度的自尊、他人認為有能力、能從家庭外的人士身上取得支援；第二是家庭特性，例如母親較少批評、父母有效的教養方式、母親擁有合理的心理健康；第三是情境特質，例如遭遇較少的生活壓力事件、身為支援性社會網路的一份子。相反地，高風險群的孩子若缺少這些特性，結果將不盡如人意。正如前述 Jenkins 和 Smith 的研究指出，某些因子與低風險群部份的人之改善有關，其他因子則只對或主要對高風險群有幫助。

因此，完整的相關因素包括個人及環境因素，可以矯正風險對孩子的影響，即使孩子在相當負面的環境下教養長大，只要有這些因素存在，未來仍會有很好的展望。

《青少年從家庭之負面影響中恢復的能力》
D.M. Fergusson and M.T. Lynskey (1996), '*Adolescent resiliency to family adversity*', Journal of Child Psychology and Psychiatry, 37, pp. 281-91.

這項紐西蘭研究探討了與青少年恢復力相關的因素，樣本為大規模的出生同期群，由出生追蹤至 16 歲。到 16 歲時，研

究人員依據家庭壓力為這些孩子進行分類，使用 39 個項目的家庭不利指數探討他們的童年歷史，結果確認出 171 名高風險群，769 名低風險群。在高風險群中，由藥物濫用、行為問題、青少年輕罪、逃學、輟學等問題，再區分出具恢復力和不具恢復力的孩子。超過三分之一的高風險群孩子（63 名）沒有這一類問題，可歸為具恢復力；而剩下的 108 名出現這一類問題的孩子，可能是被家庭壓力給壓垮，而不具恢復力。

　　研究人員的興趣主要集中在這兩個同屬高風險群的孩子，在作者認為可能是恢復力來源之項目上的差異方式，並發現了重要的三個區隔因子：智力、追求新奇、同儕關係。從智力來說，具恢復力的孩子通常 IQ 較高，這個發現也符合其他研究指出的，至少在平均以上的智力，能幫助孩子自充滿壓力的環境中恢復過來。追求新奇，是先天氣質中的一環，指的就是個人追求新經驗的程度；研究發現不具恢復力的孩子，追求新奇的指數也較高，他們習慣追求各種刺激的來源，例如藥物濫用和犯罪。到目前為止所介紹的兩個因素，智力和先天氣質，大致上來說是遺傳的，也就是說，恢復力部份來自天生的特質。至於同儕關係，這兩組的差別在於他們與犯罪同儕的交往程度，具恢復力的孩子很少與犯罪同儕交往，這個現象也強調了正向的同儕互動在降低犯罪活動上的重要角色。

　　這三個因素中，每一個都與恢復力有關；綜合來看的預測力更強。因此，來自高風險背景卻顯示恢復力的青少年，大致上都兼具智力佳、追求新奇的傾向低、迴避犯罪同儕等三項特質；相對的，面臨壓力可能發生問題的青少年，大致上都缺乏這些特質。

對研究結果的檢討

關於脆弱性格方面之研究的主要成就，到目前為止，一是讓我們察覺即使是非常年幼的孩子，面對壓力時的反應與產生行為問題的傾向都有很大的差異；二是指出了導致這些差異的部份因素；第三則是指出這些因素很少能單獨作用，我們應該考慮這些特質的結合。

至於對壓力反應的差異，已被研究文獻詳細地證實了。在面臨相當可觀的創傷時，有受害者，也有人能夠撐過來，我們對前者和後者都能探索出許多資訊。然而，脆弱性格並不見得是一成不變的特質；研究結果已指出，每個狀況都會有不同的反應性，要看孩子所暴露的壓力類型為何，非但不同人會有變異，即使同一個人也會有。

至於脆弱性格的相關因素，還有很多是我們不知道的。目前所探討的孩子「內在」因素中，性別和先天氣質是最主要的。性別在各種壓力情境中都能顯示差異，包括父母離異所造成的心理壓力和出生併發症、早期感染所造成的生理壓力，全部的壓力都顯示男性是弱勢性別。我們至今對這個差異仍然沒有令人滿意的解釋，因此我們必須謹記，通常在相當大的樣本群中，才能發現這樣的差異，因為兩性的相同處其實比差異更明顯。先天氣質會影響性格脆弱的說法，很容易被視為不過是常識而已。然而，先天氣質特定的特質並不容易加以定義、區別，也很難加以測量並建立隨年齡增加的穩定性。由於概念及評估方面的問題，因此關於先天氣質如何影響個人對壓力的反應性，研究者間很難建立共識。儘管如此，認為可以把嬰兒區分為「從

容」和「敏感」（這兩個形容詞必須藉由精確的行為描述來定義），以及這樣的特質會以某種形式持續至童年晚期的說法，已經得到廣泛的接受，而且證實至少能夠某程度地預測出，哪些孩子會被擊垮，哪些孩子會走出來。

至於脆弱性格的相關「外在」影響中，有非常多的因素能歸類在一個更大的概念下，也就是社會階層。社會階層的確只是一個大傘般的概括性名詞，旗下的相關特徵囊括教育、財務資源、居住、健康和職業，但這個廣泛的概念一再被證實是兒童福祉和發展過程的良好預測因子。當然，近日的社會流動性已比以前更大，因此社會階層的概念也變得更為彈性。即使如此，許多研究都同意，與較高社經階層的孩子相較，在劣勢家庭成長的孩子，較可能暴露於會造成發展過程之負面影響的多種壓力下。順著這個邏輯，孩子的社會階層身份的確提供了某種程度的指標，說明在劣勢環境下的脆弱程度或得到保護的程度。

無論「內在」或「外在」的影響力，單獨來看都不足以解釋個人的變異（只有極少的例子可以）。我們可以拿地震的成因來類比，地震的形成需要有地層斷層線的存在，以及一個外部的扭力來產生震動。同樣的，在心理地震（心理功能某種形式的崩解）發生前，也要有因子的結合。正如 Werner 在前述文獻中已證實的，只有在壓力環境下成長的孩子，才會讓出生併發症造成不利的後果：和諧的家能減輕並保護孩子免於早期不利的負面影響。支持性的家庭環境，是各種童年壓力的最佳屏障，這一點也許不會令人驚訝；但是這一點已得到不同研究的再三證實，對青春期和嬰兒期都一樣成立。

實務應用上的啓示

認真看待環境造成孩子失調及不快樂的力量，並盡可能採取預防和緩解的措施，是正確且適當的作法。然而，我們不該高估環境所造成的損害程度，也不該認爲這些損害一定是不可挽回的。至少某些孩子已顯示出令人驚訝的恢復力，無論是因爲個人特質還是生活在支持性環境中所致。即使在受到嚴重負面影響的孩子當中，我們還是可以從剛經過一段混亂期間後復原並重拾心理平衡的孩子身上，看到自我矯正的力量。因此在探討壓力對孩子的影響時，我們需要的是平衡的觀點：一方面，我們必須準備好隨時提供協助與支持；另一方面，我們也不要輕忽孩子的復原能力，即使是非常嚴重的創傷亦然。過度強調其中之一，另一方就可能因爲太過消極而失去了行動的契機，並可能讓我們將寶貴資源虛擲在不需要的人身上。雖然沒有簡單的公式能告訴我們怎麼做，但是，我們至少要能察覺面臨壓力時，每個人反應差異可能有多麼不同，而且研究也指出，有許多相關因子決定了反應的差異性。

在定義出哪些因子的風險最高之前，我們要再次強調必須考慮因子的組合。舉例來說，認爲所有男孩都是高風險群，是沒有意義的，即使統計上認爲男孩比女孩更脆弱亦然。認爲所有發生出生併發症的孩子是高風險群，也同樣不是那麼有意義，因爲大多數這樣的孩子還是正常發展，當然我們也必須承認，與沒有併發症的孩子相較，未正常發展的比例還是偏高。當然，只根據社經階層，就認爲每個出自社經光譜低水平端家庭的孩子都有脆弱性格的想法，同樣不具多大意義：畢竟大多

數這樣的孩子還是成為有能力的個體。只有在出生併發症、性別、社會階層三個因子結合後，我們才能找出脆弱比例的確偏高的「高風險群」，並據此採取必要行動。即使在這一群中，還是有許多孩子未顯示出任何偏差的徵兆，這意味著我們還必須加上其他脆弱因子，才能對目標群組做更精確的定義，並更經濟地使用資源。

我們必須謹記一件事：脆弱是一個相對性的名稱，這也是為什麼我們現在偏好使用恢復力這個名詞，因為這個名詞更能表達抗壓性的程度。我們無法只是把孩子分成脆弱和不脆弱兩極，這兩個極端中間，總是有灰色地帶存在。舉例來說，我們可以發現脆弱並不是一個一成不變的特質，它會隨孩子年齡與週圍壓力環境的性質而異。目前我們只有少數相關的證據，但是從經驗中，我們覺得這樣的變異應該存在：對某種壓力情境有抵抗力的孩子，不見得能抵抗所有童年可能遭遇的壓力情境，同樣的，一個顯然脆弱的孩子，也可能在某些情境下，展現驚人的力量。因此，只是將孩子貼上「脆弱」或「具恢復力」的標籤，是非常危險的作法；並不具有清晰的二分法。我們還要考慮一點，看來倖存的孩子，不見得完全毫髮無傷；有些效應可能還在潛伏，也許要到成家為人父母後才會顯現。我們也要避免另一種類推：孩子不見得在早年最為脆弱，長大後就較不脆弱。雖然成長的每個階段有不同的情況，然而會隨年齡變化是這些情況的特性，而不是孩子的脆弱性。

了解脆弱性和恢復力的來源後，能夠幫助我們規畫干預策略，以預防或者至少使壓力對孩子的負面作用降到最低。為達到這樣的目的，四個基本策略如下（Masten, 1994）：一、降低孩子的脆弱性，例如藉由消弭貧窮或預防出生併發症；二、降低壓力的暴露量，為離異後的雙親提供調解服務，以減少衝突；

三、增加高風險群兒童可取得的資源，例如提醒教師這些脆弱孩子的需求；四、動員保護程序，例如促進孩子與父母的正向關係。在大多數的情況下，這一類策略的組合運用，也許正是協助個別兒童所需者。

建議讀物

《恢復力的理論與實務》

Fonagy, P., Steele, M., Steele, H., Higgitt, A. and Target M. (1994), '*The theory and practice of resilience*', Journal of Child Psychology and Psychiatry, 35, pp. 231-57.

《兒童與青少年的壓力、風險、恢復力：過程、機制、介入》

Haggerty, R.J., Sherrod, L.R., Garmezy, N. and Rutter, M. (eds) (1994), *Stress, Risk and Resilience in Children and Adolescents: Process, Mechanisms and Interventions* (Cambridge: Cambridge University Press).

《童年恢復力研究的方法與概念議題》

Luthar, S.S. (1993), '*Methodological and conceptual issues in research on childhood resilience*', Journal of Child Psychology and Psychiatry, 34, pp. 441-53.

《恢復與發展：以克服不利因素之兒童為對象的研究貢獻》

Masten, A., Best, K.M. and Garmezy, N. (1990), '*Resilience and development: contributions from the study of children who overcame adversity*', Development and Psychopathology, 2, pp. 425-44.

第三篇

對童年的觀點

　　兒童發展方面的研究，讓我們能回答一些真實的問題，並在可行的方案中作出選擇。我們已在第二篇的各議題領域介紹過這一類資訊。然而，研究工作也讓我們對孩子的本質有範圍廣泛的了解，包括孩子的發展，也包括孩子發展應該要有的條件。因此，從研究的角度來看，一種特別的童年觀點正在浮現，這是一個隨著時間與新發現不斷湧出而進行修正的觀點，但是這個觀點並不限於任何一個或一組特定的研究，只是反映了我們目前對兒童發展的整體知識。並在特殊的發現上，得出對兒童本質及照護者的任務之推論。

　　無論講不講明，我們對兒童都可能有某些預設的概念，例如兒童與成人的差異之處，驅動孩子成熟的力量，父母親在兒童生命中應扮演的角色。我們很難避免這些預設的想法，畢竟我們都曾身為兒童，童年間的事件也無可避免地影響了我們對童年的描述及我們養兒育女的理論。這些影響力可能很微細，很可能無意識，但不代表所導出的意見一定不能改變。日後的個人經歷（例如帶自己的小孩），也可能會修正我們對兒童、父母和家庭關係的假設。同樣的，藉由接觸兒童發展研究方面的新知，也會改變我們思考兒童的方式，以及我們如何為自己解釋孩子的能力和需求。明顯的，我們愈能以專業角度關心兒童，將我們的基本假設明確化也更形重要：這些假設對決策可能產生極為深遠的影響，因此必須易於理解而且可以溝通。如果不同領域的實務工作者能抱持相同或至少相近的假設，至少能幫助我們在共同的框架內針對個案來採取行動。

其他常見的議題

　　由研究所得的論點通常都很明確，也可以溝通，因此可以讓大家一同來檢視、討論、分享。下列的議題是最新研究工作所得到的結論；基本上包括（但不限於）我們在前面所摘錄各種研究的主題，也不限於這裡所能列舉的，但是以下列舉的觀念，的確是我們（指作者）在進行與幼兒及其家庭之相關工作時的重要觀念。

▶▶ 兒童的人際關係經驗，是影響心理調適能力的關鍵

人際關係的重要性，在論述兒童發展時，是一再出現的主題。當我們試著去解釋發展過程時，也已檢視了各種可能的影響力：社會階層、家庭結構、出生別、種族、離家的壓力、就學、電視、生理上的照顧（例如餵母奶還是牛奶、如廁訓練的早晚）等等。然而，一而再再而三的，我們會回到一個發現：兒童發展過程中與他人的互動，是我們必須注意的首要元素。

以社會階層為例，大量的研究指出階層是影響非常深遠的因子，對兒童發展的影響有很大的差異。然而，社會階層只是一個抽象的概念：孩子的行為並不是由階層所塑型，而是由與階層差異相關的態度、期望和經驗所塑造的。貧窮失業且生病的母親，教養孩子的方式，與無需因應這些壓力的母親相較，一定包含了許多不同的個人經驗。母親的行為及母子關係的類型，也會傳遞個人社經階級差異所導致的影響。

換個例子，例如家庭結構。正如我們一再發現的，孩子所屬的家庭類型與他們的調適程度並沒有太大關係。心理偏差絕對不只是因為孩子身處機構還是傳統的雙親家庭而有差異：舉例來說，來自和諧的單親家庭的孩子，在功能上勝過來自完整但衝突不斷的孩子；男同性戀或女同性戀家庭的孩子，也不見得會受到負面的影響；父親缺席本身也不見得一定會造成性別角色認同上的扭曲；父母角色互換，由父親擔任照顧孩子的角色，也並未證實會產生不良後果。在每個例子中，家庭關係的

品質才是要考慮的最重要因素，而良好的人際關係（或不良的人際關係）也不見得是任何家庭結構的專利。相對的，無論孩子的父母是不是親生父母，無論母親有沒有出外工作，無論是不是爸爸來扮演媽媽的角色，無論父母有沒有結婚……等等（Abate, 1994 證據摘要），我們似乎可以這樣說，心理健康的人格可以在各種社會群組中發展形成，只要所擁有的關係及日常生活經驗的核心品質能令人滿意即可。

　　同樣的基本原則也適用於人格發展的其他可能決定因子：它們的影響力，主要也是透過兒童與他人的互動而傳遞。舉例來說，出生別受到了相當的矚目（Ernst and Angst, 1983 提供了有用的摘錄），但基本上大家都認為出生別的影響力，主要是因為父母親對長子／女及後面子女的差異待遇（Dunn and Kendrick, 1982 曾證明）。即使像電視，這種使孩子社會化的重要媒介，效應主要也表現在親子關係上：看電視的時數及節目偏好性也會被親子衝突、家長的遲鈍、親子關係缺乏溫暖所影響，關係愈差，孩子花在看電視上的時間也愈長，對有暴力內容的節目偏好也愈強（Tangney, 1988）。至於離家等壓力的效應，顯然的，傷害的程度與親子關係是否有緩解的功效有關：關係健全的話，無論是事前或事後，健全的關係都能夠作為緩衝之用，並避免家庭背景未臻滿意的孩子在相同經驗後的病態心理（Rutter, 1981）。

　　要證明人際關係品質的重要性，可能很簡單；但是如何定義品質，會有較多的困難。研究者已經花費相當多的努力，試圖指出必要的成份。我們現在有信心掌握的是，品質不等同於量：好父母不是由與子女相處的時數來定義，而是要看親子互動的類型。

▶▶ 養兒育女是一份由親子共同參與的事業

　　我們對人際關係的強調，並不是在討論父母（及其他照護者）對孩子做了什麼，而是父母與孩子做了什麼。大人和小孩之間發生的事情，不只是依照成人的願望和意圖來行事，同時還要考慮孩子的個體性。從我們前面介紹的議題中，也的確再三地出現個體變異性這個主題：面臨同樣的環境時，每個孩子都有不同的反應。若想了解孩子的行為，我們應該看孩子的「內在」和「外在」：發生在孩子身上的一切，是由孩子本身的內在特質來決定，不只是由他人的對待方式等外在事件來決定。

　　認為孩子的心理發展可以用父母親的教養方式就能完全解釋，這種說法很不幸地非常常見。養兒育女常被比喻成捏黏土的過程：孩子來到世間時，就像一團沒有形狀的黏土，由父母親和其他人捏成任何他們認為正確適當的形狀。時間到了，黏土自然成型，所有的特質都由父母全權決定，孩子發展上的任何不幸都一定是成人行動的結果，因此一切都要由成人負責。

　　然而，任何擁有一個以上子女的父母都可以測試上述認為兒童缺乏個體性，全然仰賴照護者之施捨的說法，並且發現這個說法實屬無稽之談。對某個孩子管用的，不見得能用在另一個孩子身上，因為從一開始，孩子就擁有一些會影響自身發展的特質，父母親會回應這些特質，並影響他們對特殊孩子的對待方式。在這層意義下，養兒育女的確是包括成人與兒童的聯合事業：父母並不只是單方向的對待一個被動的對象；在決定何者為適當的對待方式時，每個孩子的個體性也會納入考量（詳細討論請見 Schaffer, 1996）。

　　要同時考慮兒童及父母之特質的極端例子，主要來自受虐兒童的研究。研究指出，某些類型的孩子，由於先天疾病、早期健康問題、出生體重過低、出生時併發症的緣故而較難撫養，這些孩子很可能成為虐兒的受害者（Sameroff and Chandler, 1975; Starr, 1988），這樣的孩子也最可能在家庭的所有孩子當中，被挑出來成為受虐對象：也就是說，孩子在不經意間造就了自己的命運。對這種案例，任何想要就環境因素提出完整解釋的努力，都無法只由父母親來解釋，一定要納入孩子的個體性來考慮。從更廣泛的角度，Chess 等人（1977），也就是前述紐約縱貫研究的作者，已經指出現在盛行的想法之謬誤：認為兒童的行為問題一定是不健康的父母之影響力的產物，有句俗話正是這個想法的寫照：「想知道約翰為什麼會這樣，看他媽媽就知道了」。這樣的觀點，導致了對母親之病態影響的錯誤假設，這個觀點目前已經被新的研究結果所取代，在諸多干擾孩子發展的複雜因素中，父母親的影響力事實上只是其中之一。

　　親子互動是雙向的，父母會受到孩子的影響，就像孩子會受到父母的影響一樣。因此 Thomas 和 Chess（1984）提出了他們的「適配度」理論（goodness of fit），他們發現兒童之行為問題的發展不能只由我們對父母的所知來預測，也不能只由孩子的部份來預測，而是由雙方特質的適配程度來預測。舉例來說，有些嬰兒不喜歡摟摟抱抱，會用掙扎和哭鬧來極力抗拒母親親密的肢體接觸。然而，研究已證實（Schaffer and Emerson, 1964），這些孩子通常是需要高度活動性的孩子，他們的反抗基本上是因為一直被抱住不動，而不是因為接觸所導致。大多數的母親都能夠很快體認到這一點，並且修正自己的行為，開始提供其他形式的接觸。另一方面，如果母親並未修正，繼續給予不適合的刺激類型，沒有顧慮到孩子的個體性，這就是適配

度不佳,因而可能引發發展上的問題。無論如何,對這些問題的解釋,主要奠基於母子的互動上,而不是單用任何一方的特質來解釋。

因此,負責照料孩子或想要了解孩子發展過程的人,應該要尊重孩子的個體性。迄今一直有新的研究探討先天氣質的品質(Prior, 1992),無疑的能讓我們能夠更精確的指出,是什麼讓孩子從出生後數週內,就開始有異於其他孩子,而且差異可維持終生。但是個體性究竟是什麼,從孩子對各種反應的變異性來看,顯然我們還是迷矇無知。然而,即使我們什麼都不知道,還是先接受這樣的論點:孩子的發展無法只由環境因素和週遭人士的作為來解釋。我們應該考慮這些經驗對某些類型的人所造成的衝擊,以及個人如何消化吸收這些經驗。若要進行評鑑,必須要知道孩子與父母雙方的資訊。

▶▶ 稱職的家長，應該敏覺於孩子的個體性

　　另一個由兒童發展最新的研究工作衍生的結論，直接延續上一個議題。如果養兒育女是親子雙方的聯合事業，如果成功的發展有賴於雙方特質的適配度，父母親必須要能夠理解孩子的個體性，才能創造出最佳的適配度。正如我們在前面有關不喜歡摟抱的嬰兒之討論所提到的，父母對每個孩子之特性和需求的敏銳性，已證實能確保關係的平順。

　　研究者做了很多努力去分析母職（父職），想找出哪些因素在這個我們非常熟悉卻又難以理解的功能裡運作（細節請參考Schaffer, 1996）。大致上，這些努力的成就極為有限，問題正在於人類活動的複雜度。我們也許都同意，光是把父母分成「好」「壞」兩種是絕對不夠的，我們需要的是更精確卻不帶價值判斷的分法。雖然到目前為止，我們的確還無法辨識出所有在親職中運作的因素，然而有些層面已被認為相當中肯了。在這當中，許多研究（Schaffer and Collis, 1986 整理）都點出了，敏銳度對兒童發展有著極為根本的重要性。

　　我們在日常語言中，總是習於以二分法的語彙來談論一切，因此也習慣把人簡單的一分為二，分成敏銳和不敏銳者。事實上，敏銳性是一道連續性的光譜，大多數的父母落在兩極中的某個位置上，舉例來說，敏銳性中等，也即不總是那麼敏銳。在評鑑個人時，我們必須允許情境所產生的變異（例如，從如廁訓練到共同遊戲），以及時間所導致的變異（例如，剛擁有第一個孩子，凡事都不確定的新手媽媽，隨著對孩子日漸熟悉，也會愈來愈有能力）。只以有限的資訊就為每個人貼上標

籤，可能會大錯特錯。

敏銳性的核心，潛藏的正是從他人的角度來看事情的能力。敏感的父母親會調整自己的頻率，去接受孩子的訊號溝通，以較正確且合宜的方式來對待孩子。相對的，在連續光譜另一端的父母無法以孩子的角度來了解一切，完全以他們自身的願望來解讀所有的溝通訊息。我們可以了解，後者可能會導致孩子的病態結果，也有證據支持這種效應。因此，有一種說法認為，不敏銳的母親會導致孩子情緒上的不安全感，特別是在母子關係上。同樣的，也有證據指出，不敏銳的對待方式，會延遲功能上的發展，例如學講話。

如果父母的敏銳性這麼重要，我們就得探討為什麼每個人的敏銳程度不同，特別是為什麼某些父母似乎缺乏這種品質。有好些理由可能可以解釋，父母的性別是其中之一：然而我們已經知道，並沒有證據指出，男人對孩子的反應程度，天生就比女性低。另一方面，父母親自己的成長及童年經驗也可能會決定這一點：有人認為受剝奪的孩子會成為剝奪下一代的父母。然而，這顯然是過度簡化的說詞：Quinton 和 Rutter（1988）已經證實，這種一對一的連結並不是絕對的，只要給予正確的條件，人們還是能突破這種負面循環。儘管如此，我們還是正視不安定的長期親職經驗，這樣的人可能對於親近與了解孩子的需求，的確有較多困難。然而，如果我們只從父母親去尋求解釋，這絕對是錯誤的。父母親的效果其實也仰賴孩子，這一點正是我們前面討論過的，孩子與家長對孩子的發展同樣重要。研究一再的證實（Schaffer and Collis, 1986），某些孩子就是比其他孩子難帶：神經受損的孩子、出生幾個月內的早產兒、心智或肢體障礙的孩子、行為脫序讓人難以了解的孩子。這些情況都會造成父母的額外負擔：一般的常規和一般人對孩子的

預期，到了這裡通通不適用，孩子的訊號和溝通可能模糊不清，因此也提高了不適當對待的機率（Goldberg and Marcovitch, 1986 提供了一些範例）。父母親的敏銳性，並不是當事人之人格中一成不變的成份；而是一種描述親子之關係的方式。

▶▶ 孩子需要一致的教養方式

　　每個人都需要可以合理預測的環境，幼兒更是如此，特別是在生命的前幾年，他們因應劇變的能力還很有限。

　　一再的，我們又碰觸到這個主題，現在我們可以把線索集中起來。舉例來說，在我們談到離家的影響時，很明顯的，負作用的強度主要與環境的持續性有關。既有的關係愈能夠保留（藉由父母的探視或手足仍在一起），生活中的例行事物愈能繼續下去，新環境與舊環境的相似性愈高，孩子就愈不可能受到負面的影響。舉例來說，許多研究都提到了住院導致的創傷經驗，在過去主要是因為孩子生活中每個層面都發生變化所致。父母離婚效應的研究，也有類似的結論，因為離婚本身可能也會造成一系列的變化：與父母之一失去聯絡、搬到新的社區、轉學、結交新的朋友、因為財務環境變差而導致生活型態的變化…等等。這些變化本身的影響不大，但一起發生時，就可能不是孩子可以簡單應付的了。再舉一個例子：托育中心安排的一致性，已經證實對於孩子對離家照護的調適能力非常重要。只要孩子在日間托育中心能和同一個成人在一起，只要孩子所屬的同儕團體有合理的穩定性，只要作息和環境有一致性，孩子就可能從這個經驗中受益，而非受害。

　　當然，在齊一性和變化之間，還是可以找到平衡點，這個平衡點也許會隨年齡和孩子適應新環境的能力漸長而改變。然而，全然的一成不變與頻繁變化這兩極，的確很可能造成傷害：前者讓孩子無法習得面對不同環境及人事物的因應技巧，後者則超過了孩子攫取新資訊的能力，讓孩子陷入迷惑中。正如研

究指出，因為家庭破裂、送往照護單位所造成的不穩定童年，可能是成年不安定生活的前因。

　　照護的一致性主要在於孩子的照護者，缺乏一致性可能是因為多位照護者輪流照顧所致。Tizard（1978）對機構收容的孩子之研究指出，她所研究的小組，在四歲半之前，平均由 50 個不同的人士照顧過（請見原書 31 頁）。這是接受公共照護服務的孩子所面臨的風險：他們不光是要經歷物理環境的變化，例如從寄養機構或寄養家庭轉到另一個地方，更重要的是，他們暴露在為數眾多且時常更換的所謂替代父母之下，其中每一個人與孩子的關係，都可能與別的照護者不同。這種童年真是不安定之至！然而，即使孩子沒有離開家庭，也有可能遭遇到這種不一致性：Block 等人（1981）已經指出，雙親在子女管教和價值觀上的差異，可能會造成孩子的調適不良，父母之一對孩子的管教常出爾反爾的話，會讓孩子對於什麼可以、什麼不可以無所適從。我們可以這麼下結論：父母行為的一致性，可能是對孩子健全發展非常重要的另一個特質。

　　在安排孩子的去向時，力求經驗的一致性顯然非常重要。因此，在離婚案例中，關係的持續性應該視為安置決策的主要標準。很不幸的，有些狀況並不允許我們這麼安排，例如父母親的死亡。此外，在虐兒案例中，與過去切得一乾二淨也是必要的。然而，有件事值得我們緊記在心：孩子的確擁有相當的恢復能力，也能夠建立新的關係。關係的絕裂也許會讓孩子變得脆弱，但絕裂本身並不會造成長期的病態。另一方面，Tizard 所提持續性的破裂，才是更嚴重的危險，童年的大部份時間會因此都處在不安定狀態，也使得前景更不樂觀。

▶▶ 對孩子而言，最具破壞力的影響之一就是家庭失和

在某些方面，家庭內的衝突，其實代表的是銅板的另外一面：對良好人際關係品質的需求。大半的衝突是在於夫妻之間，孩子只是旁觀者或間接的參與者。儘管如此，孩子仍然看到了兩人之間關係的瓦解，而這兩個人是孩子已經都建立強烈情緒依附的人士。對雙邊的忠誠，讓父母間的爭鬥成為孩子心中的傷痛，對孩子來說，這已經是最充分的理由了（Mitchell, 1985）。

正如我們所見，許多證據已指出，父母之間的衝突，對孩子的心理健康是最具毀滅性的經驗。我們在談離婚效應時（原文頁碼 140-1），提到 Block 等人的研究（1986, 1988）也證實，父母的分離對孩子的負面影響，還比不上分離前父母關係的壓力與敵意來得深遠。來自這些家庭的孩子，在父母離婚前，早就經歷了好些紛紛擾擾的歲月，因此父母婚姻的崩解還比不上父母仍在一起時家庭中惡劣的氣氛對孩子的失調來得有影響力。這個想法，在分別比較因為父母過世和父母離異而失去父母之一的孩子，父母和諧分手和父母分手前衝突不斷的孩子，以及來自破碎但無衝突的家庭和完整但衝突不斷之家庭的孩子後，也得到了確認。每一種情況都讓我們發現，是衝突才要為孩子的調適不良和不快樂負責。

對孩子離家所致的親子分離之研究（Rutter, 1981）也得到相近的結論，很明顯，這種分離的效應與孩子離家的原因有很強的相關：如果分離是因為假期或疾病，後果比因為家庭破裂

或偏差而分離要好得太多。同樣的，孩子復原期間所處的家庭本質，也會影響結果：和諧的家庭最後終究會撫平分離對孩子所造成的創傷，但是回到一個不和諧的家庭，很可能只是讓所有的紛擾不斷甚至惡化下去而已。

一旦我們接受了家庭失和與孩子病態的連結後，我們還要繼續問幾個問題，包括試著精確的了解這一類家庭中，有那些因子會對孩子產生負面影響：是因為不快樂的父母親，讓孩子在情緒上不容易親近嗎？還是因為他們的關係緊張，引發了孩子的衝突？或因為父母親為了彌補缺乏情愛的婚姻關係，在與子女的關係上投注過多心力嗎？無疑的，還有許多其他的可能存在。如果我們希望能協助這些家庭，就必須探討這些問題。此外，還有一些問題跟對孩子造成之影響的本質有關：然而，初步研究指出，這些孩子通常會以行為失調的形式（例如表現出侵略性、不聽話、反社會傾向）表現出來，而不是將問題內化，讓自己神經質或焦慮。

對各種形式的病態反應，家庭破裂曾在某一陣子間成為最佳解釋。如果家庭破裂這些字眼指的是父母不再共同生活，這樣的家庭運作觀點顯然是錯的。正如我們在前面強調的，孩子的人際關係本質，才是影響心理發展的關鍵，家庭結構並不是。以社會行動來看，我們應該優先考慮釐清這些關係，而不是確保這些家庭在組成上能符合某些刻板印象。對曾在童年經歷家庭失和的當事人來說，這些行動特別重要，因為這些人到了成年後，為人父母時是可能發生偏差的高風險群。因此，在不快樂或破裂家庭中成長的孩子，也比較可能有非婚生子女、青少女懷孕、婚姻不快樂且短暫、自棄行為、對孩子不敏銳或甚至凌虐…等行為發生。世代間的循環，雖非無法避免，但發生頻率之高已足以讓我們將童年時家庭長期失和的經驗，視為重要

的風險因子。

▶▶ 長期創傷遠比單一事件更容易導致心理疾病

　　家庭失和會造成重大影響的原因之一是，它的持續性。雖然每個家庭都有衝突的時候，但是某些家庭或多或少都一直處於緊張與失和的狀態中，這種氣氛也成為孩子成長中的一部份，在孩子每天、一整天的生活中產生影響，就是這樣的持續性，到最後成為人格塑造過程中的重要力量。

　　已經很清楚的是，單一事件在發生時無論有多痛，都不會因此就造成孩子嚴重的行為問題，長期的不利因素才會。這個看法似乎與一般人的信念相反，一般人總是傾向把某個有壓力的經驗當成一切的起因，認為這樣的經驗與當事人之人生的其餘部份差異太大，會被牢牢記住。舉例來說，我們也發現，孩子與家庭分離，雖然在當時會非常沮喪，但分離若有時間限制，而且是為了尋求家庭生活的穩定，那麼光是這件事本身並不會造成長期的心理病變。同樣的道理，也適用於其他突然的劇變。以父母離家為例，離婚方面的研究文獻指出，即使發生了這樣的事件，孩子還是可以穩定下來，只要這件事並未造成家庭的長期危機。父母親的死亡也一樣：並沒有極具說服性的證據指出這一類童年經驗，本身就能造成日後的行為偏差（Rutter, 1981）。即使像父母自殺這麼大的創傷經驗也是如此：根據Shepherd 和 Barraclough（1976）的研究，在事件發生的幾年後，孩子並不見得還在紛亂中。仍處於紛亂情緒的孩子，都是必須去因應長期性家庭不穩定的孩子。我們再次發現，長期的壓力

才是導致長期後果的主要因素，其他的研究也強化了這樣的結論，這些研究把事件對孩子的影響比喻為自然災害（地震、洪水、龍捲風、森林大火…等等），並指出（Saylor, 1993 是這類研究的一例），一方面，只有某些孩子會在事件發生後數月乃至數年還受到心理上的影響，另一方面，長期效應主要出現在必須因應災難持續後果的家庭，他們可能失去了生計所繫或失去了家庭。

個別的危機不見得會導致日後的失調。只有在身為一連串不幸事件的第一個連結時，特定的壓力才具有長期的意義。孩子離家後，可能接踵而來的就是被一再安置於機構或寄養家庭，每一次都加深了孩子的不安全感和缺乏認同，這些最後都會造成人格上的擾動。如果我們往回看，我們很難在這一連串的事件中，找出該為最後結果負責的因素。是這些經驗的總和，在人格形成的歲月中，對孩子造成了影響，而不是某時某地所發生的單一事件要為這一切負責。

當然，這並不是叫我們可以輕忽單一壓力！一方面，這些單一壓力的確在當時造成了痛苦，光是減少這個痛苦就足以構成我們行動的理由了；另一方面，在這個時間點上的干預，可能可以避免不利事件的連鎖反應，不讓這一切繼續下去。儘管如此，我們必須緊記，在試著了解心理疾病的發展時，我們必須觀照當事人生命的完整過程，千萬不要把一切歸因到某個單一創傷事件，無論當事人對創傷的記憶多麼鮮明。

▶▶ 早年的負面經驗，並非全然不可逆

　　另一個流行的信念是，任何發生於孩子生命最初幾年的事件，都很可能產生永久性的效果。早期經驗比日後經驗對人格發展更重要的這種說法，主要是基於幼兒的高度敏感性，無論好壞，所遭遇的一切都會留下印記。人們認為孩子愈幼小，就愈容易受到影響，如果這個時期恰好發生了不利的經驗，即使我們想幫助這個孩子，也會無能為力。

　　這個信念其實是錯的，現在已有許多證據（Schaffer, 1996 摘錄整理）指出，早年經驗的效應是可逆的，只要給予正確的條件。正如我們之前所見，孩子並不會因為早年不是由父母帶大，就永遠沒有能力與他人建立依附關係。同樣的，因為分離而中斷了與父母間已建立好的鍵結，也不見得就會對孩子造成長期的後果。任何形式的剝奪、忽略、凌虐，也不會因為在早年發生，就一定要對孩子造成永遠的障礙。

　　研究者已發表了一些突出的範例來說明這個論點，其中之一是 Dennis（1973）對最常出現的早期剝奪形式之研究報告，他的研究樣本，是出生後立即被送往毫無刺激的機構收容之孩子，只有最少量的照護，造成這些孩子早年心智發展的遲緩，智力表現只與年齡只有一半的孩子相當。然而，這些孩子當中，有些被轉往其他提供較多刺激的機構，有些則被正常家庭收養，這些孩子都從他們的早期經驗恢復回來，進展非常良好，最後他們的智力表現都在正常範圍內。Koluchova（1976）研究過一對在出生後六年內，大部分時間被繼母關在一個狹小衣櫃裡，成長過程幾乎是與外界完全隔離的雙胞胎，當他們被發現

時，這兩個孩子完全沒有智力和社會方面的功能，情緒上的擾動也很大，之後他們被安置到寄養家庭，這個家庭給予他們很多的愛與注意力，接下來他們的發展開始加速，最後看來已經完全復原。

這樣的報告說明了高估「過去」影響力的危險，無論早期經驗如何驚世駭俗，身為人可不見得一定要陷於其中。最後的結果，不只是受到早年事件的影響，還包括後續的事件，這才是導致相同經驗在不同人身上會造成不同後果的主要原因。把生命的最初幾年視為關鍵期，認為孩子在這幾年最為脆弱，無論發生了什麼都會受到影響的想法，其危險在於下列二者：一、這種想法會讓人相信早期遭遇不幸的孩子是我們幫不了的；二、這種想法也會讓人以為孩子長大一點後，就沒那麼脆弱。這兩種傾向都不對：後續經驗可以對抗早年不幸的影響，所有孩子，不論年齡大小，都可能在某個方面是脆弱的。

無疑的，孩子由早年不幸中恢復過來的能力，在過去是被低估了。然而，正如前述研究的結果指出，認為生命最初的幾年即使有缺憾，孩子還是具有相當恢復能力的想法，從任何一個角度來看，都不會失去什麼。顯然，干預行動永遠不嫌晚，並不是一定時間後（也許生命最初的二年、五年…）就會失效。我們必須承認，隨著孩子年齡漸長，還原不良後果也會愈來愈困難，而且孩子接受改變的能力也並非毫無限制。儘管如此，以目前的知識和所面對的各種困難情況之複雜，我們不可能定出某個年齡限制，並宣稱過了這個年齡後，人就會失去彈性。在這個時候，也許「永遠不嫌晚」才是最好的假設。

人如何倖免於早期不幸經歷的影響，我們尚未完全了解。對受剝奪兒童的報告指出，這可能是藉由環境的重大變化而達成，例如孩子有機會離開無法令人滿意的機構，被收養或轉到

其他較有愛心的環境。因此，這要看當事人所能達到的轉捩點，這不只適用於童年，到成年也是如此。正如 Quinton 和 Rutter（1988）的研究指出，成功的婚姻，顯然能夠幫助童年曾待過育幼院的婦女免於最糟的可能後遺症。人生中有很多像這樣的轉捩點：離家、開始工作、婚姻、懷孕…等等。如何跨過這些點，當事人選擇的路是否成功，都會對最後的結果產生極大的差異（詳細介紹請見 Rutter, 1989）。人生中有些選擇，像是沒有前途的工作、品質欠佳的婚姻，都只會強化早年的不幸經驗；一份能實現個人抱負的工作、一個肯支持當事人的配偶，都能打破連鎖反應，讓當事人免於不幸的後果。

▶▶ 心理問題不應以單一原因來解釋，應尋求全面的因果關係

　　我們已經一再發現，特定經驗在孩子身上的效應，不只與這個經驗本身有關，也與經驗發生的情境有關。失去父親會產生嚴重的後果嗎？這個問題的答案是－看情況，包括失去父親的原因（死亡還是離婚？）、母親的反應、對家庭造成那些財務或其他實際的後果、親友的支持…等等。離開家庭對孩子有什麼影響？同樣還是要看情況，有許多因素必須納入考量，包括離家的原因、之前的家庭關係、對替代照護者的熟悉與否、是否繼續與手足保持聯絡、例行事務是否改變、當孩子再度回到家時的家庭氣氛。母親出外工作的影響也是一樣，要考慮的包括母親工作的原因、母親是否從中得到滿足、父親的支持、母親不在家時如何安排孩子的照顧工作。其他的解釋也是一樣：父母親無法盡職和虐童事件，都不能只是歸因於母親生產後沒有和新生兒接觸，所導致的「鍵結失敗」來一言以蔽之；兒童早年的不幸，也不只是多早和多不幸的問題而已；孩子能免於父母離異的負面影響，其實關聯的比離婚一事還多。

　　我們可以理解，關於心理社會化層面的問題，大多數的人只想要一個簡單且直截了當的答案。母親該不該出外工作？日間托育是好是壞？生長在單親家庭會不會是一種障礙？碰到老是不願意單純回答「是」「不是」、「好」「不好」的社會科學家，可能令人沮喪甚至生氣。他們從來不直接回答這些問題。從研究中，我們已經知道，簡單的答案通常只是小看了真實生活之

複雜性的簡略作答。我們幾乎總是要考慮好幾個因素的組合；解釋人類行為時，簡單的因果關係也很少能派得上用場；每件事總有發生的情境，情境的決定因素，其實也對事件的後果有相當的影響力。舉例來說，父母親的酗酒與孩子心理疾病的發展，並沒有一對一的直接關係（請參考 West and Prinz, 1987 的評論）。家長酗酒的家庭中，孩子心理不正常的發生率較高，但並不是所有這樣的孩子都注定要發生心理疾病，我們甚至不能說大部份的孩子一定會如此。還有一些作用因素會讓某些人變得脆弱，卻能保護其他人。因此，當我們試著推廣我們的結論、尋求全面性的解決方案時，必須格外小心。「看情況」這句話聽起來也許令人討厭，而且也不能上新聞頭條，但卻是最能反映現實狀況的一句話。

　　但並不是所有的社會科學家都能了解這一點，從我們摘錄的範例來看，社會科學的研究史已經由忽視情境影響、相信單一因子的模型的確存在，到了現在則已經了解情境的重要性，重視對情境的分析工作，同時也知道，如果想要了解人類行為，就必須採用更複雜的模型。許多方案已經因此而得到進展（Bronfenbrenner, 1979; Minushin, 1985）；它們的共同點在於強調不能只把孩子視為單獨存在的個體，應該把孩子看作是由孩子的人際關係、孩子首先體驗到這些人際關係的家庭群組、家庭所處的社會網路（包括親友鄰居）、這些個人與團體所屬的文化…等所組成的更大系統的一部份。舉例來說，對分離經驗的完整解釋應該要從三個層面來進行：在關係層次上，母親是否缺乏與孩子相處的能力，才使得雙方必須分離；母親的缺乏是否受到家庭整體氣氛和凝聚力的影響；是否能從家庭以外的人士如親戚而得到支持；至於延伸家庭是否能作為支持的來源，也有賴於現今流行的文化價值觀。在實務工作上，把所有因素

納入考量既不可能也不可行。我們也要了解，在排除某些層次的影響時，其實多少有主觀獨斷的意味在內。

　　沒有所謂的「純粹經驗」，任何經驗都不可能單獨運作，而且對每個孩子都產生相同的影響。不光是因為孩子的年齡、性別、先天氣質…等等有所差異，更因為每個經驗在發生時，都有其獨特的時空背景因素，才能幫助我們解釋結果。父親對妻子談論工作時的反應，也許對孩子的反應會造成相當程度的影響：可能是因為這個原因，而不是因為母親在日常生活中的缺席，影響了這個孩子。在這樣的案例中，若只專注探討母子關係，可能會讓我們錯失更重要的影響力，因此我們需要更開闊的觀點。

▶▶ 人具有相當的彈性，在許多不同環境下都能隨遇而安

我們還學到一課：影響健康且調適良好之發展的限制因素，比我們曾經以為的要少得多。過去的意見是，如果希望發展能夠順利進展，正確的事件就得在正確的年齡、適當的條件下發生；任何在「正確」時刻、錯過「正確」事件的孩子，或任何在不符合特定窄義之家庭環境下成長的孩子，都會「受到懲罰」。然而，現在很明顯的是，健康的心理發展所需求的條件，比我們過去所了解的要寬廣得多。

有一種說法認為，孩子必須在某些年齡承受某種經驗：如果當時錯過了，無論日後有多少經驗都無法彌補。我們探討過的例子是：孩子初次依附關係的形成，這通常在生命第一年的後半發生，有賴於永久性父母形象的出現。然而，對較晚才被收養的孩子之研究指出，當時被剝奪父母親照顧的孩子，即使關鍵期過後許久，仍能保持情感上的「鮮度」，並不需要把他們建立有意義的人際關係之能力一筆勾銷。情況似乎是這樣的，即使延誤了幾年，這個能力還是沒有萎縮，只要給予適當的條件，還是能夠重新啟動並且首次表達出來。也許孩子的確要為過去受剝奪的歷史付出代價，可能是從行為的其他層面來彌補；我們也無法永無止盡的把極限往後推，到了某個階段，還是會造成無可挽回的損害（這個階段無法以我們目前的知識來定義）。儘管如此，認為只有一個正確的年齡，孩子若是錯過就永遠無法在日後彌補的說法，顯然是錯誤的。

　　同樣的道理，也適用於兒童發展的其他層面：語言、各種運動技能、教育競爭力的開始，也許通常都發生在某個特定的年齡範圍，但即使耽擱了一陣子，其實也不會造成長期的傷害。認為一切都在特定時刻發生的說法，從父母功能的角度來看，也不盡適當。正如我們在母子連心的議題上看到的，其實沒有證據能夠支持母親是否能善盡職責只繫於幾天內發生了什麼事的這種說法，即使提到的是她們與新生兒最初幾天的相處亦然。我們再次發現，有許多證據告訴我們，大自然對一切的安排是更有彈性的，親子關係不會因為在某個時間，發生了什麼（或不發生什麼）就弄到無法挽回的地步。人性內在的空間，其實比我們想像的更為遼闊。

　　同樣的轉圜空間也可以在其他方面看到。大多數的孩子是由親生父母帶大，即使不是，也不見得會因此受到阻礙：血緣並不是養兒育女成功的必然保證和要件。同樣的，由父親帶大的孩子，也並沒有錯失早期經驗的任何一個重點：除非文化壓力讓孩子只能由女性教養，否則沒有任何道理能說服我們相信男性不能夠完整的執行這項任務。不同的家庭形式，也不會對孩子的心理健康造成絲毫損傷：認為只有傳統家庭（由父親、母親、子女組成，父母親之分工規範極為明確的永久性單位）才能成功的教養孩子，這種說法在證據的光照下，簡直不堪一擊。研究人員發現，各種非傳統的安排，都能夠完全提供孩子所需要的愛與安全感；如果來自這種背景的孩子，情緒上有任何的困難，通常是外部因素的緣故，例如單親家庭常發生的財務困難、或父母角色互換所遭受到的社會否定，絕對不是要由這些家庭結構形式來負責。

　　其他說法，包括關鍵期、父母角色一定要明確分工等等通常都是來自動物研究的結果，撫育下一代的限制受到嚴密的規

範。然而，人類的特徵之一，就是能夠相當程度的將自身由生物性的「必須」解放開來。當然，如果我們希望確保孩子能有健康的心理發展，還是必須遵守某些重要的原則，而這些原則主要都與人際關係有關，相關的品質包括和諧、一致性、關愛、堅實、溫暖、敏銳性。環境能以各種形式來提供這些需求，即使不見得合乎現行的社會傳統。因此，發展無論在時間點或環境條件上，都允許相當程度的彈性，這似乎就是人類童年的基本特質。

一個樂觀者的最後評註

我們列舉的思潮，都正朝著更正向、更有幫助的童年圖象前進，與幾十年前盛行的觀點形成相當強烈的對比。在那個時代，由於亟需強調對剝奪和創傷經驗之受害者的注意，因此著重於發展、壓力、以及當時被認為必定隨壓力而來的病態後果，特別是關於如何出錯的部份；當時人們相信人性是固定不變的，包括某些事件有發生的關鍵期，以及生命最初幾年之事件的重要性；當時人們也堅信，只有在對家庭環境的特定窄義限制下，以「正確」的方法照顧孩子，才是可接受的子女教養方式。

我們現在已經知道，這世界上有受害者，也有倖存者。在一般的時間點，錯過了特定經驗的孩子還是能夠補救的；各種不同的家庭環境，都能產生健康的發展；子女的教養，有很多方式都是「對的」。我們也知道，壓力經驗的影響，可以藉由適當的行動來減至最低；單一的創傷事件不見得一定會留下不良後果，我們的人格也不見得一定要受過去經驗的影響。我們甚至知道，在特定的環境下，壓力還能帶來有益的結果。

這一切，浮現出的是一幅不那麼扭曲的兒童發展圖象。對剝奪、忽視、凌虐的重視，因為孩子會受到特定生命條件的嚴重傷害，當然是正確的作法。然而，一直到最近，我們才開始探討為什麼某些孩子，在經歷相同的不幸之後，並未因此受到傷害，或者在後來能夠恢復。到了此時，孩子的恢復力才受到重視，同時，我們也愈來愈了解，我們可以採取那些正向的行

動，幫助孩子因應不幸事件的後果，即使是相當嚴重的不幸事件。我們不需要把孩子視為遭環境詛咒的犧牲品。雖然我們必須尊重每個孩子在調適能力上的限制，然而這並不能改變調適能力的確存在的事實。

參考書目

Abate, L. (ed.) 1994: *Handbook of Developmental Family Psychology and Psychopathology*. New York: Wiley.

Belsky, J. and Rovine, M.J. 1988: Nonmaternal care in the first year of life and the security of infant–parent attachment. *Child Development*, 58, 157–67.

Block, J., Block, J.H. and Gjerde, P.F. 1988: Parental functioning and the home environment in families of divorce: prospective concurrent analyses. *Journal of the American Academy of Child and Adolescent Psychiatry*, 27, 207–13.

Block, J.H., Block, J. and Morrison, A. 1981: Parental agreement-disagreement on child rearing orientation and gender-related personality correlates in children. *Child Development*, 52, 965–74.

Bowlby, J. 1951: *Maternal Care and Mental Health*. Geneva: World Health Organization.

Bronfenbrenner, U. 1979: *The Ecology of Human Development*. Cambridge, MA: Harvard University Press.

Campbell, S.B., Pierce, E.W., March, C.L., Ewing, L.J. and Szumowski, E.K. 1994: Hard-to-manage preschool boys: symptomatic behavior across contexts and time. *Child Development*, 65, 836–51.

Chess, S., Thomas, A. and Birch, H.G. 1967: Behaviour problems revisited: findings of an anterospective study. *Journal of the American Academy of Child Psychiatry*, 6, 321–31.

Cummings, E.M., Zahn-Waxler, C. and Radke-Yarrow, M. 1984: Developmental changes in children's reactions to anger in the home. *Journal of Child Psychology and Psychiatry*, 25, 63–74.

De Mause, L. (ed.) 1974: *The History of Childhood*. New York: Psychohistory Press.

Dennis, W. 1973: *Children of the Creche*. New York: Appleton-Century-Crofts.

Dunn, J. and Kendrick, C. 1982: *Siblings: Love, Envy and Understanding*. Cambridge, MA: Harvard University Press.

Ernst, C. and Angst, J. 1983: *Birth Order: Its Effects on Personality*. New York: Springer.

Ferri, E. 1976: *Growing up in a One-Parent Family: A Long-term Study of Child Development*. London: National Foundation of Educational Research.

Fraiberg, S. 1977: *Every Child's Birthright: In Defence of Mothering*. New York: Basic Books.

Freeman, M. 1988: Time to stop hitting our children. *Childright*, 51, 5–8.

Goldberg, S. and Marcovitch, S. 1986: Nurturing under stress: the care of preterm infants and developmentally delayed preschoolers. In A. Fogel and F.G. Melson (eds), *Origins of Nurturance*. Hillsdale, NJ: Erlbaum.

Goldstein, J., Freud, A., and Solnit, A.J. 1973: *Beyond the Best Interests of the Child*. New York: Free Press.

Gottfried, A.E., Bathurst, K. and Gottfried, A.W. 1994: Role of maternal and dual-earner employment status in children's development. In A.E. Gottfried and A.W. Gottfried (eds), *Redefining Families: Implications for Children's Development*. New York: Plenum.

Hardyment, C. 1995: *Perfect Parents*. Oxford: Oxford University Press.

Hodges, J. and Tizard, B. 1989: IQ and behavioural adjustment of ex-institutional adolescents. *Journal of Child Psychology and Psychiatry*, 30, 53–76.

Kessen, W. 1965: *The Child*. New York: Wiley.

Koluchova, J. 1976: Severe deprivation in twins: a case study. In A.M. Clarke and A.D.B. Clarke (eds), *Early Experience: Myth and Evidence*. London: Open Books.

Masten, A.S. 1994: Resilience in individual development: successful adaptation despite risk and adversity. In M.C. Wang and E.W. Gordon (eds), *Educational Resilience in Inner-city America*. Hillsdale, NJ: Erlbaum.

McCartney, K. 1984: Effect of quality of daycare environment on children's language development. *Developmental Psychology*, 20, 244–60.

Minushin, P. 1985: Families and individual development: provocations from the field of family therapy. *Child Development*, 56, 289–302.

Mitchell, A. 1985: *Children in the Middle*. London: Tavistock.

Pettigrew, T.F. 1996: *How to Think Like A Social Scientist*. New York: HarperCollins.

Phillips, D., McCartney, K. and Scarr, S. 1987: Child care quality and children's social development. *Developmental Psychology*, 23, 537–43.

Prior, M. 1992: Childhood temperament. *Journal of Child Psychology and Psychiatry*, 33, 249–80.

Quinton, D. and Rutter, M. 1988: *Parental Breakdown: The Making and Breaking of Intergenerational Links*. Aldershot: Gower.

Robson, C. 1993: *Real World Research*. Oxford: Blackwell.

Rutter, M. 1981: *Maternal Deprivation Reassessed* (second edition). Harmondsworth: Penguin.

Rutter, M. 1989: Pathways from childhood to adult life. *Journal of Child Psychology and Psychiatry*, 30, 23–52.

Rutter M. and Madge, N. 1976: *Cycles of Disadvantage: A Review of Research*. London: Heinemann.

Sameroff, A.J. and Chandler, M.J. 1975: Reproductive risk and the continuum of caretaking casualty. In F.D. Horowitz, M. Hetherington, S. Scarr-Salapatek and G. Siegel (eds), *Review of Child Development Research*, vol. 4. Chicago: University of Chicago Press.

Santrock, J.W. and Warshak, R.A. 1979: Father custody and social development in boys and girls. *Journal of Social Issues*, 35, 112–25.

Saylor, C.F. (ed.) 1993: *Children and Disasters*. New York: Plenum.

Schaffer, H.R. 1977: *Mothering*. London: Fontana; Cambridge, MA: Harvard University Press.

Schaffer, H.R. 1996: *Social Development*. Oxford: Blackwell.

Schaffer, H.R. and Collis, G.M. 1986: Parental responsiveness and child behaviour. In W. Sluckin and M. Herbert (eds), *Parental Behaviour in Animals and Humans*. Oxford: Blackwell.

Schaffer, H.R. and Emerson, P.E. 1964: Patterns of response to physical contact in early human development. *Journal of Child Psychology and Psychiatry*, 5, 1–13.

Shepherd, D.M. and Barraclough, B.M. 1976: The aftermath of parental suicide for children. *British Journal of Psychiatry*, 129, 267–76.

Smith, M.A., Grant, L.D. and Sors, A.I. (eds) 1989: *Lead Exposure and Child Development: An International Assessment*. London: Kluwer Academic.

Starr, R.H., Jr. 1988: Pre- and perinatal risk and physical abuse. *Journal of Reproductive and Infant Psychology*, 6, 125–38.

Tangey, J.P. 1988: Aspects of the family and children's television viewing content preferences. *Child Development*, 59, 1070–9.

Thomas, A. and Chess, S. 1984: Genesis and evolution of behavioural disorders: from infancy to early adult life. *American Journal of Psychiatry*, 141, 1–9.

Tizard, B. 1977: *Adoption: A Second Chance*. London: Open Books.

Tizard, B. 1990: Research and policy: is there a link? *The Psychologist*, 3, 435–40.

Wald, M. 1976: Legal policies affecting children: a lawyer's request for aid. *Child Development*, 47, 1–5.

Weisner, T.S. and Gallimore, R. 1977: My brother's keeper: child and sibling caretaking. *Current Anthropology*, 18, 169–90.

West, M.O. and Prinz, R.J. 1987: Parental alcoholism and childhood psychopathology. *Psychological Bulletin*, 102, 204–18.

弘智文化價目表

書名	定價		書名	定價
社會心理學（第三版）	700		生涯規劃：掙脫人生的三大桎梏	250
教學心理學	600		心靈塑身	200
生涯諮商理論與實務	658		享受退休	150
健康心理學	500		婚姻的轉捩點	150
金錢心理學	500		協助過動兒	150
平衡演出	500		經營第二春	120
追求未來與過去	550		積極人生十撇步	120
夢想的殿堂	400		賭徒的救生圈	150
心理學：適應環境的心靈	700			
兒童發展	出版中		生產與作業管理（精簡版）	600
為孩子做正確的決定	300		生產與作業管理（上）	500
認知心理學	出版中		生產與作業管理（下）	600
醫護心理學	出版中		管理概論：全面品質管理取向	650
老化與心理健康	390		組織行為管理學	出版中
身體意象	250		國際財務管理	650
人際關係	250		新金融工具	出版中
照護年老的雙親	200		新白領階級	350
諮商概論	600		如何創造影響力	350
兒童遊戲治療法	出版中		財務管理	出版中
認知治療法概論	500		財務資產評價的數量方法一百問	290
家族治療法概論	出版中		策略管理	390
伴侶治療法概論	出版中		策略管理個案集	390
教師的諮商技巧	200		服務管理	400
醫師的諮商技巧	出版中		全球化與企業實務	出版中
社工實務的諮商技巧	200		國際管理	700
安寧照護的諮商技巧	200		策略性人力資源管理	出版中
			人力資源策略	390

書名	定價		書名	定價
管理品質與人力資源	290		全球化	300
行動學習法	350		五種身體	250
全球的金融市場	500		認識迪士尼	320
公司治理	350		社會的麥當勞化	350
人因工程的應用	出版中		網際網路與社會	320
策略性行銷（行銷策略）	400		立法者與詮釋者	290
行銷管理全球觀	600		國際企業與社會	250
服務業的行銷與管理	650		恐怖主義文化	300
餐旅服務業與觀光行銷	690		文化人類學	650
餐飲服務	590		文化基因論	出版中
旅遊與觀光概論	600		社會人類學	出版中
休閒與遊憩概論	出版中		血拼經驗	350
不確定情況下的決策	390		消費文化與現代性	350
資料分析、迴歸、與預測	350		全球化與反全球化	出版中
確定情況下的下決策	390		社會資本	出版中
風險管理	400			
專案管理的心法	出版中		陳宇嘉博士主編14本社會工作相關著作	出版中
顧客調查的方法與技術	出版中			
品質的最新思潮	出版中		教育哲學	400
全球化物流管理	出版中		特殊兒童教學法	300
製造策略	出版中		如何拿博士學位	220
國際通用的行銷量表	出版中		如何寫評論文章	250
			實務社群	出版中
許長田著「驚爆行銷超限戰」	出版中			
許長田著「開啟企業新聖戰」	出版中		現實主義與國際關係	300
許長田著「不做總統，就做廣告企劃」	出版中		人權與國際關係	300
			國家與國際關係	300
社會學：全球性的觀點	650			
紀登斯的社會學	出版中		統計學	400

書名	定價		書名	定價
類別與受限依變項的迴歸統計模式	400		政策研究方法論	200
機率的樂趣	300		焦點團體	250
			個案研究	300
策略的賽局	550		醫療保健研究法	250
計量經濟學	出版中		解釋性互動論	250
經濟學的伊索寓言	出版中		事件史分析	250
			次級資料研究法	220
電路學（上）	400		企業研究法	出版中
新興的資訊科技	450		抽樣實務	出版中
電路學（下）	350		審核與後設評估之聯結	出版中
電腦網路與網際網路	290			
應用性社會研究的倫理與價值	220		書僮文化價目表	
社會研究的後設分析程序	250			
量表的發展	200		台灣五十年來的五十本好書	220
改進調查問題：設計與評估	300		２００２年好書推薦	250
標準化的調查訪問	220		書海拾貝	220
研究文獻之回顧與整合	250		替你讀經典：社會人文篇	250
參與觀察法	200		替你讀經典：讀書心得與寫作範例篇	230
調查研究方法	250			
電話調查方法	320		生命魔法書	220
郵寄問卷調查	250		賽加的魔幻世界	250
生產力之衡量	200			
民族誌學	250			

為孩子做正確的決定

作　者 / H Rudolph Schaffer 博士

叢書主編 / 余伯泉博士・洪莉竹博士

譯　者 / 陳夢怡

校閱者 / 李茂興

執行編輯 / 李茂德

出 版 者 / 弘智文化事業有限公司

登 記 證 / 局版台業字第 6263 號

地　　址 / 台北市中正區丹陽街 39 號 1 樓

電　　話 / （02）23959178・0936252817

傳　　真 / （02）23959913

發 行 人 / 邱一文

劃撥帳號 / 19467647　戶名 / 馮玉蘭

書 店 經 銷 / 旭昇圖書有限公司

地　　址 / 台北縣中和市中山路 2 段 352 號 2 樓

電　　話 / （02）22451480

傳　　真 / （02）22451479

製　　版 / 信利印製有限公司（Tel：2305-2380）

版　　次 / 2003 年 11 月初版一刷

定　　價 / 300 元

ISBN　957-0453-87-7（平裝）

國家圖書館出版品預行編目資料

為孩子做正確的決定 / H Rudolph Schaffer
　著；陳夢怡譯.
--初版. --台北市：弘智文化；2003〔民92〕
　冊：　公分
　參考書目：面
　譯自：Making Decisions about Children
　ISBN　957-0453-87-7（平裝）

1.　兒童發展　2.　兒童心理學

523. 12　　　　　　　　　　　　　92014352